JN427624

한국어로 내려온

New Bible

새로운 성경

제63권

4부 | 총10부

하얀마음

하나님 말씀 중에서

1. 사랑의 하나님

- 세상을 창조하신 하나님은 모두를 사랑하신다. 인간만 특별히 더 사랑하지 않고, 우주 만물을 다 똑같이 사랑하신다. 그러니 하나님이 창조하신 천지 만물과 화친하고, 미물까지도 소중히 대하라.

- 하나님은 특정 종파나 민족만을 더 사랑하지 않으신다. 자기 자신만 구원받겠다는 욕심을 버리고, 자기 종파만 구원받는다는 편협한 교리에서 벗어나야 한다. 종파를 초월해서, 모두를 사랑하라.

- 원수까지 사랑하라 했으니, 이 세상에 사랑하지 못할 자가 누가 있겠는가? 종파가 다르다고 해서 부모 형제와 원수처럼 지내는 자는 인간의 근본을 모르는 자다. 가장 가까운 가족부터 사랑할 때 남도 진심으로 사랑할 수 있다.

- 한 사람을 원수같이 생각하던 마음에서 사랑하는 마음으로 돌리면, 자기 자신의 마음이 가장 기쁘고 행복하다. 하나님께서는 인간의 마음속에 무거움이 없이 기쁘고 행복한 삶을 살기를 바라신다.

- 이웃을 "내 몸처럼" 사랑하라 했으니, 마지막 한 장 남은 천국의 티켓도 이웃에게 양보하라. 자기 중심적인 신앙에서 벗어나서 남을 위해 살아야 한다.

- 독초도, 약초도, 이단도 사탄도 천사도 다 필요하기에 존재한다. 독초일지라도 극소량을 사용해서 생명을 살릴 수 있고, 약초라 하더라도 남용하면 생명을 잃을 수 있다.

- 세상 모든 것을 명약으로 활용하는 것은 인간의 지혜에 달렸다. 어떤 것이든 어떤 사람이든 적재적소에 꼭 필요한 명약으로 승화시키라.

- 사탄도 이단도 천사도 모두 하나님의 주관하에 존재한다. 진정한 하나님의 백성은 사탄과 마귀까지도 감화시켜서 천사로 거듭나게 한다.

2. 기도

- 하나님은 인간의 생각까지 모두를 다 알고 계신다. 우리의 소원도 이미 알고 계시기에, 소원의 기도를 할 필요가 없다. 우리가 받을 자격이 되면 내려 주신다.

- 죄를 짓고 아무리 회개를 해도 용서받지 못한다. 도둑질한 자는 용서해 달라고 기도하고, 도둑맞은 자는 도둑을 잡게 해 달라고 기도하면, 공의의 하나님은 누구의 편에 서시겠는가?

- 자기가 잘못한 것은 그 사람에게 직접 갚고 용서를 구하라. 그가 용서하면 하나님도 용서하신다. 땅에서 매면 하늘에서도 매이고, 땅에서 풀리면 하늘에서도 풀리는 이치다.

- "회당에서 기도하지 말고 골방에서 기도하라" 했다. 눈에 보이는 골방이 아니라, 골방과 같이 고요한 마음이다. 잡념을 버리고 하나님을 향해 마음을 집중하며, 사랑하고 용서하는 아름다운 생각만 나오도록 하라.

- "두드리면 열릴 것이다." 하는 것은 육의 소원을 위해 두드리라는 것이 아니라, 진리의 깨달음을 얻기 위해 두드리라는 것이다.

- 기도하는 방법: 생활 속에서 수시로 기도하는 삶을 살아야 한다.

- "저의 죄를 용서하여 주옵소서." 하는 회개의 기도를 하라.
- 범사에 "하나님! 감사합니다." 하라. 현재 가진 것에 감사하며, 과욕하지 말라. 자기 노력 이상의 것을 더 갖고자 기도하는 것은 도둑놈심보다. 공의의 하나님은 각자 노력한 만큼 주신다.
- "하나님 뜻대로 살아가겠나이다." 하며 마음의 각오를 다지라.

- 기도는 하나님의 말씀을 받아서 "행하는 것"이다. 하나님이 계심을 굳건히 믿고, 하늘을 향하여 한 점 부끄럼 없이 사는 삶 자체가 가장 위대한 기도이며, 삶이 곧 예배다.

3. 지도자

- 똑같이 사랑한다는 말을 해도, 순수하게 하는 말은 천사의 말이지만, 사기 쳐서 재산을 가로채려고 하는 말은 사탄의 말이다.

- 종교 지도자가 아무리 훌륭한 설교를 해도, 신도의 재물을 거둬서 더 큰 교회를 짓고 자기의 부귀영화를 바라며 설교하면 사탄의 가르침이 된다.

- "저희 교회는 만원사례요, 믿음은 다 같으니 이웃의 개척 교회에 가서 예배를 드리시오." 하며, 이웃 교회의 부흥을 먼저 생각하여 제 신도를 보내는 종교 지도자가 있다면 그를 따르라. 그가 하나님의 사랑을 실천하는 자다.

- "부자가 천국에 들어가는 것은 낙타가 바늘구멍을 통과하는 것보다 더 힘들다" 하였거늘, 지금의 교회에서는 부자가 되기만을 기도하고 소원하니, 이는 곧 천국을 포기하고 지옥 행 열차의 티켓을 사는 것과 같다.

- 예수는 빈손이었다. 종교 지도자가 예수보다 더 호화롭고 편안하게 살아간다면 잘못된 것이다. 부귀영화와 명예를 바라는 자는 절대로 갈 수 없는 좁고 협착한 길이 종교 지도자의 길이다.

- 종교 지도자는 유리로 비춰 봐 한 점의 부끄러움이 없이 살아야 한다. 의식주도 직접 일해서 해결하고, 예수의 가르침과 행함을 그대로 따라야 한다.

- 종말은 없다. 지금의 잘못 가는 종교 집단에게만 종말이 있다. 보이지 않는 하나님은 보이는 육의 종말은 관여하지 않으신다. 환경 파괴로 인간이 스스로 멸망을 자초하는 것이다. 종파끼리 싸우기 전에, 무너진 인성을 바로잡고 지구의 몸살을 해결하는 데 뜻을 모으는 게 급선무다.

4. 성전이란

- 이 세상 자체가 하나님께서 만드신 성전이다. 자연보다 더 아름다운 성전이 있는가? 보이는 건물이 성전이 아니라, 성스러운 마음가짐이 성전이다.

- 반석 위에 교회를 지으라 했다. 지상의 단단한 돌은 인간이 쪼갤 수 있으나, 마음속의 굳은 결의는 세상 무엇으로도 쪼갤 수 없다. 바르고 굳건한 믿음으로 성경의 가르침을 실천하는 것이 마음의 반석 위에 교회를 짓는 것이다.

- 손으로 지은 건물의 교회에 모여서 복음을 전하는 것이 아니라, 교회를 개인과 가정에 심어 주어야 한다. 무너지고 부서지는 건물을 짓지 말고, 마음속에 영원히 불변하는 참진리의 교회를 지으라.

5. 십계명

- 십계명은 인간이 죽어서 반드시 통과해야만 하는 열 개의 관문이다.

- 부모를 공경하지 아니한 자는 "네 부모를 공경하라." 하는 제5계명의 관문이 열리지 않으니 구원받을 수 없다.
- 살인, 간음, 거짓, 우상 등의 나머지 계명도 마찬가지다.

- 십계명은 하나님의 친필이다. 모기소리만 한 하나님의 음성이라도 들어 보겠다고 여기저기 찾아 헤매지 말고, 십계명부터 암송하고 지키라.

- 십계명은 영혼을 구원하는 양식이며, 십계명을 지키는 것이 구원을 받는 길이다. 인간이기에 지키고자 노력하고 또 노력한다면 지킬 수 있다.

- 십계명을 지키고 천사처럼 아름답게 살아가는 그 마음 하나면 세상에 이루어지지 않는 것이 없다.

6. 보물

- 하나님은 재물이 아니라 우리의 마음을 받으신다. 사랑을 실천하며 천사처럼 변하는 마음이 하나님께 바치는 보물이다.

- 보이지 않는 하나님께 재물을 바치려 하지 말고, 너희를 길러 준 부모에게 용돈 드리고, 찾아뵙고, 효성을 다하라. 그것이 하나님께 효도하는 것이다.

- 하늘에는 선과 악의 창고가 있다. 자기 창고에 선이 많으면 천국으로 구원을 받고, 악이 많으면 심판받아 지옥으로 간다. 그것이 바로 "선한 일을 행한 자는 생명의 부활로, 악한 일을 행한 자는 심판의 부활로" 나오는 것이다.

- "선악과를 따먹지 말라"는 것은 양심을 지키라는 것이다. 선과 악을 구분할 수 있는 양심을 최초에 인간에게 주셨다. 선한 열매는 취하고, 악한 열매는 버리며, 양심에 비추어 부끄럼 없는 삶을 살아가라.

- 가장 작은 거짓말을 하지 않고, 가장 작은 죄를 짓지 않으며, 가장 작은 선행을 하고, 가장 작은 악행을 멀리하는 것이 율법의 일점 일획도 빠뜨리지 말고 다 지키는 삶을 사는 것이다.

7. 우상

- 박물관에 있는 불상은 하나의 예술품이다. 그 조각품에 대고 제 소원을 빌 때 우상숭배가 된다. 십자가라 하여도 그 앞에서 소원을 빈다면 우상숭배하는 것이며, 하나님께 소원을 빈다면 하나님을 우상으로 전락시키는 것이다.

- 지금 기복신앙에 섞여 있는 모든 사람이 우상 앞에 절을 하고 있다. 조각품을 우상이라며 파괴하지 말고, 네 마음속에 있는 욕심의 우상을 무너트리라.

- 생수를 약초가 먹으면 약을 만들고 독사가 먹으면 독을 만든다. 같은 성경을 봐도 선한 지도자는 신도를 천사로 만드는 데 활용한다. 그러나 욕심이 가득한 지도자는 재물을 거두어들여 제가 부귀영화를 누리는 데 악용한다. 그가 바로 성경을 우상숭배의 도구로 전락시키는 거짓 선지자다.

- 성경을 한 획도 빼거나 더하지 말라는 것은, 그 가르침을 빠트리지 말고 온전히 지키라는 것이다. 성경 속에서 자기에게 유리한 구절만 보는 것은, 자기에게 불리한 구절들을 빼 버리는 것이다. 믿음이 제일이요, 행함은 구원과는 관계없다는 것은 자신에게 유리한 쪽으로 성경을 악용하는 것이다.

- 진정한 종교 지도자는 종파에 관계없이 어떤 종파든 어떤 책이든 접하고 보고 깨우쳐 견문을 넓히도록 인도한다. 참진리를 모르고 자신이 없는 자가 남을 이단이라며 배척하고, 신도들의 눈과 귀를 가린다.

8. 예수

- 예수의 재림은 없다. 예수가 다시 온다 해도, 과연 누가 그를 예수라고 믿겠는가? 예수와 같은 삶의 행함이 곧 예수의 재림이다. 각자 모두가 "재림 예수"가 되는, 차원 높은 믿음으로 가야 한다.

- 예수는 "주여 주여 하지 말고, 아버지의 뜻대로 행하라"고 했다. 예수가 전한 하나님의 뜻이 곧 "길이요, 진리요, 생명"이며, 그 가르침이 예수의 보혈처럼 소중한 것이다. 예수를 믿는 것은, 예수의 가르침을 믿고 따르는 것이다.

- 예수는 낮은 자로서 만백성을 섬기고자 했다. 만나는 모든 사람을 다 하나님이라 생각하라. 돈을 벌수록 겸손하고, 높은 지위를 얻을수록 낮아지라.

- 예수는 종파를 만들지 않았다. 인간이 만든 종교와 인간의 교리를 따르지 말고, 예수를 통해 전한 하나님의 참진리를 연구하고 따르라.

- 예수가 2천 년 전에 만백성을 위해 죽었으니, 지금 이 땅에는 예수의 가르침대로 사는 천사만 존재해야 한다. 예수가 죽어 가면서 바란 것은 만백성이 천사가 되어 예수의 자리를 채워 주는 것이지, 지금과 같이 재물을 바치면서 중언부언 제 소원만을 비는 백성들을 바란 것이 아니다.

9. 구원

- 천사가 사는 천국에는 천사만 갈 수 있으니, 천사 같은 마음을 길러야 한다.

- "천국 열쇠를 네게 주리니 땅에서 무엇이든지 매면 하늘에서도 매일 것이라" 했다. 땅에서 천사같이 사는 자가 하늘에서도 천사가 되어 천국에 들어간다. 모든 사람에게 천사같다는 말을 듣는 삶을 살아야 한다.

- 천사의 곱고 아름다운 마음은 부모를 공경하고 어른을 어른으로 대접하는 데에서 출발한다. 효도하는 자는 형제와 화목하게 지내기에 가정이 화목해지고, 이웃과 화목해지고, 국가가 화목해지고, 온 인류가 화목해진다.

- 그러므로 지상의 아름다운 소왕국은 가정에서부터 이루어야 한다.

- 선택된 14만 명만 구원받는 것이 아니라, 천사처럼 변하고자 하는 14만 명을 기초로 온 인류가 천사처럼 거듭나는 영적인 개혁이 시작되는 것이다.

- 천 년에 걸쳐서 하늘에서 이루어진 것같이 이 세상을 낙원으로 만들어, 만백성이 지상의 천국에서 살다가 죽어서 그대로 하늘의 천국으로 들어가는, 영원한 지상 낙원을 건설하는 것이 하나님의 계획이다.

- **이것이 구약과 신약에 이어 "새로운 성경"으로 역사하시는 하나님의 창조의 완성이다.**

- 지금의 믿음으로 구원받을 수 있다면 그 길을 가라. 그러나 자신이 없다면 하나님께서 직접 내리신 160권의 "새로운 성경"을 읽고 구원의 길을 보라!

하나님 머리말씀

이 새로운 성경을 읽는 너희 모두는
이 율법에 따라 행하면 영원히 구원받을 것이니라.

너희 인간이 수년, 수십 년, 평생
성서를 공부하고 기도하는 것은
하늘나라 나의 곁으로 오고 싶은 소망일진대,

몇천 년 전의 너희 인성과 생각이
지금의 너희와는 판이하게 다르니,

꺾여 가고 병들어 가는 너희를 고칠 수 있는 길은,
오늘 내가 선지자에게 내리는 새로운 성경과 같이
너희가 변화되는 것뿐이니라.

나의 예수가 태어난 것처럼
내가 아들 선지자를 선택하여
나의 새로운 성경을 온 세계에 전하고자 하니,

묵은 것은 버리고 새로운 것은 취하여,
너희 모두는
'여호와 하나님! 저의 죄를 용서하여 주옵소서.'
하는 기도문으로 기도하고, 죄를 뉘우치라.

이 새로운 성경은
수천 년간 내려온 성서를 요약한 것이니,
너희는 이 책을 정독하여 쉽게 깨달음을 얻고,
이대로 실천하여 하늘에 오르라.

대역자 머리말

■ 하나님의 율법을 지키는 선지자로 선택을 받도다.

저는 남들처럼 그저 열심히 살아온 평범한 사람이었습니다. 그러나 50대 중반에 사업에 실패하여 많은 부채에 시달렸으며, 건강도 악화되어 눈이 잘 안 보이고, 걷기도 어렵고, 두통이 심해서 잠을 이룰 수 없는 고통의 나날을 보냈습니다. 그때 제가 선택할 수 있는 것은 육의 삶을 끝내는 길뿐이었습니다.

죽기 직전에 그동안에 죄를 지은 이들에게 용서를 빌고 인생을 끝내기로 작정하였습니다. 어려서부터 지은 죄를 빌고 빌다 보니 끝이 없었고, 죽음으로도 그 많은 죄를 용서받을 길이 없다는 생각에 하염없이 눈물이 흘렀습니다. 그 순간 '재래식 화장실의 구더기는 죄를 짓지 않는데, 나는 인간으로서 구더기만도 못한 삶을 살았구나.' 하는 생각이 들면서 괴로움에 몸부림칠 때, 갑자기 하나님의 음성이 들렸습니다.

"나는 여호와 하나님이니라. 너는 십계명을 암송하고 내가 내려 주는 메시지를 받아 책으로 만들어 만백성을 구하라." 하시며, 제 눈을 손으로 문지르게 하시고, 아픈 머리와 다리를 손으로 두드리게 하셨습니다. 그러고 나니 눈도 잘 보이고 걸을 수 있었으며 머리의 통증도 말끔히 낫게 되었습니다. 그때부터 십계명을 암송하고 나면 들려주시는 말씀을 기록하였고, 1999년 8월부터 2004년 7월까지 권당 288쪽, 총 160권을 받아서 "새로운 성경"이라는 책으로 펴내게 되었습니다.

그러한 저에게 죽기보다도 힘든 길이 시작되었습니다. 모든 교인들이 저에게 사탄이요, 이단이요, 악마요, 마지막 시대에 온 거짓 선지자라 하면서 공격하였고, 저를 짐승을 보듯이 대하는가 하면, 편협한 종교 지도자들의 선동으로 신도들이 이 책을 직접 읽어보고 평가할 기회마저 막아 버렸습니다. 그래서 하나님의 말씀을 세상에 내는 데 많은 어려움을 겪으며, 피를 토하는 심정으로 책을 전하고 있습니다.

그러나 아무리 인간의 힘으로 막으려 해도, 하나님의 뜻이 세상에 전해지는 위대한 역사는 계속될 것입니다. 책으로 전해지는 "하나님의 말씀"은 세상 끝날까지 항상 우리와 함께하실 것입니다. 사람은 죽어도, 책에 기록된 말씀은 영원히 남으니까요.

■ 따뜻한 실천

하나님께서는 어려운 사람들에게 삶의 터전을 마련해 주고, 미래를 열어 주는 것을 기뻐하십니다. 어려운 이웃이 스스로 자립할 수 있도록 이끌어 주는 것이 진정으로 이웃을 돕는 것이라고 말씀하셨습니다. 그래서 일자리가 없는 제자들에게 작은 사업장을 만들어 주는 "달란트 사업"을 하고 있습니다. 식당, 반찬 가게 등을 차려 주고, 기존의 어려운 사업장이 자립할 수 있도록 돕고 있습니다(커피숍, 미용실, 의상실 등).

하나님께서는 교회에 나와서 모든 시간과 재물을 쏟기를 원하지 않으시고, 그 시간과 재물을 교육에 투자하여 스스로 미래를 열어 가기를 원하십니다. 그래서 제때 공부하지 못한 제자들에게 학업을 이어 가도록 하였습니다. 중화요리 주방장을 하며 초등학교 검정고시부터 공부하여 2012년에 방통대를 졸업한 36세 남성, 만학도들의 2년제 중학교에 입학해서 2007년에 명지대학을 졸업한 38세 여성, 중학교 검정고시를 시작으로 숭의여자대학을 졸업한 47세 여성 등이 있습니다. 그밖에도 많은 제자들에게 나이를 초월하여 배우고 깨우쳐서 사회 속의 당당한 일원이 되도록 인도하고 있습니다.

학자금 대출로 힘겨워하는 젊은이들을 위해 "따뜻한 바람 장학회"를 발족하여(2016년 12월) 대출받은 학자금 전액을 매월 갚아 주고 있습니다. 또한, 다문화 가정을 위해 "다문화 가족 랜드"를 조성하여, 각종 시설을 무료로 활용하도록 하고 있습니다.

이러한 따뜻한 실천이 아직은 미약합니다. 그러나 책의 수입이 늘고, 저와 뜻을 같이하는 분들이 늘어나면 계속 확대할 것입니다. 지도자로서 신도의 재물을 헌금으로 거둬들여 착복하는 것이 아니라, 하나님께서 기뻐하시는 일에 사용하도록 중매 역할만 하며 살아가고자 합니다. 이런 제가 과연 사탄이고 이단인가요? 하나님께서 기뻐하시는 일이라면, 저에게 사탄이라 하든 거짓 선지자라 하든 굽히지 않고 실천해 나갈 것입니다.

끝으로, 일상의 삶 속에서 "지금 내가 하는 행동이 과연 하나님께서 기뻐하실까, 슬퍼하실까?" 생각하고, 매사에 하나님께서 기뻐하시는 길을 택하기 바랍니다. 교회에 모여서 집단적으로 예배 드리는 것이 아니라, 개인이나 가정 단위로 새로운 성경을 읽어 스스로 깨우치고 그대로 행하면 충분합니다. 그것이 마음속에 성전을 짓고, 신령과 진정으로 예배 드리는 길입니다. 그러면 천국의 문에 들어서게 됩니다.

2017. 2. 1.

하나님 말씀 대역자 김용철

차 례

십 계 명

이 책은 십계명을 암송하고 나면 내려 주시는 "하나님의 음성"을 듣고 그대로 받아쓴 기록입니다. 하나님께서 십계명을 모세에게 내려 주셨지만, 그것은 만백성에게 내려 주신 것입니다. 마찬가지로 이 책의 모든 말씀도 저에게 내려 주셨지만, 만백성 각자에게 들려주시는 말씀입니다. 여러분도 이 책을 접할 때마다 십계명을 암송하고 나서 정독해 주시기 바랍니다.

제일은, 너는 나 외에는 다른 신들을 네게 있게 말지니라.
제이는, 너를 위하여 새긴 우상을 만들지 말고, 또 위로 하늘에 있는 것이나, 아래로 땅에 있는 것이나, 땅 아래 물 속에 있는 것의 아무 형상이든지 만들지 말며, 그것들에게 절하지 말며, 그것들을 섬기지 말라.
제삼은, 너는 너의 하나님 여호와의 이름을 망령되이 일컫지 말라.
제사는, 안식일을 기억하여 거룩히 지키라.
제오는, 네 부모를 공경하라.
제육은, 살인하지 말지니라.
제칠은, 간음하지 말지니라.
제팔은, 도적질하지 말지니라.
제구는, 네 이웃에 대하여 거짓 증거하지 말지니라.
제십은, 네 이웃의 집을 탐내지 말지니라.

나 여호와가 존재함을 믿는 그 자체가 구원의 길에 들어서는 기본이 근본이며, 나의 새로운 성경을 가슴에 안고 정독하는 자, 반석 위에 서서 하늘에 오르는 찬란한 빛을 보게 되는 영광을 얻게 됨이니라. 진정 나를 따르고 믿는 자는 감히 사탄이나 마귀도 근접하지 못하느니라.

〈하나님 말씀〉

2003년 1월

4,637 번째 하나님 말씀

2003년 1월 21일 12시 09분

1 사랑하는 나의 아들아!
2 "네, 아버님! 말씀하옵소서."
3 나의 아들 예수가 성서에 말하기를,
포도주라 하는 것을 마시며 그를 접하
며 제사하며 경배하는 그와 같은 것을
너희들은 알고 있음이니라.
4 그러면서 너희들에게 알코올이요, 음
주요, 흡연이라는 것을 자제하고 통제
하도록 하는 그 뜻이 어디에 있는지
알고 있는가?
5 너희들은 그 뜻을 지금 모르고 있음이
니라.
6 포도주를 가지고 행사를 했듯이, 너희
들이 알코올이요, 흡연을 왜 접하지
말며 그를 자제하라는 것인가를 너희
들은 깊이 깨우쳐야 할 것이니라.
7 너희들은 눈과 코와 입과 그 모두가
다 그와 같이 자제하도록 되어 있음
을 알아야 할 것이니라.
8 너희들이 알코올이라는 것과 흡연이
라는 것, 너희들이 보이는 것을 나쁘
다 하는 것을 통제하라는 것이 아니
라, 전체 너희들 육체를 구성하는 한
곳 한 곳을 다 통제하도록 그리하는
것이 나 여호와의 뜻이기에 그를 너희
들에게 자제하도록 하는 것임을 알라.
9 너희들의 육체에 하나의 형성된 것이
누구로부터 형성되었는가?
10 나 여호와로부터 모든 것을 너희들이
받아 가지고 세상에 나갔음이니, 너희
들이 내가 모두를 통제함이라 하였으
며, 내가 너희들과 같이한다 하였음이
니라.
11 너희들은 음식을 과식했을 때, 너희
신체에 부담이 가며 그 고통이 가듯
이, 그 고통을 주는 것은 내가 너희들
에게 준 그 위요, 너희 몸에 부담을 주
는 행위이기 때문에 거기에 부담을 주
지 말라, 그리고 부담을 주지 않도록
너희들이 음식을 취하고 살라 하였음
이니,
12 너희들이 음식 하나를 취하는 것만을
내가 너희들에게 가르치고 깨우친 것
이 아님을 알라.
13 너희들이 음주라는 것을 적당히 하지
아니하며 심하게 했을 때, 너희들의
몸이요, 너희들의 육신이요, 너희들
자체가 고통과 시련을 겪으니, 그것이
바로 무엇이더냐?
14 내가 내려 주어 너희들에게 사용하라
는 그 모두를 망가지게 하며 그를 상
처 나게 하며 상하게 함이니, 너희들
이 지탱하지 못하기 때문에 그 음식을
통제하도록 조절하였음이니라.
15 그러나 너희들이 성서에 음식만을 조
절하고 통제하라는 것이 아님을 알아
야 할 것이니라.
16 너희들의 신체 구조의 모두를 다 통제
하라는 것이거늘, 너희들이 대표적으
로 그것만 알고 있음이니라.
17 음식을 많이 취하여 너희들이 탈이 나

는 것이 내가 내려 준 너희 몸의 일부
를 상하게 하는 것처럼, 또한 너희들
의 눈을 통제하라 함이니라.
18 너희들이 눈으로써 보는 것을 사악하
고 추악하고 더러운 것을 보는 것은
내가 너희들에게 내려 준 그 신선한
너희들의 육체의 일부요, 내가 내려
준 눈을 괴롭게 하는 것이며 고통을
주는 것이며,
19 그를 상하게 하는 것이 너희들이 음식
을 과식하여 몸을 상하게 하며 위를
상하게 하는 것과 똑같은 이치가 있음
이며, 그를 다 통제하라 내가 가르쳐
준 것이니라.
20 너희들의 귀는 무엇을 듣는가?
21 너희들이 귀로써 욕된 것을 들으며 듣
지 말아야 할 것을 듣는 것은 귀를 상
하게 하며, 그로 인하여 너희들이 병
을 얻게 되는 것은 똑같으니라.
22 그리하여 너희들이 내가 내려 준 귀
요, 내가 너희에게 사용할 수 있도록
준 귀에서 아름답고 귀하고 소중한 이
야기요, 그와 같은 소리만을 들어야
되는 것이며, 너희들이 그리 추하고
더러운 소리, 듣지 못할 소리를 귀가
듣고 그를 즐겨 한다면, 너희들이 음
식을 과식하여 병이 나는 것보다도 더
무서운 병이 너희들에게 임하게 됨이
니라.
23 너희들이 말하는 것 또한 마찬가지이
니라.
24 아름답고 고운 음식을 먹으면서 너희
들이 그를 그대로 지키지 못할 때, 너
희들이 거기서 추하고 더러운 말을 하
며 너희들이 해서는 안 되는 일을 할
때, 그 모두가 다 너희들의 죄며, 너희
몸을 상하게 하는 것이며, 너희들이
죽게 됨이니라.
25 내가 너희들에게 한 남녀의 정해 준
사람과 살지 아니하며 많은 남자를 접
하는 여자는 병을 얻게 되어 있으며,
많은 여자를 접하는 남자는 병을 얻게
되는 그 이치를 너희들은 모르는가?
26 그것이 너희들이 음식을 먹고 탈이 나
며 너희들이 내가 내려 준 그 몸을 상
하게 하는 것과 마찬가지니, 그 무서
움을 알라.
27 너희들이 그리 쓰는 것은 여자가 많은
남자를 접하는 것도 내가 내려 준 것
을 너희들이 함부로 씀이니 그는 병을
얻게 되어 있으며, 남자 또한 너희들
이 함부로 몸을 놀려 많은 여성을 접
함으로 인해서 그는 당연히 병을 얻게
되니, 그 죄의 대가이니라.
28 그와 같이 너희들이 모두 내가 내려
준 신체의 일부분을 정확하게 아름답
게 쓰지 않을 때 똑같이 병을 얻고 쓰
러지게 되어 있느니라.
29 너희들이 음주를 하지 말라는 것도 그
뜻이 무엇인 줄 알겠는가?
30 위에 부담을 주지 말며 과식하지 말며
지나치게 마시지 말라 함이니라.
31 그리하여 포도주로 너희들이 제사를
지내며 나에게 경배를 하는 것은 적당
한 양으로써 너희들이 약으로 사용하
기 때문이요, 약으로 사용하는 것은
괜찮으나 약으로 사용하지 않고 과욕
하는 것은 내가 내려 준 너희들의 위
를 상하게 하며 몸의 일부를 망가뜨림
이니,

32 이는 귀가 잘못하는 것을 듣고 추한 말을 듣는 것이나, 눈으로 나쁜 것을 보는 것이나, 입으로 나쁜 말을 하는 것이나, 너희들이 신체의 일부를 함부로 쓰는 것, 그 모두가 다 병을 얻고 쓰러지는 것은 똑같으니,
33 그게 바로 너희들의 스트레스요, 정신적인 병이라는 것이 육신의 병보다 더 무서우며, 똑같이 너희들이 병마에 걸리며 쓰러짐이니라.
34 그래서 모두를 다 아름답게 통제하라는 것이요,
35 음주와 흡연이요, 너희들이 먹어서 탈이 나는 음식을 통제하라는 것이 아니라, 너희들의 신체의 일부분을 다 통제하라 하였음이니라.
36 너희 손이 도둑질하려 할 때, 훔칠 때 그 손을 자르라는 것이 얼마나 무서운 이야기더냐?
37 그게 병으로써 옮아져 너희들이 병을 얻기 때문이니라.
38 너희들이 가지 말아야 할 길을 가는 그 발을 절단해서라도 가지 말라 했으니, 가면 병을 얻으니 신체 일부가 다 죽게 됨이니라.
39 너희들의 모든 신체 일부가 정상적으로 사용하지 않을 때 다 무서운 병을 발생하도록 하여 몸 전체를 죽게 하는 그와 같은 구조가 되어 있음을 너희들은 오늘 깨우쳐,
40 음주요, 흡연이요, 그 모두를 성서에 통제하는 그 뜻을, 어디서는 포도주를 마시라 하며 어디서는 마시지 못하게 했던 그 의문점을 오늘 너희들에게 내가 깨우쳐 가르쳐 줌이니 그리 알도록 하며 너희들이 행동을 해야 될 것이니라.
41 다 내가 정해 준 것 외에 너희들이 사용하고 남용했을 때 그 대가의 병마에 시달리는 것은 당연함을, 너희들은 그 무서움을 알라.

4,638 번째 하나님 말씀

2003년 1월 21일 23시 24분

1 사랑하는 나의 아들아!
2 "네, 아버님! 말씀하옵소서."
3 지금 하늘에 오르는 길이라 하여 너희 손으로 지은 성전에 가 기도하고 경배하는 백성, 나의 아들 예수의 보혈로써 구원을 받았다 그리 말하며 그와 같은 영광과 축복을 받았다는 그 종교 지도자들, 그들이 너희들이 만든 그 성전의 단상에 서서 무어라 말하는가?
4 나의 성경에 대한 것은 너희들이 한두 절을 읽으며 그것을 가지고 너희들의 생각대로 갑론을박을 하며 너희들은 말하느니라.
5 가난한 집 학생이 열심히 노력하여, 부모가 돕지도 못하며 사회로부터 도움을 받지 못한 어렵고 힘든 학생이 자신의 길을 위하여 항상 지치고 힘들 때 나 여호와를 찾으며 나의 아들 예수를 부르짖고 찾으면서 용기를 내어 그는 열심히 살아갔다 말하며,
6 남들이 보통 견딜 수 없으며 이길 수 없는 상황에서 그와 같이 힘들고 어려울 때 그 젊은이는 기도하며 경배하며 나 여호와를 찾으며 예수 나의 아들을 부르짖으면서 칠전팔기처럼 일어나

서 성공했다 그리 말하느니라.
7 그러면서 너희들은 나의 백성에게 가
슴이 찡하여 마음이 울리도록 하며,
그들은 마음으로 회개하며 또한 깨달
으며 그에 대해 자신이 그와 같이 살
지 못하는 것을 감명받았다 생각하느
니라.
8 너희들이 나의 백성을 가르치며 너희
신도라는 자들을 가르치는 것을 거기
에서 끝내면 오죽이나 좋겠는가?
9 너희들은 그러나 나의 백성을 데려다
모아 놓고 무어라 말을 하느냐?
10 너희들은 그가 칠전팔기요, 고통과 고
통 속에서 나 여호와를 찾으며, 나의
아들 예수로부터 축복이 있으며 나의
아들 예수가 그를 지켜 준다 하여 그
는 용기 있게 일어서면서 어렵고 힘들
게 간다 하느니라.
11 그리고 그는 그가 노력하며 공부하며
힘들고 어렵게 가면서 몇 푼을 모았을
때 그것을 갖다 제일 먼저 하나님 성
전에 바친다 하여 뚝 잘라서 그것을
갖다 바쳤노라 그리 말하며 그리 결론
지음이니라.
12 너희들이 감명 깊은 이야기요, 깨달음
이요, 마음에 와 닿는 이야기요, 그와
같은 좋고 아름다운 이야기를 너희 신
도들 앞에 장황하게 설명을 하며, 결
론을 그것으로 맺고 너희도 그리 살아
가야 된다 가르치면 얼마나 좋겠는가?
13 너희들은 그리 결론을 짓는 것이 아니
니라.
14 그가 어렵고 힘든 그 고통 속에서 피
눈물을 흘리며 잠자리도 없이 몇 푼
벌었을 때 그 돈을 뚝 잘라 성전에 바
치며, 저희들이 기도하는 그 손으로
지은 성전에 종교 지도자 앞에 그를
바쳤음이니, 그리하여 그는 더 축복을
얻고 영광을 얻었으며 그와 같이 일어
설 수 있었다 그리 결론을 지음이니,
너희들의 결론은 무엇이던가?
15 나의 백성을 앉혀 놓고 설교하며 강론
을 한다 하면서 결론은 무엇이던가?
16 재물을 바치게 함이니라.
17 너희들의 집회요, 모든 모임에서 너희
들은 온갖 종교의 지도자들을 데려다
열변을 토하며, 세상사 너희들의 마음
이 찡하도록 어렵고 힘든 고비를 넘긴
사람들의 이야기를 그럴싸하게 장황
하게 설명하느니라.
18 그리고 그는 나 여호와가 있기에 그
믿음으로써 어려운 시점에서 이길 수
있었다 말하며, 그는 결국 무엇이냐?
19 그 은혜 속에서 그가 끼니가 없을 정
도로 고통스러울 때도 몇 푼을 모았을
때, 그 돈을 저희들의 성전에 바쳤다
하여, 그 신도들이 가지고 있던 패물
이요, 금반지요, 너희들이 이야기하는
지전을 다 털어놓도록 만들며,
20 그를 얼마나 거둬들이느냐에 따라서
성공이냐 실패냐를 계산하면서 그리
말하며 웃고 즐기니,
21 그와 같은 것이 지금 너희들이 수천
년 동안 흘러온 믿음의 집단이요, 종
파의 흐름이 아니고 무엇이었는가?
22 그가 칠전팔기의 어렵고 힘든 고비를
넘기며 나 여호와를 찾으며 나의 아들
을 찾아 견디고 이겼다 하는 것을 너
희들이 거기까지만 가르치고 너희도
그리 살라 하면 오죽이나 좋겠는가?

23 그러니 너희들은 결론을 그리 짓느니
라.
24 그가 어렵고 힘들 때 모은, 노동을 해
서 번 그 몇 푼을 갖다 너희들의 성전
에 바쳤고, 그는 또한 첫 번에 성공하
여 얻은 수입을 다 갖다 성전에 바쳤
으며,
25 지금까지도 그는 십일조와 모든 헌금
을 모범적으로 잘 내며, 나 여호와에
게 감사하며 예수 나의 아들에게 감사
하며 살기 때문에 그는 행복한 자며
그는 축복받은 자며 세상에 다시없는
인생을 산다 너희들은 그리 결론을 지
음이니,
26 결국은 모든 목적이요, 목표가 재물을
거두어들이는 데 너희들이 맞추고 있
음이니, 그것이 잘못됐다 하는 것이며,
27 그와 같은 믿음으로 가고 있는 너희들
이 사기꾼이며 사탄이며 사악한 자라
내가 말함이니, 너희들은 나와 관계없
는 자식이며 나와 관계없는 백성이라
내가 그리 말하는 것이 여기에 있느니
라.
28 수천 년 동안 흘러오며 수많은 지금의
종교 너희들이 손으로 지은 그 성전에
서 나 여호와의 뜻을 가르치며 예수의
고통을 기리며 그 뜻을 가르치며 너희
들이 하늘에 오르는 길로 만백성을 인
도한다 말하나,
29 그 수억 개의 종파의 성전에서 다 너
희들이 같은 시간에 맺는 그 결론은
무엇이더냐?
30 재물을 바치고 많은 것을 바쳐야 축복
을 받는다는 그것으로써 재물을 거두
어들이는 결론의 강론으로 끝나니,
31 너희들은 원인보다도 시작보다도 결
과가 중요한 것이 아니던가?
32 결과를 너희들은 재물을 많이 바치는
자 축복받는다는 그것으로써 매듭을
지음이니, 너희들이 재물을 거두어들
이기 위해서 공부하며 가르치며 설교
하고 강론하는 것이지, 나 여호와의
뜻에 따라 살라고 강론하고 가르치는
것이 아님이니,
33 너희들은 물질이요, 재물을 따라가는
자들이지, 믿음을 위하여 가는 백성이
아니라 함을 내가 여기서 말하니,
34 너희들은 나의 법전에 기록하여 전하
는 내용이 한치라도 틀린다면 나의 법
전을 보지 말라.

4,639 번째 하나님 말씀

2003년 1월 21일 23시 35분

1 사랑하는 나의 아들아!
2 "네, 아버님! 말씀하옵소서."
3 지금 모든 종교 집단 너희들이 나의
성령이요, 나의 뜻을 가르치며 성경을
가르치며, 나의 아들이 죽음의 그 고
통의 시련을 겪어 나의 뜻을 순종하여
만백성을 구하고자 했던 그것을 너희
들은 어찌 이용하고 있는가?
4 내가 나의 아들을 통하여 나의 법전에
기록하여 전하였음이니라.
5 너희들은 원인이 있고 그 과정이 있으
며 결론이 있는 것이니라.
6 그러나 너희들이 믿음을 가르친다는
그 결론이 무엇이던가?
7 나 여호와의 뜻이며, 나의 아들 예수
며 나를 믿고 나를 경배하며 하늘에

오르는 백성은 어찌 살아야 된다는 그
아름다움을 가르치는 것이 아니라,
8 재물을 바쳤기 때문에 축복을 받았고
재물을 바쳤기 때문에 영광을 받았다
너희들은 그리 결론을 내리며, 그것으
로써 매듭을 지으며, 그리하여 설교를
잘했다 하며 강론을 잘했다 하며 축복
받았다 하는 너희들이니라.
9 그러니 너희들이 지금 가고 있는 것이
얼마나 잘못되었는가?
10 나의 뜻과는 관계없음이니, 너희들이
지금 손으로 지은 성전이란 곳에 집단
적으로 모여 울고불고 찬송하며 경배
한다면서 깨우치고 가르치는 그 시대
는 이미 지나갔으며, 그와 같은 것으
로써 나의 피조물 만백성을 단 한 명
도 구원할 수 없음을 알라.
11 너희들은 나와는 관계도 없는 그곳에
가서 나에게 오른다 함이니,
12 나에게 오르는 길이 아니요, 나에게
오르는 길에 순종하지 아니하며 나의
뜻을 거역하고 산 너희들이 하늘에 와
천국의 문을 두드린다 할 때, 나는 그
빗장을 열어 주지 아니할 것이며, 내
가 명하여 그를 더 굳건히 닫아 그 안
조차도 너희들이 보지 못하도록 그리
할 것임을 알라.
13 너희들이야말로 재물을 위해 모두 그
믿음의 결론을 맺음이니, 수천 년 동
안 그와 같이 맺어 왔으니,
14 너희들이 재물을 걷기 위하여 그와 같
이 믿음의 결론을 맺으며 가르친 것이
그 횟수가 얼마나 많으며, 그 많은 것
을 들은 백성이 얼마나 많은가?
15 그러하니 그와 같은 자들이 이 세상에
존재함이니, 잘못된 사악한 자들이 이
세상을 덮고 있다 하였음이니라.
16 그리하여 너희들이 집단적으로 가르
치는 방법이요, 집단으로 깨우치는 것
은 너희들이 나의 백성을 그리 사악하
게 만들고 이끌어 가는 길이요, 순박
한 나의 백성까지 지옥으로 가도록 만
드는 방법이 집단적으로 너희들이 깨
우쳐 가는 종교의 가는 길임을 알라.
17 그리하여 나 여호와가 그와 같은 형국
이 아니요, 한 사람씩 한 사람씩 개인
이 깨우쳐 스스로 구원을 받는 그 기
초를 다지도록 하기 위하여 나의 뜻이
요, 나의 성령을 법전으로 만들어 세
상에 내보냄이니,
18 이는 각자 너희들이 읽고 정독하여 제
자리를 지키며 너희 스스로 깨우쳐 구
원을 받도록 그리하는 데 나의 뜻이
있음을 알라.
19 너희들이 지은 죄를 남이 대신할 수
없으며 구원을 받음을 또한 남이 대신
할 수 없으며, 너희들이 어찌 노력하
느냐에 따라 그 심판의 기준에 의하여
너희들이 구원을 받고 못 받는 것이니,
20 너희들이 이제 각자 나의 법전을 읽고
깨우쳐 너희들의 생활 속에서 깨달아
하늘에 오르는 길을 보도록 내가 하고
자 함이니,
21 너희들은 나의 법전을 전하는 데 잠시
도 게을리해서는 안 되며, 태만한 시
간을 가져서는 안 되는 것이 나로부터
선택된 너희들임을 알아야 할 것이니
라.
22 모든 집단이요, 믿음의 길을 가고 있
는 백성이 저희들이 믿음으로 인하여

구원을 받았으며 축복을 받았으며 재
물을 얻었다 하나,
23 이 세상 너희들이 지금 하늘에 오르는
길이라 하여 저희 손으로 짓고 기도하
는 그 백성의 숫자를 한번 세어 보라.
24 수십억의 그 수많은 인구를 너희들은
헤아릴 수가 없음이니라.
25 수백만 명의 그 종교 집단 속에서 그
중의 한둘이 걸렸을 때, 한둘이 무엇
을 이루었을 때 너희는 축복이요, 영
광의 사례를 드나,
26 나의 법전을 읽고 깨우쳐 공부하는 너
희들의 숫자는 과연 거기에 비하여 몇
대 몇이나 되는가?
27 그와 같은 속에서 그들은 저희 스스로
노력하여 얻은 것까지도 저희들이 나
로부터 축복이요, 구원을 받으며 저희
손으로 지은 성전에 가 기도하고 경배
하며 재물을 바쳤기 때문에 그들이 그
은혜를 입었다 그리 가르침이니, 얼마
나 너희들이 어리석고 불쌍한 백성들
인가?
28 그 많은 숫자 중에서 몇 사람의 그 역
사를 자랑스럽게 이야기하는 너희들
이 부끄럽지 아니하는가?
29 지나가다 돌멩이가 발부리에 치이는
것이나 마찬가지이니라.
30 그와 같이 너희들이 그 수많은 속에서
하나의 돌부리가 발에 치이는 것과 마
찬가지이거늘, 그것을 가지고 기적이
요, 역사요, 나의 뜻에 의해 너희들이
축복을 받았다며 종교 지도자가 나의
성령을 가르치는 그 귀중한 시간에 단
상에 서서 그를 가지고 나의 피조물
만백성의 마음을 이용하며 우롱하는
그와 같은 믿음으로 가지 말라.
31 너희들이 얼마나 부끄러운 짓을 하고
있나 그 숫자를 생각하라.
32 그 수백만의 인구 중에서 한두 사람이
무엇인가를 얻었다 하여 그것이 너희
들의 성전에 가 기도하고 축복하기 때
문에 나로부터 은혜를 받았다는 그와
같은 말을 하지 말라.
33 그것이 너희들이 얼마나 추한 행동인
가를 스스로 부끄러움을 알라.
34 그리하여 내가 그와 같은 너희들의 뿌
리를 자르며, 너희들이 기도하는 그
성전의 문을 닫을 것이며,
35 내가 각자 자기의 일터에서, 자기의
가정에서 깨우치는 그와 같은 시대를
열고자 하는 것이 나의 뜻임을 알라.
36 너의 제자들이 다시 태어난 그 백성들
이며, 나로부터 선택된 자들이니라.
37 너희들이야말로 인간 세상에서 부활
된 자들이며, 그리고 또한 영원히 부
활될 수 있는 것이 나의 백성들이니,
38 지금 나의 법전을 읽고 깨우치는 너를
따르는 제자들과 나의 성전에 와 공부
하며 깨달음을 얻고 깨우쳐 가 하늘에
오르는 그 빛이 무엇이며 내가 원하는
것이 무엇인가를 알고 다시 태어나는
삶을 사는, 너를 따르는 제자들이요,
법전을 읽고 깨우친 백성들이 육의 부
활이요, 그들은 반드시 영혼의 부활까
지 오게 될 것이니, 너희들은 영원히
죽지 않는 그 시대에 살아가는 백성들
임을 알라.
39 너희들은 이제 부활의 역사를 나로부
터 이룬 자들이니, 너희들만의 그 축
복을 위하며 너희들만이 그 영광 속에

서 살아가는 그와 같은 생각을 해서는
아니 될 것이니라.
40 지금 썩어져 가는 많은 백성을 구하는
역사를 너희들이 이루어야 될 것이니
라.
41 썩어져 가는 것은 씨앗을 뿌릴 수 없
음이니라.
42 그러니 너희들이 썩어져 가는 그 백성
을 구하는 데 너희들의 모두를 다 바
침에 게을리해서는 아니 된다는 것이
나의 뜻임이니라.
43 너희들은 모두를 다 육에서 부활이요,
영혼에서 부활을 받은 그 선택을 받은
백성이요, 다시 태어난 백성이라 함을
잊지 말라.

4,640 번째 하나님 말씀

2003년 1월 21일 23시 40분

1 사랑하는 나의 아들아!
2 "네, 아버님! 말씀하옵소서."
3 너를 따르는 제자들이요, 나의 법전을
읽고 깨우친 백성들이요, 나의 성전에
와 강론을 들으며, 이 법전이 새로운
성경이요, 나의 뜻이라 깊이 가슴에
안고 정독하는 백성 너희들은 부활이
요, 다시 태어난 생명이요, 그 영광과
축복을 받은 자들이라 내가 그리 말하
였느니라.
4 그러나 나로부터 부활의 영광을 받으
며 새로 태어난 그 축복을 받은 너희
들이 과연 어찌 살아가는가?
5 지금 너희들이 세속의 세상에 살아가
면서 육이 존재하는 이 세상에서 살았
던 너희가 아니요,
6 부활이라는 그 영광을 나로부터 받은
그 순간에 너희들은 새로 태어나는 생
명이요, 새 시대에 사는 나로부터 선
택된 나의 아들딸임을 너희들은 알아
야 될 것이니라.
7 그와 같이 변화되며 축복을 받은 너희
들이 육의 세상의 삶의 한계를 벗어나
지 못하고 연연한다면, 과연 나로부터
새 생명의 은혜와 축복을 받은 그 길
에 너희들이 보답하며 사는 것인가 나
의 뜻을 거역하며 사는 것인가 너희들
이 생각해 봐야 할 것이니라.
8 나로부터 부활의 새로 태어난 생명의
축복을 받은 너희들이 정녕 육의 삶의
세상사를 지우지 못하고 있음이니, 육
의 세상의 고리요, 그 삶 속에서 허덕
이며 헤어나지 못함이니, 나로부터 선
택되지 못한 백성들과 너희들이 무엇
이 다르단 말이던가?
9 나로부터 새로 태어나며 나로부터 부
활의 축복과 영광을 받은 백성 너희
들, 나의 법전을 읽고 이것이 나의 성
령이요, 마지막 시대에 심판하는 나
여호와의 가르침이라는 것을 깨달은
자, 그리고 법전의 표지를 열 때 나 여
호와가 너희들과 더불어 같이한다는
것을 깨닫고 생활하는 자, 나를 대신
하여 사는 삶을 산다 깨닫고 그리 살
아가는 내 사랑하는 아들딸 너희들이
야말로 너희들의 정신이 죽어 가는 육
을 지배해야 하는 것이니라.
10 너희들만큼은 육의 지배를 받는 것이
정신이 아니요, 정신이 너희들의 죽어
가는 육을 지배하고 다스려야 하는
것이거늘, 너희들이 그와 같은 한계를

벗어나지 못하고 있음이니 이를 어찌 해야 되겠는가?

11 너희들의 정신세계가 지금 육의 지배를 받고 있음을 너희들은 알아야 될 것이니라.

12 너희들은 깨달은 경지의 그 정신이 너희 육을 지배하고 다스려 바로 설 수 있는 그와 같은 삶의 변화를 해야 될 것이거늘, 너희들이 거꾸로 그 지배를 받는 것이라면 지금의 모든 백성과 너희들이 다름이 없음이니라.

13 이제 너희들은 깨우쳐야 될 것이니라.

14 너희들의 깨우친 경지요, 나의 법전을 읽고 정독하여 너희 머릿속에 생각하며 기억한 그 삶을 지키고 살아가는 그 차원 높은 경지에 오른 오늘의 삶의 정신세계는 너희들이 세속에 사는 그 육을 지배해야 함을 잊지 말아야 할 것이니라.

15 너희들이 육의 욕심과 사행심과 모든 인간관계의 정립해 있는 그것을 버리지 못하는 것은 정신세계가 육에게 지배를 받고 있기 때문이니라.

16 이제 너희들은 육을 지배할 수 있는 정신세계에 돌입해 있으며, 너희들 스스로 통제하며 스스로 다스리며, 내가 원하는 것이 무엇이며, 어찌하여야 하늘에 오르는 길이며, 살아가는 그 모두를 아는 너희들이 지금 이와 같은 형국으로 살아가서는 아니 되는 것이니라.

17 너희들 자신의 정신세계를 지키도록 그리하라.

18 그리고 너희들이 깨달은 경지만큼 너희 삶에 그를 적용하여, 너희들의 생활에 적용하여 육을 통제하는 그와 같은 삶을 살도록 하라.

19 부활의 육의 삶이 없어짐을 너희들은 알아야 할 것이니라.

20 지금과 같이 너희 육이 영을 지배하며, 너희들의 정신이 육을 지배하는 그와 같은 삶으로 변화되지 못한다면 너희들은 부활을 이룰 수가 없으며, 육의 부활 그 자체도 너희들이 죽어감을 알아야 할 것이며, 이를 명심하여 행하도록 그리하라.

4,641 번째 하나님 말씀

2003년 1월 21일 23시 59분

1 사랑하는 나의 아들아!

2 "네, 아버님! 말씀하옵소서."

3 너를 따르는 제자들과 나의 법전을 읽고 깨우친 만백성 너희들은 너희들 자신을 먼저 다스리라.

4 그리고 법전을 읽고 깨우치며 나로부터 선택된 백성이 살아가야 하는 길, 너희들이 가야 하는 길, 너희들이 이루어야 하는 길이 무엇인가를 먼저 깨우쳐 생각해야 될 것이며, 너희들이 선택됨이 얼마나 소중한 것이며, 얼마나 축복과 영광으로써 너희들이 나에게 부름을 받았는가 그 의미를 먼저 생각해 봐야 될 것이니라.

5 창조주인 나 여호와가 나의 아들을 통하여 직접 내리는 나의 뜻을 직접 접하며 그를 읽고 깨우치며 강론을 듣는 너희들이 그저 평범한 백성으로서 선택되었다 생각하는가?

6 너희들을 내가 불러 쓰고자 함이니,

너희들은 이루어야 할 대명이 있으며
행하여야 할 길이 있는 것이니라.
7 너희들이 해야 할 일이며 너희들의 대
명이 무엇인지, 그리고 너희들이 해야
할 일이 무엇인가 먼저 너희 스스로
깨우쳐 알아야 할 것이니라.
8 그리고 너희들이 무엇 때문에 선택되
었으며, 너희들이 해야 할 일이며 너
희 자신을 어찌 다스려 나가야 되는
것이며 어찌 서야 하는 것인가를 먼
저 깨우치며,
9 나의 법전을 읽고 정독하여 나의 법전
에 가르치고자 하는 뜻이 무엇인가를
알고 깨달은 자, 그러한 너희들이 이
웃을 깨우치도록 그리해야만 됨을 잊
어서는 아니 될 것이니라.
10 너희들이 이웃을 사랑하는 것은 마음
을 열어야 될 것이니라.
11 모든 종파들이 지금 저희들만의 우월
주의에 빠져 있으며, 저희들만이 구원
을 받는다 착각하고 있으며,
12 저희들과 더불어 같이 가지 않은 백성
을, 너희들이 같은 그 소중한 형제이
거늘, 형제요, 인간으로 생각하지 않
는 그와 같이 폐쇄된 마음을 가지고
있는 백성으로서는 만백성을 구할 수
없음을 알아야 할 것이니라.
13 모두는 다 너희들의 마음이 열려야 할
것이며, 마음의 문이 열린 자만이 나
의 피조물 만백성을 구원할 수 있거늘,
14 저 자신이 바로 서지 못하며 저 자신
이 폐쇄되어 마음의 문을 닫고서 어찌
하여 만백성을 구할 수 있다 그리 말
하며 너희들이 그리 행할 수 있다 생
각하는가?
15 이제 나로부터 선택된 백성 너희들은
너희 마음의 문을 정말 열었는가, 그
리고 마음의 문이 열려 있는가 그를
먼저 스스로 점검해 보고 너희들을 돌
이켜 평가해야 될 때가 되었음을 잊어
서는 아니 될 것이니라.
16 너희들의 마음의 문이 정녕 열리지 아
니하였다면 너희들은 너희 마음에 그
잠겨진 문을 여는 그와 같은 삶의 훈
련에 너희들 스스로 임해야 될 것이니
라.
17 네 마음을 열지 않고는 세상사를 볼
수 없으며 남을 볼 수가 없음이니라.
18 마음이 닫혀 있는 자, 닫혀 있는 만큼
남의 마음을 볼 수 없기 때문이니라.
19 네 마음이 닫혀 있을 때 남의 마음이
열리지 아니함이니, 네 마음이 완전히
열려 있을 때 남의 마음도 열림을 너
희들은 알아야 될 것이니라.
20 너의 제자들은 나 여호와가 역사하고
자 하는 그 길에서 너희들의 대명이
있으며 너희들이 가야 할 길이 있음이
니라.
21 내가 이루고자 하며 내가 역사하고자
하는 그 뜻에서 벗어날 수 없는 것이
너희들임을 알아야 할 것이니라.
22 너희들은 너희 임의대로 살아갈 수 없
으며, 너희 임의대로 세상사를 살아갈
수 없는 것이 너희들이니라.
23 오로지 그 대명을 위하여, 내가 너희
들에게 명한 뜻을 역사하는 그것만이
너희들이 살아가는 길이며, 너희들이
가야 할 길임을 알아야 될 것이니라.
24 너희들은 대명을 위하여 살아가야 하
는 백성이며, 너희들은 그와 같이 나

로부터 선택된 백성이라는 것을 잊어
서는 절대 아니 될 것이니라.
25 그를 너희들이 항상 생각하며 그 길을
위하여 살아가는 삶을 거기에 다 맞추
며 살아가야 됨을 잊어서는 아니 될
것이니라.
26 너희들의 임무는 임의로 세상을 사는
것이 아니요, 너희들은 나의 법전에
의한 삶을 살아가는 것이며, 나의 법
전에 기록된 그 뜻을 깨우쳐 너희 것
으로 만들어 만백성에게 전하는 전사
로서 복음을 전파하는 것이 너희들이
해야 할 일이며 가야 할 길임을 잊어
서는 아니 됨을 알아야 할 것이니라.
27 나로부터 선택된 너희들은 살아가며
두려워하지도 말며, 너희들 자신을 스
스로 평가하지 말며, 너희들의 능력과
한계를 너희들이 안다 하여 너희 자신
을 과소평가하지 말라.
28 너희들은 역사할 수 있기 때문에, 너
희들이 할 수 있으며 너희들이 맡은
그 대명을 충실히 행하고 지킬 수 있
는 백성이기에 나에게 선택된 것임을
알아야 할 것이니라.
29 나 여호와가 너희를 선택한 것이며 내
가 너희들을 부른 것이니라.
30 너희가 나를 선택했다 생각하지 말라.
31 너희들이 나를 선택한 것이 아니요,
내가 너희들을 선택했음을 너희들은
잊어서는 아니 될 것이니라.
32 너희가 나를 선택하는 것은, 너희들의
자유의사로써 나 여호와를 버리면서
나의 뜻에 따라 살아가고자 지금 기도
하고 경배하는 백성이 수없이 있으나,
그들은 너희가 나를 선택하여 나를 따
르고자 하는 것이니라.
33 그러니 너희들의 자유의사에 너희 생
각대로 살아갈 수 있다 하나,
34 내가 선택한 너희들이요, 내가 쓰고자
부른 너희들이요, 내가 역사하고자 내
가 나의 아들을 따라 같이 가는 그 백
성이요, 나의 법전을 읽고 깨우치는,
내가 터치한 모든 백성 너희들은 너희
들이 나를 선택한 것이 아니요, 나 여
호와가 너희들을 선택했음이니,
35 너희는 너희들 마음대로 세상을 살아
가서도 아니 되며, 너희들 마음대로
너희들을 평가해서도 아니 되며, 너희
들이 어렵고 힘들며 가진 것 없으며
나약한 자들이라 하여, 너희들이 스스
로 다른 백성이 그와 같은 위치에 서
있다 해서 너희들도 그와 같은 백성으
로 생각하지 말라.
36 너희들은 내가 역사하고자 하여 선택
했으니, 너희들이 대명을 수행하고자
할 때 그 누구도 따라갈 수 없는 기적
과 역사의 힘이 너희들에게 일 것이
며, 너희들 손에 내가 적을 향하여 다
싸워 이길 수 있는 그 모든 무기를 완
벽하게 쥐여 줄 것이며, 내가 너희들
을 전쟁터에 내보냈을 때 너희들이 승
리할 수 있는 그와 같은 나의 계획에
의해 움직이는 것임을 알아야 될 것이
니라.
37 내가 다시 너희들에게 전함이니, 너희
들은 스스로 나를 선택한 백성이 아니
요, 내가 너희들을 선택하였음이니,
나로부터 선택된 백성 너희들은 너희
들의 삶이 아니요, 나의 뜻에 의하여
나의 주관에 의하여 내가 이루고자 하

는 그 역사의 대명을 이루는 것이 너
희들이 가야 할 길이며 이루어야 할
길임을 알라.
38 이를 너희는 벗어날 수도 없으며 돌
아설 수도 없으며 중단할 수도 없으
며, 너희들 마음대로 너희 육신을 행
할 수도 없음을 알아야 할 것이니라.

4,642 번째 하나님 말씀

2003년 1월 22일 0시 06분

1 사랑하는 나의 아들아!
2 "네, 아버님! 말씀하옵소서."
3 내가 너희들에게 가르쳐 전하기를, 죄
를 많이 지은 자가 저보다 죄를 적게
짓는 자를 위하여 축복이요, 영광이
요, 구원이라 하여 저희들이 기도를
해 줄 수 없다 내가 말하였음이니라.
4 적게 죄를 짓고 아름답게 사는 자에
게 많은 죄를 짓는 자, 사악한 짓을 하
는 자가 죄를 짓지 않고 사는 자의 영
혼을 구원해 준다며 그 앞에 가 기도
하는 그와 같은 행위를 할 수 없다 하
였음이니,
5 그리하여 종교 지도자는 유리에 비춰
봐 한 점의 부끄러움이 없는 그와 같
은 자세로 변화되어야 함을 내가 말
하였느니라.
6 제가 지고 있는 짐이 무거워 스스로
구원의 길을 가지도 못하며 저희들 자
신이 지옥 불에 가 그 대가를 치러야
할 자들이 저 자신도 모르면서 만백성
을 구한다 함이니, 너희들은 짐이 무
거워 침몰하는 배와 똑같은 것이니라.
7 저 자신이 지탱할 수 없어 침몰하는
그 배가 어찌 다른 배를 구원한다고
말할 수 있는가?
8 저 자신이 침몰하는 것도 막지 못하면
서 다른 배를 구원한다고 말하는 것은
저 자신을 모르는 것이니라.
9 그 역사를 이룰 수 있다 너희들은 생
각하는가?
10 정녕 자신이 침몰하면서 다른 배를 구
할 수는 없는 것이니라.
11 죄를 스스로 행하며 나 여호와로부터
부끄러움이 없는 삶을 살지 않는 종교
지도자가 남을 위하여 구원의 기도를
해 준다 수다 떨지 말라 그리 전하며
사기극을 연출하지 말라 그리 전하라.
12 지금 너희들이 가고 있는 것은 재물을
긁어모으기 위한 하나의 사기극을 연
출하고 있음이니, 그 죄가 무섭고 두
려운 것을 알거든 이제는 그만두라
그리 전하라.
13 저의 배가 침몰하여 제가 상어의 밥이
되어 가면서 작은 배에 타고 있는 그
백성을 구해 준다 말하는 자, 이보다
더 험악한 형태가 지금 너희들이 가고
있는 길이며, 종교 집단들이 처해 있
는 형태임을 알아야 할 것이니라.
14 저 자신이 천사와 같지 아니한 자, 나
의 심성으로 따라와 변하지 아니한
자, 그리고 저희들이 스스로 한 점의
부끄러움이 없는 삶을 위하여 자신의
목숨을 던질 수 있는 그와 같은 굳은
각오로써 변화되는 삶을 살지 않는
자, 그 누구도 구원할 수 없음을 너희
들은 알아야 할 것이니라.
15 너희들은 그와 같은 자격을 갖추지 못
한 자가 남의 귀중한 생명을 함부로

생각하며 그를 구원해 준다 하여 사기
극을 벌이며 그들에게 재물을 긁어모
으고 있으니, 너희들이 이 세상 죄인
중에 가장 큰 죄인이요, 사탄 중에 가
장 큰 사탄 역할을 하고 있음을 알아
야 할 것이니라.
16 자신의 구원의 기도를 할 자격도 없는
자들이 어찌하여 남을 위해 기도하여
남의 생명을 구원한다 그리 사기극을
벌이고 있는가?
17 그것이 지금 나의 아들 예수가 고통스
럽게 죽어 간 그 대가의 현장이며, 거
기에 대한 너희들이 은혜에 보답하며
그를 갚는다 하는 자들이 그와 같은
행위를 하고 있음이니, 이를 보는 나
여호와의 마음이 어떠하겠는가?
18 나의 마음이 찢어지고 아픈 그 마음을
너희들은 정녕 모를 것이니라.
19 나의 아들 예수가 죽음으로써 구원을
받았듯이, 너희들이 그와 같이 어렵고
힘든 고통의 길을 깨우쳐 가면서 그
속에서 너희들이 취하고 얻는 것을 원
하지 아니하며, 너희들이 바른 정신으
로 살아가는 그것만이 구원에 오를 수
있는 길이라 하였거늘,
20 너희들은 바른 정도의 삶이 아니요,
재물을 모으는 데 모든 심혈을 기울이
고 사기극을 벌이는 그곳에 가 울고불
고 '아멘!'이요, '할렐루야!'를 찾으며
구원을 받는다 그리 말함이니,
21 너희들은 이제 그 죄인 중의 죄인이
요, 사기극 중의 사기극을 벌이는 그
와 같은 자들의 말에 현혹되지 말라.
22 내가 나의 아들을 통하여 너희들에게
전하였느니라.
23 암초에 부딪혀 침몰하는 배가 다른 배
를 구원해 준다 말함이니, 이는 말도
안 되며 있을 수도 없는 역사며,
24 제가 물고기의 밥이 되는 주제에 그를
구원해 준다 하니 저나 물고기에게 먹
히지 말며 구원할 수 있는 길이나 찾
으라 그리 전하라.
25 이것이 바로 지금 저 자신도 모르며,
하늘에 오르는 길이 무엇이며 나의 뜻
이 무엇이며 내가 이루고자 하는 것이
무엇인가를 알지도 못하는 자가 나와
같은 역사를 하며 나를 대신하여 지배
하며 다스리는 듯이 그와 같은 짓을
하며, 작은 신과 같은 행위를 하고자
하는 것이 지금 잘못 가는 종교 지도
자의 형태이니,
26 이 법전에 기록된 내용을 읽고도 깨우
치지 못한다면 너희들은 정녕 영원히
나의 아들과 나의 딸로서 너희들이 아
니기를 바라는 자임을 알라.

4,643 번째 하나님 말씀

2003년 1월 22일 0시 12분

1 사랑하는 나의 아들아,
2 수천 년 동안 흘러오는 그 종교 집단
이, 나의 피조물 만백성을 하늘로 인
도하며 가는 그들이 과연 나의 백성을
어찌 가르치는가?
3 그들은 가르침에 있어서 어찌 살아가
며 어찌 행동해야 되는가를 그리 가르
치느니라.
4 너희들이 하늘에 오르는 영광은 무엇
이며 하늘에 오르는 길은 어찌하여야
하는 것이라 그리 가르침이니, 너희들

은 그것이 바로 기도하고 경배하며 너
희 손으로 지은 성전에 오면 구원을
받는다 그리 말함이니, 그리 가르침이
바로 너희들은 어찌 살라 말만 가르쳐
주며, 그리고 너희들이 축복이라는 것
이 무엇이고 영광이라는 것이 무엇인
가 그것을 말만 가르침이니라.
5 하늘에 오르는 길이 무엇이며 하늘에
오르는 축복이 무엇이며 그 영광된 것
이 무엇인가를 가르쳐 주느니라.
6 그리하여 인간은 이리이리 살라 너희
들이 그를 가르치는 것이며 그리 설교
하며 나의 피조물 만백성을 그리 인도
하느니라.
7 그러나 너희들은 여기서 깨달아야 할
것이니라.
8 어찌 살라 하는 것을 가르치는 것이
아니요, 그리 살려면 너희들이 어찌
행하여야 되며 어찌 가야 되는지 그를
가르쳐야만 제대로 된 가르침임을 알
아야 할 것이니라.
9 하늘에 오르는 것은, 하늘의 영광은
무엇이며 어떠한 마음으로 살라 그리
가르치는 것이 아니요,
10 너희들이 그리 살아가기 위해서 너희
들이 행하는 것은 어찌 행해야 되며
어떠한 형태로 살아가는 것인가 그를
가르치다 보면 나의 십계명을 찾게 되
며, 십계명대로 살아가고 행하는 것이
바로 너희들이 어찌 살라 가르치는 것
이 아니라 사는 방법을 가르치고 터득
하게 되어 있음이니라.
11 지금 내가 160권의 법전을 세상에 내
려보내 만백성을 깨우치고자 하는 것
은 어찌 살라 하는 것이 아니라, 너희
들이 그리 살기 위해서는 어떠한 방법
으로써 어찌 가는 것인가를 내가 제시
해 주며 행함을 제시하는 것임을 너희
들은 여기서 알아야 할 것이니라.
12 그러나 너희들은 행함이 중요하며 그
행함만이 너희들이 심판을 받는 기준
이거늘,
13 지금 모든 종파요, 모든 백성들에게
전하는 것은 행함이 중요함이라 그리
가르치지 아니하며, 그저 생각하는 것
으로, 말로써 소리 지르고 구하면 너
희들이 얻을 것이라 그리 가르치고 있
음이니,
14 이게 바로 너희들이 세상사 살아가면
서 고기를 잡는 방법을 가르치는 것이
현명한 부모의 가르침이거늘, 고기를
먹는 방법을 가르치며 고기를 얹어 주
는 그 방법만을 가르쳐 주는 그와 같
은 우를 범하는 것이 지금 모든 종교
집단들이 가고 있는 가르침임을 너희
들은 알아야 할 것이니라.
15 너희들이 고기를 잡는 방법을 가르치
는 것이 자식을 바로 가르치는 것이
요, 고기를 먹는 법이요, 고기를 먹이
는 것은 잘못된 가르침이라 하였음이
니,
16 정녕 너희들이 자식을 사랑하며 그가
굳건히 살아갈 수 있는 길은 고기를
잡는 방법을 먼저 가르쳐야 됨이니라.
17 힘들고 어렵다 하여도 그 기술을 터득
시켜 주었을 때 그는 편안한 인생을
살아갈 수 있는 것이니, 이와 같은 이
치 하나를 깨우치지 못하고 살아가는
것이 너희들이니라.
18 너희들은 온갖 도덕적인 것을 가르치

며 그리 부르짖음이니라, 그리고 그와
같은 것을 선하며 그를 예를 들어서
백성에게 가르치느니라.
19 그러나 그들이 그 길을 가기 위하여
어떠한 마음으로써 훈련해야 되며 어
떤 생각으로써 살아가야 하는 것인가
그 자체의 근본의 뿌리를 가르치지 못
하고 있음이니, 이를 가르쳐야 할 것
이니라.
20 행함의 근본의 뿌리요, 근본의 기초를
너희들이 못 가르치고 있음이니라.
21 너희들이 아는 자가 없으며, 그 의미
를 알지 못하기 때문이니라.
22 모든 구약과 신약에 기록되었기를, 너
희들이 도덕적인 것을 가르치며 그 예
를 들어 부르짖으며 그를 듣고 깨우쳐
가는 것이 아니요, 그와 같이 행하기
위해서는 어찌 행해야 하는 것인가 그
근본이 성경에 기록되었거늘, 너희들
은 그를 알지 못함이니,
23 너희들이 눈은 떴으나 감은 자며, 귀
는 있으나 듣지 못하는 그와 같은 자
들과 똑같음을 알라.
24 그리하여 내가 누구나 깨우칠 수 있도
록 나의 법전을 쉽게 풀어 그와 같은
방법을 제시하여 가르침이니,
25 이제는 선생이 필요한 것이 아니요,
각자가 너희들이 읽고 깨우치면 그 길
을 갈 수 있으며, 고기를 잡는 방법을
알게 되어 있음이니라.
26 그리고 너희들이 살아가는 그 방법에
서 선하고 아름답게 살기 위해서는 어
찌 행동하며 마음을 어찌 다스려야 되
는지 그 모두가 거기에 기록되어 있음
이니,
27 그리하여 나의 법전을 읽는 자가 심판
대에 설 수 있으며, 나의 법전을 읽지
않는 자, 심판을 받을 수 없다 함은 고
기를 잡는 방법을 모르기 때문임이니
라.

4,644 번째 하나님 말씀

2003년 1월 22일 0시 38분

1 사랑하는 나의 아들아!
2 "네, 아버님! 말씀하옵소서."
3 너희들의 육의 세상에 사는 부모도 사
랑하는 자식에게 모두를 다 주고 싶어
하며 무엇인가 하나라도 더 그 손에
쥐여 주고자, 그리고 또 무엇인가를
남겨 주고자 하는 것이 부모요, 가지
고 있는 그 모두를 전해 주고 싶은 것
이 부모의 마음이 아니던가?
4 나 여호와 또한 그러하니라.
5 아름답게 살고자 하는 나의 사랑하는
백성 너희들에게 나의 성령이요, 너희
들이 세상사 이치를 깨달을 수 있는
그 모든 깨달음을 계속 내려 주고 싶
은 것이 나 여호와이니라.
6 나의 성령이 너희들에게 임하여 너희
들이 변할 수 있도록 내가 끊임없이
성령을 너희들에게 내려보내고 있건
만, 너희들은 나 여호와가 내리는 이
성령을 받을 준비가 되어 있는 백성이
없다 하면 과연 어찌하겠는가?
7 나 여호와는 끊임없이 내려보내고 있
으며 받을 자를 찾고 있으나, 이를 받
을 만한 준비가 되어 있지 아니하며,
받을 만한 자격이 있는 백성이 없어
나의 성령으로 충만한 그와 같은 나의

사랑하는 백성이 세상에 존재하지 못
한다 할 때, 내 마음은 과연 어떠하겠
는가?
8 너희들의 육에 있는 부모도 그 부모가
자식에게 무엇인가 쥐여 주고 남기고
자 하나, 그 자식이 그를 받을 자격이
없으며 관리할 능력이 없다 할 때, 그
부모의 마음은 어떠하겠는가?
9 나 여호와의 마음이 너희들 육의 부모
보다 열배 백배 더함을 알라.
10 너희들 육의 부모는 너희들이 사는 그
기간이요, 백 년도 못 되는 삶의 인연
의 고리가 끊어지면 모든 게 끝나나,
너희들은 나로부터 영원히 사는 그 세
상에 나는 너희들의 어버이요, 너희들
은 나의 자식이요, 아들딸이니, 누가
더 긴 인연이요, 긴 역사의 삶을 가며
누가 더 애정을 가지고 너희들을 생각
하겠는가?
11 백 년을 살다 끝나는 그 인연이 소중
하겠는가, 영원히 끝나지 않는 인연의
관계가 형성되는 나 여호와와 너희들
의 그 관계가 소중하겠는가?
12 너희들은 이와 같은 이치를 깨달아야
할 것이니라.
13 너희들의 모든 종교 지도자들이 말하
느니라, 육의 삶은 관계가 없으며 영
혼의 삶을 나 여호와에게 맞추며 살아
가면 된다 하니, 그게 너희들의 욕심
이며 사악한 마음이라 내가 말하였으
니,
14 너희들을 낳아 주고 길러 준 부모와는
백 년도 안 되는 인연이요, 나와는 영
원히 지속되는 인연이라 하여, 너희들
이 백 년의 인연을 그저 저버리고 팽
개치며 짓뭉개는 그와 같은 행위를 하
고 있는 것이 너희들의 지금 가르침이
니라.
15 너희들이 부모의 소중함보다도 나 여
호와에 따라 나 여호와를 향하여 사는
것이 소중하며 그 길만이 위대하다는
그 뜻이 무엇인가를 종교 지도자 너희
들이 가르치며 그 의미를 모르기에 너
희들이 부모에게 하는 그 공덕을 소홀
히 생각함이니라.
16 너희들은 바로 여기에 있는 것을 알아
야 할 것이니라.
17 너희들 인간의 부모는 백 년이요, 나
여호와는 영원히 지속되기 때문에 너
희들은 나 여호와의 영원히 지속되는
인연의 관계가 더 소중하다 생각하며
그를 위하여 살아간다 말함이니, 너희
들은 어찌하여 너희들의 부모와의 관
계를 버리려 하는가?
18 나 여호와의 뜻을 너희들이 확실히 알
아야 할 것이며 내가 원하는 말을 알
아야 될 것이니라.
19 너희들이 백 년도 안 되는 육의 부모
의 관계는 그 백 년도 안 되는 한계이
기 때문에 그 또한 소중하며 값진 것
이며 너희들이 지울 수도 없으며 버
려서도 안 되는 것이니,
20 그 부모에게 정성을 다하며 공을 들이
는 자, 나에게 와 영원히 사는 나와의
인연의 관계에 공을 들이는 것과 같음
을, 너희들이 그리 비중을 갖고 생각
해야 함을 알아야 할 것이니라.
21 무엇 때문에 너희들의 믿음이 소중하
며 나 여호와를 향하는 것이 더 위대
한 것인가를 모름이니,

22 너희들은 나와는 영원히 지속되는 것이며 육의 부모는 백 년으로 끝난다 하여 나를 부르며 나를 경배하며 나 여호와의 이름을 부르며 그리 축복의 기도를 드리고 하는 것이 그 차이라 너희들이 그리 앎이니, 그것은 욕심임을 알아야 할 것이니라.

23 너희들이 육의 세상에 살 때 너희들을 작게 도와주어 너희들의 기본을 다진 사람도 소중하거늘, 크게 도와준 사람만이 큰 은혜라 생각하며 어렵고 힘들 때 네가 바로 설 수 있도록 가르치며 지도해 주며 협조해 주며 너에게 봉사해 준 그와 같은 사람의 고마움을 모르는 그와 같은 마음을 가지니, 그 은혜를 모르는 자 짐승과 같다 하여 금수만도 못하다 너희들이 말하지 않느냐?

24 나와 영원히 지속되는 그 관계가 너희들과 나와 정립된다 해도 너희들의 육의 부모가 너희들을 길러 주고 낳아 준 그 공은 그대로 소중함이니, 작은 공이라 생각하여 너희들이 무시하며, 나와 영원히 사는 그 은혜가 크다 하여 너희들이 부모가 낳아 주고 길러 준 그 공을 소홀히 하는 자는 나에게 오를 수 있는 그 기초요, 근본이 되지 아니한 자이니, 바로 작은 은혜를 버리며 지난날의 은혜를 버리는 그와 같은 짐승만도 못한 행위를 하는 자이기에 너희들은 하늘에 오를 자격이 없으며 기도할 자격이 없다 내가 그리 말하였느니라.

25 사랑하는 나의 아들아, 나의 법전을 세상에 내 만백성이 이와 같은 이치를 깨닫도록 그리해야 될 것이니라.

26 이제 나 여호와가 준비가 되어 있지 않은 백성을 보는 내 마음이 얼마나 아픈 것인가를 알겠는가?

27 그리고 너희들이 너희 부모를 공경하지 아니하며, 나를 따르고 나를 경배하고 사는 것만이 하늘에 오르는 길이라 그리 가르치는 자, 그 뜻을 모르고 그와 같이 잘못 가르치고 있음을 알아야 될 것이니라.

28 그러니 그 잘못 가르치는 백성이 나에게 성령으로 받을 준비가 되어 있겠는가?

29 전혀 준비가 되어 있지 아니하니라.

30 이 세상 모든 백성이 나로부터 성령을 받을 준비가 안 되었다면, 많은 나의 백성을 구원하고자 하는 것이 나 여호와가 세상에 너희들에게 내리는 것이거늘, 과연 어찌하여야 되겠는가?

31 선은 무너져 기울어지고 있음이니라.

32 내가 나의 성령을 전할 자가 너희들에게 없음이니, 이 세상은 악의 무리가 뿌리를 내리고 악의 무리가 판을 치니, 선은 서서히 무너져 가며 기울어져 가고 있으며 바로 세울 수 없는 그와 같은 형국으로 넘어지고 있는 것이 지금의 형국이니라.

33 지금도 너희들을 바로잡기가 너무 늦었으며, 너희들 인간 본성의 인성을 바로잡기는 어떤 것으로도 잡을 수 없는 것이니라.

34 그리하여 나 여호와가 더 늦기 전에 나의 법전을 세상에 내려보내어 만백성 너희들을 구원하고자 나의 아들에게 밤과 낮을 가리지 아니하고 이리

내가 성령을 내려 대장정의 160권을
지금 내려보내니,
35 때가 너무 늦었으며 너희들을 다스릴
수 있는 기회가 없기에 이와 같이 강
행군으로 나의 법전을 세상에 내려보
냄을 너희들은 알아야 할 것이니라.
36 그리하여 나의 법전을 늦기 전에 너희
들에게 전하여 깨우치고자 함이니라.
37 나의 백성들은 사악한 악마에게 마음
이 다 빼앗겨 있으며 지금은 너희들이
사탄이요, 악마의 자식이 되어 그곳에
가 그들의 지시를 받으며 그들의 명을
받고 사는 자가 이 세상을 덮고 있음
이니라.
38 너희 생명의 구원인 나의 법전을 정독
하고 깨우쳐 너의 제자들이 바로 서서
지금 사탄이요, 악마에게 마음을 뺏긴
나의 백성을 구원하는 그 역사를 이루
어야 할 것이니, 이를 잊지 말고 너희
들이 최선의 노력을 다하여 나의 뜻을
행하도록 그리 전하라, 사랑하는 나의
아들아!

4,645 번째 하나님 말씀

2003년 1월 22일 0시 41분

1 사랑하는 나의 아들아!
2 "네, 아버님! 말씀하옵소서."
3 너 자신과 너를 따르는 너의 제자들과
나의 법전을 읽고 깨우친 백성 너희들
은 정녕 바로 서야 함을 알라.
4 아무리 바로 서는 것이 어렵고 힘들고
고통의 길이라 하여도 너희들은 바로
서야만 됨을 알아야 할 것이니라.
5 너희들이 바로 서지 못할 때 너희들
또한 지금 잘못 가고 있는 종파의 지
도자요, 종교 집단처럼 너희들과 내가
아무런 관련이 없는 관계로 멀어짐이
며, 나의 아들딸로서 너희들이 그 자
리를 지키지 못하는 그와 같은 현상이
돌발할 때, 나 여호와의 마음이 얼마
나 아프겠으며 나 여호와의 고통이 어
떠한 것인가를 너희들은 생각해 봐야
할 것이니라.
6 너희들이 바로 서야 함이니라.
7 너희들이 천사와 같은 행동으로 천사
와 같이 변화되어야 함을 알아야 할
것이니라.
8 너희들 인간 자신은 누구도 구원해 줄
수 없으며, 누구도 너희들이 지은 죄
를 대신 겪어 주며 너희들이 잘못 살
아온 그 모든 죄를 용서 빌 수 있는 그
길을 대신 갈 수가 없음이니라.
9 하늘에 오르는 길이요, 천국에 오르는
길이요, 나의 품으로 오는 길은 누구
도 너희들을 대신하여 그 일을 할 수
없으며, 너희 스스로 깨우쳐 하늘에
오르는 길밖에 없음을 알아야 할 것이
니라.
10 그 누구도 너희들을 구원해 주지 못함
을 너희들은 깨우쳐 알도록 하라.
11 구원은 너희들 자신이 바로 서며 자신
이 스스로 바른길을 와서 자신만이 받
는다는 것을 알아야 할 것이니라.
12 너희들이 하늘에 오를 수 있는 길이
요, 지옥으로 가는 길이요, 그 모두는
다 너희들 자신에게 달렸음이니라.
13 나 여호와는 다만 너희들이 유죄 판결
을 받아 죄인으로서 오기를 바라지 아
니할 뿐이요, 너희들이 잘못 행하고

잘못 지은 죄의 대가를 심판하는 것은
엄연히 이루어짐이니, 너희들은 그 뜻
을 알라.
14 나 여호와는 너희들이 무죄판결을 받
으며 나로부터 칭찬받는 백성이 되기
를 바라며, 유죄판결을 받아 지옥으로
가는 나의 백성을 원하지 아니함이니
라.
15 그러니 너희들이 어떠한 형태로 서느
냐 그것은 너희들에게 달렸음을 잊지
말라.
16 천사와 같은 마음이요, 천사와 같은
행동으로써 아름답게 변화되어 가는
그 삶을 사는 것이 나의 아들 네가 가
야 할 길이며, 너를 따르는 제자들이
가야 할 길이며, 나의 법전을 읽고 깨
우친 백성이 가야 할 길이니, 너희들
이 바로 굳건히 서야 함을 잊지 말라.

4,646 번째 하나님 말씀

2003년 1월 22일 06시 50분

1 사랑하는 나의 아들아!
2 "네, 아버님! 말씀하옵소서."
3 이 세상 나의 피조물 만백성은 모성애
와 같은 마음을 가지고 사는 것이 너
희들 본연의 자세임을 알아야 할 것이
니라.
4 그리하여 여인들이 자식을 잉태하여
그를 세상에 내보냄이니, 그 모성애보
다 더 강한 마음이 없으며, 자식의 생
명의 소중함을 그 여인보다 더 알 수
없는 것이 이 세상에 너희들이 가지고
있는 인간의 마음의 정이니라.
5 그리하여 너희들이 모성애와 같은 마
음을 가지고 살 때 이 세상은 오늘과
같이 험악한 시대가 되지는 아니하였
을 것이니라.
6 그리하여 나 여호와가 부드러운 사람,
유한 사람, 그리고 사랑하는 사람, 그
와 같은 백성으로써 이 세상을 다스리
고 지배하고자 하는 것이니, 그 모성
애의 마음이 바로 서지 아니할 때 이
세상은 밝아질 수 없으며 너희들은 인
간 본연의 자세를 이룰 수 없는 것이
니라.
7 그리하여 여인들이 자식을 잉태하여
세상에 한 생명이 태어날 때 그 고통
과 시련을 내가 겪도록 하였음이니,
그는 모성애의 아름다운 마음으로써
이 세상을 유지하도록 하고자 하였으
며, 너희들의 인성을 다스리며 천사와
같은 마음을 다스리는 것은 오로지 모
성애를 가진 여인들이 이룰 수 있는
것이며, 그 속에 모든 사랑의 근본이
있느니라.
8 어머니라 부르는 그 정이 그러한 것이
니라.
9 그리하여 너희들은 어머니를 찾으며
어머니를 말하며 나이 든 어머니를 생
각할 때, 어머니라는 말만 불러도 눈
물이 너희 마음을 적시며 너희 마음이
뭉클해 옴은 아버지와 어머니와의 차
이점이 있음을 너희들은 알아야 될 것
이니라.
10 그러나 그 모성애의 마음으로 세상이
다스려지며 그 모성애의 마음이 바로
섰을 때 이 세상은 천국과 같이 그리
되거늘, 그 모성애의 아름다운 마음을
가져야 할 그 여인들 자체가 흔들리기

가 이루 말할 수 없으며, 그 여인들이
죄의 씨앗을 갖기를 두려운 줄 모르며
무서운 줄 모르며 그와 같이 타락하고
변질된 세상이 됨이니,
11 이 세상을 지켜 주는 것이 모성애의
마음이요, 너희들이 바로 서는 것이
모성애의 마음인데, 그 모성애의 마음
이 무너지고 흐트러지고 그 모성애의
마음을 찾을 수 없는 것이 여성들이니
라.
12 여인들이 그를 무너뜨렸으며, 여인들
이 그와 같은 숭고하고 아름다운 마음
의 자세를 지키고 사는 자가 없으니
이 세상이 험악해진 것은 당연한 것이
니라.
13 그리하여 여성들의 마음이요, 유한 여
성들이요, 유한 사람들로 하여금 세상
을 다스리도록 하고자 하는 것이 나
여호와의 뜻이며,
14 그는 여성들이 앞에 서서 모두를 이끄
는 것이 아니요, 그 마음의 근본이요,
그 마음을 아는 것이며, 그 마음이 세
상을 지배해야 되니, 그렇지 아니하면
이 세상은 바로 설 수 없기 때문이니
라.
15 과연 지금의 여성들이 모성애의 마음
을 갖고 바로 설 수 있는 길이 있다 생
각하는가?
16 지금의 형국으로써는 어머니요, 여성
으로서의 자세를 지키지 못하고 살아
감이니, 이 세상이 무너진 것은 당연
한 것이니라.
17 기초가 무너졌으니 무엇이 일어설 수
있겠는가?
18 여성의 마음을 그 누구의 방법으로도
다스릴 수 없는 것이 지금의 형국이니
라.
19 자식의 목숨이 자기보다 더 소중하며
자식의 미래가 자기보다 더 소중하고
자기의 생명보다 소중한 것이 여성의
마음이요, 모성애이니라.
20 그러나 모성애가 무너진 이 세상에 어
떠한 형국으로도 어머니들을 자리에
세울 수 없으며 어머니의 마음을 다스
릴 수가 없음이니, 이 슬픈 세상이 되
었음이니라.
21 그를 바로잡고 깨우치는 것이 또한 나
의 법전뿐이기에 내가 지금 법전을 세
상에 내려보냄을 너희는 알아야 할 것
이니라.
22 이제 어머니의 모성애의 마음으로 너
희들이 돌아가는 것이 얼마나 중요하
고 소중한 것인가를 만백성에게 전하
여 깨우치라.
23 어머니가 바로 서지 못할 때 이 세상
은 바로 설 수 없음을 알라.

4,647 번째 하나님 말씀

2003년 1월 22일 07시

1 사랑하는 나의 아들아!
2 "네, 아버님! 말씀하옵소서."
3 인간이 살아가면서 너희는 도둑질하
는 자 도둑질하는 것만 눈에 보이며,
거짓 하는 자 거짓 하는 것이 눈에 보
인다 하였음이니라.
4 제가 어찌 살아가고 어떠한 마음을 갖
고 지탱하며 가느냐에 따라서 그와 같
은 생각이요, 그와 같은 것만이 눈에
보이는 것이 너희들이라 하였음이니

라.
5 너희들 마음을 비우고 아름답게 산다
하면 너희들이 남을 의혹하는 마음부
터 지우고 버려야 할 것이니라.
6 너희들이 인간이 인간을 의심하며 의
혹하는 데서 불신의 싹이 트게 됨이니,
7 지금 내가 나의 아들을 통하여 만백성
을 구하는 새로운 성경이요, 하늘에
오르는 기본의 법전을 세상에 내보내
나, 너희들이 의혹하는 마음이요, 의
심하는 마음이 있기에 이를 보지 못하
며 깨우치지 못함이니라.
8 남을 의혹하고 의심하는 자는 저 자신
이 그와 같은 마음이요, 제가 세상사
를 그리 살아가기 때문이니, 그는 곧
제 마음이니라.
9 제 마음에 생각하는 것으로 남을 생각
하는 것이며, 남을 의심할 때 그는 제
가 의심하는 마음이 있음이며, 남을
신뢰하고 믿을 때 그는 그 마음이 신
뢰하며 믿는 아름다운 마음이 됨을 알
아야 할 것이니라.
10 너희들은 인간이 인간을 믿는 그와 같
은 마음의 자세로써 살아가야 함을 잊
지 말아야 할 것이니라.
11 인간이 가장 소중한 인간을 믿지 못하
고 산다면 자신이 얼마나 불행한 일인
가? 너희들 자신의 마음이 그러니 거
기서 모든 의심이요, 의혹을 지울 수
없는 그와 같은 삶을 삶이니, 저 자신
이 초라하며 저 자신이 얼마나 고달프
며 저 자신이 얼마나 힘든 길을 가는
것인가를 알아야 할 것이니라.
12 같은 삶을 살되 남을 의심하지 아니하
며 의혹하지 아니하고 사는 백성과,
남을 의심하며 의혹하는 마음을 가지
고 사는 자, 그는 천국과 지옥에서 사
는 자와 같음이니라.
13 남을 의심하지 아니하는 자는 세상이
아름다우며, 마음의 고통이 없으며,
너희들이 생각하는 불안한 마음이 없
는 것이니라.
14 남을 의심하고 의혹하는 자, 제가 생
각하는 것과 같이 남도 생각한다 의심
하는 마음, 그는 지옥의 삶을 사는 것
과 같음을 너희들이 알아야 할 것이니
라.
15 너희들이 정녕 나 여호와로부터 하늘
에 오르는 길이요, 나로부터 영광을
받은 그 은혜를 감사하며 축복을 받아
하늘에 오르고자 한다면 너희들은 남
을 의심하는 그 마음부터 버리라.
16 남을 의심하는 마음을 버리는 것이 곧
자기가 남을 의혹하는 것을 버리는 것
이니, 제 가슴에 남을 의혹하는 마음
을 두고서 남을 아름답고 깨끗하게
그리 볼 수 없음이니라.
17 의심하는 마음이 있을 때 인간을 사랑
할 수 없으며, 인간을 경계의 눈으로
보며 경계하는 마음으로 통제하고 다
스림이니, 어찌 그 속에 사랑이 있고
신뢰가 있겠는가?
18 믿음이 있고 신뢰가 있는 그 속에서
너희들이 사랑이 싹이 트며, 사랑의
마음이요, 너희들을 사랑하며 사랑하
지 아니함을 또한 거기서 알게 됨이니
라.
19 신뢰할 수 있는 마음을 가지고 사는
것이 그를 사랑하게 되며,
20 신뢰하는 마음을 갖지 못하는 자, 그

누구도 사랑하지 아니하며 그를 믿지
아니하며 그를 소중히 생각하지 아니
함이니라.
21 진실로 사랑하는 모습이요, 믿음을 가
지고 믿을 수 있는 삶을 사는 것, 그와
같은 마음의 모든 기초는 너희들이 남
을 의심하지 않으며 의혹하지 않는 마
음에서 스스로 너희들이 그리 변화됨
을 알아야 할 것이니라.
22 남을 의심하며 의혹하는 마음을 가지
고 사는 자, 남들이 너를 신뢰하지 아
니하며 너를 믿지 못함이며 네 모든
행동을 진실로 보지 못함이니, 너는
누구로부터도 사랑을 받지 못하며, 사
랑이라는 것을 받지도 못하고 사는 불
행한 삶을 사는 것을 알아야 할 것이
니라.
23 너희들이 의심하는 마음을 버리고 남
을 의혹하는 마음을 버리며 진실된 마
음으로 살아갈 때 남들이 너를 사랑함
이니, 네가 진정한 사랑이 무엇이며
아름다움이 무엇인가를 그때 알게 됨
이니,
24 너희들은 진정한 사랑이요, 진정한 아
름다움이 무엇인가를 알고 깨닫고 살
아가는 그와 같은 백성으로 변하는 데
최선의 노력을 다하도록 그리하라.

4,648 번째 하나님 말씀

2003년 1월 23일 0시 01분

1 사랑하는 나의 아들아!
2 "네, 아버님! 말씀하옵소서."
3 하나의 일을 놓고 사람의 보는 각도와
생각에 따라서 그 모두가 달라짐이니
라.
4 그가 생각하는 방향에 따라서 선도 악
으로 보며 악도 선으로 보는, 그와 같
이 판단하며 생각하는 것이 너희들이
니라.
5 그러하니 지금의 수많은 종교 집단이
수천 년의 역사가 흘러오면서 너희들
의 관행과 습성으로 젖어 왔으며, 오
늘에 가는 그 믿음의 길이 구원의 길
이요, 정녕 나의 뜻이라 믿는 너희들
이니, 그를 하루아침에 바꾼다는 것은
정녕 있을 수 없는 것이니라.
6 악한 일을 한 것도 그가 선한 일이라
하여 그 이유를 설명하면, 너희들이
참작하여 그럴 수 있다 생각할 때 그
와 같이 인정하고 이해하고 넘어갈 수
있는 마음이 생기는 것과 같은 것이
너희들 인간의 마음이며 자세이니라.
7 하물며 그러한 것이거늘, 너희들이 지
금 수천 년 동안 흘러온 그 믿음 자체
가 나 여호와가 새로운 법전이요, 새
로운 성경을 세상에 내려보내어 만백
성 너희들을 심판하며 다스리는 그 역
사가 시작되었다 해도 너희들이 그를
믿지 아니하며 그를 따르지 아니하며
그를 생각지 아니하려는 것은 당연한
것이니라.
8 너희들이 정당한 것도 정당한 것이 아
니라 우기는 자가 있으며, 잘못된 관
행도 이유를 달아 그것이 타당하다며
상대방에게 뒤집어씌우는 그와 같은
것이 너희들 삶의 형국이니, 또한 그
것이 그리 들리며 그러려니 하며 믿을
수 있는 것이 너희들이니라.
9 그러니 지금의 너희들의 뿌리가 깊고

깊어 그 뿌리의 끝을 알 수가 없으며
그 뿌리를 뽑을 수도 없이 깊이 들어
가 있는 지금의 믿음의 그 관행을 바
로잡고 고친다는 것은 세상의 그 무엇
보다 어렵고 힘든 것이니라.
10 그 일을 하는 것이 너희들이니라.
11 지금 나의 아들이 성령을 받아 기록하
는 것이 나 여호와의 뜻이요, 내가 내
리는 것이며, 새로운 역사를 이루는
것이라 생각한다면, 너희들이 자던 잠
도 그만두고 일어서서 나의 성령을 들
으며 나의 법전을 들고 공부하는 그와
같은 너희들의 마음 자세가 되어야 할
것이니라.
12 그러나 너희들이 그와 같은 지금의 변
화에 대해서 얼마만큼 믿는가?
13 얼마만큼 위대한 나의 성령의 뜻이며
이가 어떠한 역사를 이룰 것이라는 것
을 알지 못하기에, 이를 듣는 제자들
이나 이를 보고 공부하는 너희들 또한
그러려니 하고 그럴 것이라 그리 믿는
것이며, 너희들은 변화의 위대함을 모
르는 것이니라.
14 그러니 다른 백성들은 과연 이를 얼마
나 이해하며 얼마나 믿고 따를 수 있
겠는가?
15 그들은 이는 천지개벽을 해도 나의 성
령이 아니요, 나의 아들을 통하여 지
금의 이와 같은 심판의 시대가 이루어
지는 것이 아니며 역사하지 않을 것이
라 그리 생각하는 마음에 그들의 마음
을 동요시키지 못하고 있음이니라.
16 지금의 모든 종파는 절대로 그럴 수가
없으며, 저희들이 가는 길만이 구원의
길이요, 지금 내가 새로운 성경을 내
려보내 너희들을 심판하는 새로운 뜻
을 이루는 그 역사의 가르침은 너희들
의 귀에 들리지도 아니함이니, 이것은
사탄이요, 사악한 자의 행위라는 그
마음의 뿌리를 돌릴 수가 없으니, 그
들을 바로잡는다는 것이 얼마나 힘들
고 어려운 길인지 알겠는가?
17 다만, 너희들이 바로 서며 바로 가며,
그 누구도 갈 수 없는 길을 너희들이
감으로 인하여 만백성이 너희들에게
서 비치는 그 빛을 보고 스스로 고개
를 숙여 따라오는 그와 같은 역사의
변화를 이루는 길밖에 없음이니라.
18 지금의 너의 제자들이 몇 명이 되지
아니하여 너희들이 나약한 것처럼 보
이며 감히 그 역사를 못 이룰 것이라
생각하나, 너희 단 한 사람의 몸에서
비추는 그 빛이 찬란하며, 완벽한 성
령으로써 변화되는 그와 같은 삶을 사
는 제자가 한 사람 나올 때, 그 제자의
그 빛을 보고 모이는 백성을 감당할
수 없을 것이니라.
19 너희들이 지금 나의 법전을 읽으며 나
의 성령을 직접 들어 배우고 깨우쳐
진심으로 변화되며 진심으로 깨우쳐
너희 몸에서 광채가 난다 하면, 그 빛
을 보고 모여드는 백성은 헤아릴 수가
없을 것이니,
20 우선 너희들이 그와 같은 바른 마음이
요, 바른 자세로 살아가는 너희들의
변화가 얼마나 중요한 것인가를 알아
야 할 것이니라.

4,649 번째 하나님 말씀

2003년 1월 23일 0시 10분

1 사랑하는 나의 아들아!
2 "네, 아버님! 말씀하옵소서."
3 아무리 작은 물줄기가 흘러내려도, 흘러내리는 그 물줄기를 인간의 힘으로 막고 제방으로 그를 막을 수 있다 하나, 천 년에 걸쳐 흐르는 물줄기는 그 누구도 막을 수 없으며, 그를 막을 제방을 쌓을 수 없는 것이 너희들임을 알라.
4 지금 나의 법전이요, 새로운 성경이 세상에 내려감이니, 이것이 나약하게 흐르는 물줄기처럼 지금은 아무런 힘이 없으며 너희들이 볼 때 능력이 없는 것이라 생각하나,
5 흐르고 흐르는, 마르지 않고 흐르는 그 물줄기를 너희들이 천 년에 걸쳐 막는다 하면, 아무리 너희들이 제방을 쌓고 쌓는다 해도 그 물줄기를 막을 수 없는 것이니라.
6 그와 같이 흐르는 물을 막을 수 없듯이, 나의 법전이 만백성을 구하기 위하여 너희들의 가슴속에 전해지고 전해지는 그 역사가 이루어지는 것은 너희들이 막을 수가 없으며 이를 거부할 수도 없음이니라.
7 다만, 너희들이 그 세월이 필요한 것이니라.
8 그러나 나의 피조물 만백성 너희들이 나의 아들이 존재하는 이 시대에 살며, 160권의 법전이 세상에 나오는 이 시대에 너희들이 살면서 그를 거부하며 그를 보지 아니하는 자, 너희들 스스로 구원의 길을 가지 못하는 그 억울함만이 너희들이 접함이니라.
9 이제 너희들이 모든 종파 속에 잘못 가르치는 종교 지도자 그들에 의하여 오로지 그 길만이 구원을 받는다 생각하는 백성, 너희들이 나의 파란 책, '하늘에 오르는 길'이요, '하나님의 말씀'이라는 나의 새로운 성경의 뚜껑을 열어 읽고 깨우치는 그와 같은 은혜를 입지 아니하는 자, 그 영광을 얻지 못하는 자, 너희들은 나에게 올 수 없음이니라.
10 이 세상의 모두는 내가 필요로 하여 세상에 내보냈으며, 이것이 너희들에게 꼭 필요한 것이기 때문에 내려보낸 것이니라.
11 그와 같이 이 세상에 존재하는 것이 나 여호와의 뜻이며 내가 주관한다는 것을 알고 있는 너희들이 이를 들여다보지 아니하며 보지 않는 것은, 너희들 스스로 오만과 자만을 버리지 못하여 너희들이 지옥으로 가는 그와 같은 역사를 이루고 있다는 것을 알아야 할 것이니라.
12 내가 오늘 나의 아들을 통하여 너희에게 전하나니, 너희들이 세상의 모두는 나 여호와가 주관하여 필요하기에 세상에 그가 존재한다 하였음이니, 너희들은 말을 그리하면서 행동은 그리하지 아니함이니, 너희들은 이제 행함이 중요함을 알아야 할 것이니라.
13 지금 나의 피조물 만백성 종교 지도자들이 가르치기를 손으로 지은 성전에와 재물을 바치며 금화와 은화를 바치며 너희들이 기도하고 경배하는 것으

로써 나의 아들 예수의 보혈로 구원받
았다 그리 말하며 행함을 중요시하지
아니하기에 너희들이 이와 같은 무서
운 형국이 되었음을 알아야 할 것이니
라.
14 너희들의 행함이 얼마나 중요한가를
알아야 할 것이니라.
15 너희들이 백 번 천 번을 읽어서 성경
을 달달 외우며 한 자도 틀리지 아니
하고 말할 수 있다 해도, 그를 읽고 외
우는 자가 인간이기 때문에 이대로 절
대 지킬 수 없다는 그 말 한마디로 그
암송하는 것이요, 천 번 만 번 읽은 그
모두가 다 허사라는 것을 내가 너희들
에게 말하지 아니하였던가?
16 너희들은 지금 행함의 중요함을 알아
야 할 것이니라.
17 너희들이 말로써 하는 것으로 구원을
받는다 그리 가르치기에, 나의 피조물
만백성이 행함을 소홀히 하며, 행함이
얼마나 중요한 것인가를 모르도록 그
리 가르치고 있음이니라.
18 나의 법전을 너희들이 접해서 읽고 깨
우치는 것은 행함이니라.
19 그 행함을 하지 못하도록 하며 하지
아니하는 것이 너희들이니, 그리하여
너희들이 구원의 길을 볼 수 없음을
알아야 할 것이니라.
20 너희들이 스스로 행함이 중요한 것을
깨우친다면, 너희들이 이 세상에 새로
내리는 성경이요, 나의 법전을 읽을
것이며, 그리하여 그것을 접하게 될
것이니라.
21 그러나 너희들은 행함은 소중한 것이
아니요, 오로지 너희들이 정해 놓은
믿음의 관행이요, 습관대로 따라가는
그것 외에는 어느 것도 용납할 수 없
으며 어느 것도 받아들일 수가 없으
며, 그 모두는 지옥으로 가는 길이라
그리 가르치기에,
22 이 세상의 모두는 나 여호와가 창조하
고 만들었다 말하면서 너희들이 실상
그런 것을 접할 때는 내가 만든 것이
라 생각하지 아니하며, 사탄이 만든
것이요, 이단이 만든 것이요, 사악한
것이 만들었다 너희들은 그리 말하느
니라.
23 오늘 내가 하는 말을 너희들이 세월이
가면 그 뜻을 알며, 지금은 이해하지
못하는 것이 많이 있음이니라.
24 앞에 있는 태산을 내가 옮길 것이라
말하면 그 태산이 너희들은 당장 옮겨
질 것으로 생각하나, 내가 그 태산을
옮길 수 있음이니라.
25 육지가 바다가 되며 바다가 육지가 되
는 변화를 이루어서라도 내가 그 태
산을 움직일 수 있건만,
26 너희들은 당장 이루어지는 것만을 생
각하며 당장 눈앞의 계산으로써만 생
각하니, 그는 이루어질 수 없다 그리
생각하느니라.
27 내가 이루고자 하며 내가 행하고자 했
던 것은 반드시 이루어지거늘, 너희들
이 말로는 세상 것이 다 나 여호와가
창조하여 만든 것이라 하며 내가 필요
로 하여 주관하여 세상에 내놓았다 하
면서, 너희들이 행동하는 것은 그리하
지 아니하며,
28 이 세상에 나의 뜻이요, 내가 추구하
는 것이면 다 소중하며 너희들이 관계

가 있는 것이거늘, 어찌하여 너희들은 사탄이요, 이단이요, 사악한 자라 말하는가?
29 이는 곧 너희들이 행함이 아니요, 말로써만 믿음을 오면 구원을 받는다 그리 가르친 것 때문에 너희들이 행함의 소중함을 몰라서 오늘과 같은 형국이 되었음이니라.
30 너희들 종교 지도자가 한 입 가지고 열 입을 가진 사람보다 더 많은 잘못된 수다를 떠는 것으로써 너희들이 지금 앞뒤가 맞지 않는 일이요, 경우에 어긋나는 일이요, 질서에 어긋나는 일을 말할 때도 너희들은 그저 '아멘!' '할렐루야!' '옳습니다.' 소리 지르는 것이 너희들이니,
31 내가 다시 한 번 강조하느니라.
32 세상의 모든 것은 내가 주관하지 아니함이 없으며, 나의 뜻이 이루어지지 아니함이 없으며, 너희들 머리카락 숫자까지도 내가 세고 있으며 그를 다 아는 것이 전지전능한 나 여호와라 너희들이 그리 말하느니라.
33 그러나 어찌하여 세상에 태어나는 것, 세상에 존재하는 것, 세상에 살아가는 모든 동식물이요, 그와 같은 것이 내가 이룬 것이 아니라 그리 말하는가?
34 너희들은 나의 뜻에 의하여만 존재할 수 있는 그 모두를 사탄이요, 이단이요, 악마가 만든 것이라 그리 말함이니, 너희들이 한 입 가지고 열 말을 하는 자보다도 더 흉악한 자들이니라.
35 '그 말이 옳소! 그 말을 찬성합니다. 그 말을 동의합니다. 그 말을 재청합니다.' 그리 악을 쓰고 오도방정을 떨며 눈물을 흘리고 기도하나, 그가 하고 있는 말에 너희들이 대답하고 있는 것이 바로 오답을 정답이라 부르짖는 것이니,
36 너희들의 그 추한 모습을 들여다보는 나의 백성이 되어야만 너희들이 구원의 길에 오를 수 있음을 알라.

4,650 번째 하나님 말씀

2003년 1월 23일 0시 17분

1 사랑하는 나의 아들아!
2 "네, 아버님! 말씀하옵소서."
3 나 여호와가 얼마나 분노하였으며 내 마음이 얼마나 답답하면 내 사랑하는 너희들이 나의 마음을 모르니 내가 모든 하늘의 뜻이요, 나의 성령을 하나하나 알고 깨우칠 수 있도록 그리 기록하여 내려보내거늘, 어찌하여 너희들은 이를 읽고 깨우쳐 하늘에 오르는 길을 보려 하지 않는가?
4 나의 아들을 통하여 나의 뜻을 무어라 전하였는가?
5 너희들이 천만금을 갖다 바치는 것보다도 그 바치는 마음이 중요함이 아니요, 떨어지는 낙엽 한 잎을 갖다 나에게 바친다 해도 너희들의 믿음의 마음이요, 정성이 하늘에 닿을 때 나는 그것을 보고 더 기뻐하며 영광된 마음으로 그를 받아들인다 내가 그리 말하였음이니라.
6 이 말의 의미를 어찌 아는가?
7 나의 아들은 그리 말하느니라, 너희들이 재물을 많이 갖다 바쳐 역사한다 해도 너희들의 마음 자세가 중요하며

깨달음이 중요한 것이지, 너희들을 재
물로써 나 여호와가 평가하지 아니한
다 하였으니,
8 나 여호와는 재물이 필요 없으며, 그
모두는 나의 주관하에 이루어지는 것
이니, 정말 너희들이 전지전능한 창조
주요, 아버지라 말한다면 필요한 것이
무엇이 있겠는가?
9 바로 그 뜻을 알아야 할 것이니라.
10 나의 아들은 말하느니라.
11 너희들이 얼마나 나의 가르침이요, 나
의 뜻을 깨우쳤느냐 하는 것은 너희
가 얼마나 바로 받아들였느냐, 그리고
나의 아들이 전하는 성령의 뜻을 너희
들이 얼마나 깊이 깨달아서 너희 것으
로 만들었느냐, 나의 법전을 읽고 공
부하고 깨우치는 너희들이 얼마나 변
화되었느냐, 그리고 너희들이 얼마나
나의 참진리를 알고 있느냐 그것을 가
지고 나의 아들은 성공했다 실패했다,
그리고 오늘의 강론이 뜻이 있었다 없
었다, 그리고 자신이 잘못 가르치고
잘못 인도했다 잘 인도했다 그리 깨닫
는 것이 나의 아들이 지금 가고 있는
것이며 나의 성전에서 이루어지는 역
사이니라.
12 그러나 너희들이 수천 년 동안 나의
피조물 만백성을 구원한다 하며 그 큰
집단이요, 물질을 소유하고 있으며,
형식적이며 제왕보다도 더 무서우리
만큼 갖추고 차려입고 가르치는 그 종
교 지도자들은 모든 행사를 다 어찌
말하는가?
13 그곳에 온 만백성이 깨우치며 그들의
가슴에 나 여호와가 존재함을 믿도록
가르치는 것을 너희들이 성공이요, 실
패라 그리 말하는가?
14 너희들이 그날 행사에 재물을 얼마나
거둬들였으며, 그들이 끼고 있던 금반
지요, 금붙이를 얼마나 많이 집어던졌
느냐에 따라서 그를 마대에 담아 놓고
오늘의 성공이요, 실패의 기준을 맞추
며, 오늘의 행사를 잘했다 말하며 많
이 거둔 자에게 수고했다 하여 그 대
가를 많이 주며, 많이 거둬들이지 못
한 자를 무능한 자라 박대하는 이와
같은 것으로써 너희들이 깨달음을 성
공이요, 실패라 그리 말하니,
15 나의 아들이 지금 나의 성전에서 가는
그 방법과 수천 년 동안 나의 피조물
백성을 구원하는 그 진정한 길이라 말
하며 나 여호와로부터 구원을 받았다
말하는 너희들이 가고 있는 행위를 한
번 놓고 돌이켜 보라.
16 내가 오죽 분노하였으며, 내가 너희들
에게 재앙을 내리고자 하는 마음이며,
너희들의 손을 놓고자 하면 내가 이와
같은 어렵고 힘든 말을 하며 너희들에
게 전하는가?
17 그리고 내가 너희들에게 오죽이나 깨
우치지 못하며 너희들이 바라보지 못
하고 듣지 못하면 내가 어린아이도
알 수 있는 이와 같은 내용을 힘들고
어려운 이 시간에 너희들을 깨우치고
자 나의 아들을 통하여 법전에 기록하
여 내려보내겠는가?
18 내가 너희들에게 아름다운 시적인 멜
로디요, 아름다운 글귀를 가르쳐 너희
들의 마음을 온화하며 편안하게 만드
는 그와 같은 뜻을 전할 것이 수없이

하늘에 쌓여 있거늘, 그를 내리지 못
하며 너희들을 바로잡기 위한 기초요,
기본적인 것을 벗어나지 못하고 이리
전하는 나의 고통스러운 마음을 너희
들은 알아야 할 것이니라.

4,651 번째 하나님 말씀

2003년 1월 23일 10시 23분

1 사랑하는 나의 아들아!
2 "네, 아버님! 말씀하옵소서."
3 인간은 살아가면서 스스로 가장 소중
하고 귀한 것이 있다 하면 자기 자신
에게 한 점의 부끄러움이 없는 삶을
살아가는 것이 가장 소중함을 알아야
할 것이니라.
4 그 누구도 모르느니라.
5 자기 자신에게 가장 아름다우며 자기
자신에게 부끄럽지 않은 완벽한 삶을
살아갈 수 있도록 노력하는 것, 그것
이 무엇보다도 가장 중요함을 알아야
할 것이니라.
6 이제 너는 나의 법전을 받아 기록하는
세상에 단 한 사람이요, 그러니 네 자
세가 만민에게 비춰 보일 때, 만백성
이 너를 볼 때 한 점의 부끄러움이 없
는 자세로 바로 서야 하는 것이며, 그
누구도 갈 수 없는 그 길을 가야 하는
것이 너이니라.
7 그리고 너의 제자들 또한 나의 법전을
읽고 깨우치니, 이 세상에 나의 법전
을 가장 먼저 접하며 나의 성령을 직
접 들으니, 너의 제자들 같은 백성이
없음이니, 너의 제자들 또한 이 세상
에 그 누구도 갈 수 없으며 따를 수 없
는 그 길을 가야 함이니,
8 스스로 너희들 자신이 얼마나 변화되
어 있으며 과연 어느 정도 승화되어
있는가 그를 너희 스스로 점검하며 냉
철히 봐야 할 것이니라.
9 너희들이 과연 얼마나 바로 섰으며 얼
마나 굳건히 가고 있는가 그를 봐야
할 것이니라.
10 세상사 살아가는 그 속에서 수만 가지
가 부닥치는 생활 속에서 너희들이 얼
마나 바로 서고 곱게 가느냐에 따라서
모든 답은 거기에 달렸음이니라.
11 사람들은 그리 말한다 하지 아니하였
더냐?
12 저희들이 틀린 것도 맞다 우겨 대는
것이 있으며, 또 잘못된 것을 잘했다
우겨 대며 이유를 댈 때 그를 듣는 사
람이 그럴 수도 있다 생각하며 그리
인정하는 것이 있다 하지 아니하였더
냐?
13 너희들이 하나의 실수를 했을 때 그들
은 그를 용서하지 않음이니라.
14 너희들이 인간이기에, 또한 너희들도
지금까지 그들처럼 살아온 사람이기
에, 너희들이 아직 깨우침이 부족하기
때문에 실수할 수 있다 그리 사랑스
럽고 아름다운 마음으로 그들은 봐 주
지 아니함이니라.
15 그들은 용서하지 아니하며 철퇴를 가
할 것이며, 그 하나로써 모두가 다 뒤
집히는 그와 같은 환란을 이루고자
하는 것이 그들이니,
16 한 가지서부터 만 가지 행동함에 모두
가 다 당당한 자신 있는 모습으로써
너희들이 행해야 할 것이며, 부끄러움

이 있는 삶을 살아서는 아니 됨이 여
기에 있음이니라.
17 지금 내가 제3의 시대에 나의 법전을
너에게 내려 만백성을 구하는 새로운
성경이라 하여 책을 만들어 냄이니,
이것이 앞으로 또 한 번이 있어 지금
이 준비 단계라 한다면 조금의 오차와
실수가 있다 해도 그를 짚고 넘어갈
수 있으나, 지금은 마지막 단계라 하
였음이니라.
18 모세의 시대가 출발의 시대요, 나의
아들 예수가 중간의 시대며, 지금은
마지막 시대에 나 여호와가 직접 다스
리며 심판하며, 이는 이후에도 더한
역사가 없으며 더 이상 큰 변화를 이
룰 수도 없음이니, 이번이 마지막이니
라.
19 이후에는 또다시 어떠한 변화도 어떠
한 역사도 있지 않다는 것을 너희들이
알 때, 너희들이 실수를 하며 너희들
자신이 당당한 모습으로 서지 못했을
때, 그때 파생되는 문제는 아무도 감
당할 수 없음이니,
20 너희들이 남이 갈 수 없는 길, 남이 넘
을 수 없는 길, 그리고 힘들고 어려운
길을 바로 서 가는 것이 네가 가야 될
길이며, 너의 제자들이 가야 할 길이
니라.
21 얼마나 네가 바로 서 있는가 너희 자
신을 항상 점검하며 너희 자신을 두
드려 봐 실수의 길을 가서는 아니 될
것이니 그리 알라.

4,652 번째 하나님 말씀

2003년 1월 23일 11시 30분

1 사랑하는 나의 아들아!
2 "네, 아버님! 말씀하옵소서."
3 내가 너에게 명하며 너의 제자들에게
명함이니, 예수와 같은 삶을 살며 나
여호와와 같은 삶을 살라.
4 그 길밖에는 답이 없음을 너희들은 알
아야 할 것이니라.
5 너희들이 살아가는 것은 예수의 삶이
며 나 여호와 심성대로 살아가는 그
길을 가야 되는 것이며 그 길만을 생
각하고 가야 됨을 잊지 말라.
6 그 길이 아니며 그와 같이 살지 못한
다 하면 너희들은 아무런 역사도 이룰
수 없음을 알아야 될 것이니라.
7 오로지 너희들은 예수와 같은 삶을 살
라.
8 그리고 나 여호와와 같은 삶을 살라.
9 너희들이 살아가면서 항상 생각하기
를, 과연 나의 아들 예수가 이리 행했
을 것인가를 너희들이 거울로 비춰 봐
생각하며, 나 여호와 같으면 어찌했을
것인가 그리 너희들이 내가 되며 예수
가 되는 그와 같은 삶을 사는 것만이
너희들이 바로 설 수 있는 길임을 알
라.
10 그 길이 아니고는 누구도 이룰 수 없
으며 존재할 수 없는 것이 너희들이니
라.
11 내가 오늘 간곡히 나의 아들을 통하여
너희들에게 전함이니라.
12 의인 한 명이 세상에 있을 때, 그가 새
싹이 되기에 그 하나와 세상 것을 다

바꾸지 아니한다는 나의 뜻을 알지 않
겠는가?
13 내가 오늘 아침에 너희들에게 간곡히
전하니, 예수와 같은 삶을 살라.
14 나 여호와와 같은 삶을 살라.
15 나 여호와가 되지 아니하면 아니 됨이
니라.
16 나 여호와와 같은 삶을 사는 그와 같
은 삶으로 너희들이 변화되지 아니하
면 이 세상의 그 누구도 나의 법전이
나 여호와의 뜻이며, 새로운 심판의
시대요, 역사의 시대의 그 영광이 이
루어질 수 없음을 너희들은 알아야 할
것이니라.
17 너희들은 알아야 될 것이니라.
18 나 여호와가 새로운 역사를 이룰 때
그때 너희들은 알게 될 것이니라.
19 죄를 짓고 사는 자가 피눈물을 흘리고
통곡해도 그때는 이미 돌이킬 수 없으
며 돌아설 수 없음이니, 너희들이 얼
마나 축복되고 영광된 백성인가를, 그
들은 너희들을 보고 통곡할 것이니라.
20 너희들은 지금 내가 구약의 시대요,
예수의 시대의 그 6천 년의 세월이 흐
른 것을 어떠한 시대의 세월이 흘렀
다 말하였느냐?
21 오늘에 내가 심판을 하기 위한 준비의
단계였다 내가 말하지 아니하였던가?
22 그 준비는 무엇이더냐?
23 하늘에서 이루어진 것같이 이 땅에서
이루어지는 그와 같은 역사를 위한 그
준비 단계였음이니라.
24 그리하여 그 모두의 역사를 하기 위하
여 모세의 시대가 있었으며 예수의 시
대가 있었음이니라.
25 이는 바로 무엇이던가?
26 하늘과 같은 낙원을 이 지상에 만들어
나 여호와와 나의 아들 예수와 지금
나의 아들과 그리고 너희들이 바로 서
만백성을 구하는 전사들이 같이 어울
리며, 이를 보고 깨우친 사람들이 지
상의 낙원을 이루어 그곳에 사는 그
역사를 이루고자 하여 그 일이 다 이
루어졌음을 알라.
27 너희들이 지상에서 그와 같은 낙원을
이루는 것이 나 여호와의 뜻이며,
28 내가 그와 같이 이루고자 할 때 사탄
이요, 사악한 자들이 숨을 쉴 수 없으
며, 나를 거부하며 나를 믿지 않는 그
백성들이 존재하여 숨을 쉴 수 없으
며 살아갈 수 없음을 알라.
29 그 모두는 너희들이 상상할 수 없는
압박으로써 내가 사탄과 사악한 그 모
두를 다 쓸어버리는 시대가 됨이니,
너희들이 얼마나 많은 백성들이 흩어
져 죽어 가야 되는 것인가를 알아야
할 것이니라.
30 내가 지금 나의 아들을 통하여 말하였
느니라.
31 너희들이 죽을 자와 살 자의 이름이
기록되는 것이니, 사망자의 명단에 기
록되고 싶지 아니하거든 너희들이 어
찌 살아야 되는 것인지 알라.
32 그는 바로 곧 무엇이더냐?
33 예수와 같은 삶을 살아야 되는 것이니
라.
34 나의 아들 너와 나의 아들을 따르는
제자 너희들 또한 나의 심성이요, 예
수와 같은 삶이요, 나와 같은 삶을 살
라.

35 그 길만이 너희들이 나에게 오르는 길
이며 천국에 오르는 길이며 너희들이
만백성을 구하는 지도자로서 바로 설
수 있음이니,
36 그 삶이 아닌 다음에는 너희들은 천
가지 만 가지 부닥치는 속에서 쓰러지
고 무너짐이니라.
37 너희들은 알아야 할 것이니라.
38 이 세상사에 살아가면서 잘못된 것도
옳다 우기는 자가 있으며 그를 변호
하며 그를 두둔할 때 너희들이 '혹시
그런 것이 아닌가?' 이와 같이 생각하
는 것이니, 제가 죄를 짓고 잘못한 것
도 저희들이 잘못한 줄 모르고 악쓰
며 억지를 쓸 때, 그를 동정하며 그를
인정하는 사람이 세상에 나오느니라.
39 이를 거꾸로 너희들이 바라보고 생각
해 보라.
40 너희들이 아무리 선하게 살며 아름답
게 살아도 만 가지 중에 하나를 잘못
했을 때, 그와 같은 마음을 가진 자 그
들은 너희들을 용서하지 아니함이니
라.
41 절대 너희들을 용서하지 않음이니라.
42 너희들이 만 가지 중에 구천구백구십
구 개를 잘한 것은 다 수포로 돌아가
며 하나의 잘못된 것만이 세상에 전해
짐이니, 나의 법전이 엉터리요, 나의
법전이 사탄이요, 나를 보고 너희들이
눈물 흘리며 깨우치고 아름답게 변하
고자 살아왔던 그 세월이 하루아침에
무너짐이니, 그 하나를 지키기 위해서
는 너희들이 예수와 같은 삶을 살아야
됨을 잊지 말라.
43 예수요, 나의 성령대로 사는 그와 같
은 삶을 살겠다는 마음을 오늘 굳건히
하며 그리 살아가리.
44 그 길밖에 없느니라.
45 내가 나의 아들 너에게 간곡히 명하나
니, 나의 아들 너는 나의 심성대로 살
아야 될 것이며 한 치의 실수가 있어
서는 아니 되니, 너의 제사들도 그리
살아가도록 노력하라.
46 그 길만이 새 생명의 수십억 수많은
인구를 다 구할 수 있는 길임을 알라.

4,653 번째 하나님 말씀

2003년 1월 23일 12시 11분

(강론을 마치며)

1 사랑하는 나의 아들아!
2 "네, 아버님! 말씀하옵소서."
3 세상사 지금의 믿음의 길을 가고 있는
백성들이 나 여호와가 재앙으로써 너
희들에게 고통을 주며 모두를 다 다스
려, 지금의 믿음으로 가는 너희들만이
구원을 받고 나머지는 지옥으로써 그
고통스런 길을 가는 그와 같은 재앙이
내릴 것이라 그리 착각하고 그리 믿고
가고 있는 것이 너희들 마음속에 있음
이니, 그 또한 너희들의 욕심이요, 너
희들의 오만함이니라.
4 너희들이 착각 속에서 살아가며 너희
들이 잘못 믿어 가고 있음을 알아야
될 것이니라.
5 나 여호와는 너희들에게 무력으로써
어떠한 재앙을 내리며 너희들에게 고
통을 주는 그와 같은 역사를 이루지
아니함을 알아야 될 것이니라.
6 나는 나의 성령으로써 나의 뜻을 기록

하여 책으로 세상에 전하여 나의 백성을 하나씩 다스려 깨우쳐 가고자 하는 것이 나 여호와의 뜻임이니라.
7 내가 너희들에게 무력으로써 고통으로써 재앙으로써 시련을 줌이 아니요,
나의 법전이요, 나의 책을 세상에 내려보내 너희들이 이를 보고 깨우쳐 고통의 눈물을 흘리지 아니하며 슬픔의 눈물을 흘리지 아니하며, 너희들이 괴로움과 시련 속에서 살아가는 그와 같은 삶을 다 거둬 주고자 하는 것이 나 여호와의 뜻임을 알아야 될 것이니라.
8 나의 성령으로써 너희들의 고통스러움이요, 슬픔이요, 괴로움의 눈물을 다 거둬 주는 그와 같은 역사를 이루며 그와 같이 다스려 가고자 하는 것이 나 여호와의 뜻임을 알라.
9 그리하여 내가 새로운 성경을 세상에 내려보냄이니, 이를 보지 아니하며 이를 깨우치지 아니한 자, 구원을 받을 수 없다는 것이 여기에 있음이니라.
10 이 모두가 너희들의 구원의 기본이요, 근본이며, 그 구원의 심판의 시대에 이를 보고 깨우쳐 행하고 행하지 아니하는 것을 심판하는 나의 법전이기에, 너희들이 이를 알아야 될 것이니라.
11 너희들 많은 백성이 고집과 아집으로써 이를 바라보지 못하며 죽음의 길을 가는 백성이 수없이 있을 것이며, 그 중에서 또한 나의 법전을 읽고 깨우치는 백성이 있을 것이니 그들이야말로 나로부터 선택된 전사들이니라.
12 그들이 나의 법전을 들고 방방곡곡 구석구석을 뛰고 다닐 때, 너희들이 그 때 가서 후회해도 돌이킬 수 없으며, 또한 그와 같은 역사가 이루어지는 속에서도 너희들은 마음을 돌이키지 아니할 것이니라.
13 그러나 너희들은 여기서 알아야 될 것이니라.
14 나의 법전이 세상에 나가며 나로부터 선택된 전사들이 나의 법전을 가지고 전할 때, 너희들은 숨을 쉴 수 없으며 견딜 수 없는 그와 같은 고통과 시련 속에서 너희들이 사라져 감을 알아야 될 것이니라.
15 그때 가서는 내가 절대 용서치 아니하며, 14만의 전사들이 나의 법전을 가지고 방방곡곡 뛰는 역사가 시작되었을 때, 내가 나를 거부하는 자, 나의 법전을 찢어 버리는 자, 그리고 이를 사탄이요, 이단이라 말하는 자, 그와 같은 이방인의 백성들을 절대 용서치 아니하며 너희들의 그 뿌리를 다 뽑을 것을 내가 너희들에게 전함이니,
16 바로 재앙이요, 종교 개혁의 소용돌이 속에 너희들이 설 자리가 없으며 바라볼 자리가 없음을 알아야 될 것이니, 이를 내가 미리 너희들에게 전함이니, 각자 깨우쳐 구원의 길을 얻도록 그리 하라.

4,654 번째 하나님 말씀

2003년 1월 23일 12시 25분

1 사랑하는 나의 아들아!
2 "네, 아버님! 말씀하옵소서."
3 너희들이 정녕 구약과 신약의 그 역사에 흘러오면서 너희들은 심판의 시대가 있을 것이며, 새로운 역사가 이루

어질 것이며, 너희들이 죽을 자와 죽
지 아니할 자, 구원받을 자 구원받지
못할 자, 쭉정이와 알곡식을 고른다는
그와 같은 것을 알고 있으며, 그때가
올 것이라 그리 말하느니라.
4 그리고 지금의 믿음의 길을 가고 있는
너희들 백성은 알곡식으로서 너희들
이 선택을 받을 것이라 그리 생각하고
있음이니라.
5 그러나 너희들은 알아야 될 것이니라.
6 지금 나 여호와가 심판의 시대의 장을
열었으며 지금 심판이 시작되어 있음
을 너희들이 알아야 될 것이니라.
7 지금 내가 심판의 시대를 열고 있음이
니, 지금의 너희들이 잘못 가고 있는
자와 제대로 깨우쳐 가는 백성이 구분
이 되고 있음을 알아야 될 것이니라.
8 내가 심판하는 지금에 잘못 깨우쳐 온
자, 너희들은 정녕 치료할 수 없는 전
염병에 감염되어 쓰러져 죽어 가는 자
와 나에게 구원을 받는 자, 그와 같은
갈림길이 너희들에게 시작되고 있음
을 알아야 될 것이니라.
9 너희들이 나의 계명대로, 나의 법전이
요, 나의 뜻대로 살아가지 아니하며
너희들 인간이 만든 그 계명에 의해
살아가는 자, 그 죄의 형국을 너희들
이 면하지 못할 것이며,
10 너희들이 그와 같이 살아간 자, 말로
써는 믿음을 구하나 행함이 없는 자,
그와 같은 자는 누구라도 나로부터 버
림을 받게 될 것이며,
11 너희들이 치료할 수 없는 전염병에 감
염되어 죽어 가는 그와 같은 백성의
형국이 바로 지금 잘못 가는 믿음으로
가고 있는 백성들이니라.
12 폐쇄적이며 우월주의며 고립된 그 속
에서 저만이 구원을 받았다 생각하는
자만과 오만 속에 젖어 있는 자들은
그 누구라도 나로부터 버림을 받지 않
는 자가 없음을 너희들은 알아야 될
것이니라.
13 너희들이 나로부터 구원을 받으며 정
녕 하늘에 오르는 그 길을 올 수 있으
며, 너희들이 말하는 나 여호와의 품
에 돌아올 수 있는 그와 같은 영광을
얻고자 한다면, 나 여호와가 나의 성
령이요, 나의 가슴을 태워 나의 아들
을 통하여 내려보내는 '하늘에 오르는
길'이요, '하나님! 말씀하옵소서'라는
이 160권의 법전, 새로운 성경, 새로
운 나 여호와의 뜻을 읽고 깨우치는
그와 같은 백성이 아니 되고서는 정녕
구원을 받을 수 없음이니라.
14 너희들이 나의 법전을 읽으며 새로운
성경을 보고 깨우쳐 새로 태어나는 백
성, 그들이 아니고서는 너희들은 나로
부터 구원을 받을 수 없는 것을 알아
야 될 것이니라.
15 나의 새로운 성경을 읽고 깨우쳐 바로
서며 다시 태어나는 백성의 삶을 살지
않는 자, 너희가 지은 죄를 피눈물로
써 몸부림치며 너희들이 그를 갚아야
할 날이 머지않았음을 알아야 될 것
이니라.
16 지금 너희들이 가는 길이 구원의 길이
라 하여 내가 내리는 성령을 들여다보
지 아니하며, 새로운 성경의 나의 뜻
을 사탄이요, 사악한 자의 장난이라
그리 말하는 자, 그 몸부림을 치게 되

는 지금의 너희들이 가고 있는 그 죄
가 얼마나 무서우며 잘못된 것이며,
너희들이 새로운 성경을 보고 깨우치
지 못한 그 삶을 후회하며 피눈물로
써 몸부림칠 그날이 머지않았음을 알
아야 될 것이니라.
17 나 여호와는 너희들에게 이를 예시하
여 전해 주었음이니라.
18 새로 내리는 나의 성경이요, 나의 법
전대로 살지 않는 너희들이 얼마나 고
통 속에서 후회하며 눈물지을 것인가
를 내가 미리 알려 주었으며,
19 절대로 너희들은 구원의 길에 오를
수 없다 내가 미리 너희들에게 깨우쳐
주었음이니,
20 너희들이 그때 가서 후회하는 삶을 살
지 말도록 그리하라.

4,655 번째 하나님 말씀

2003년 1월 24일 06시 35분

1 사랑하는 나의 아들아!
2 "네, 아버님! 말씀하옵소서."
3 너희들이 이끼가 끼고 오물이 묻은 것
은 닦고 씻어 내면 그것은 깨끗이 씻
을 수가 있느니라.
4 그러나 너희들이 지은 죄는 철 수세미
로 씻고 씻어도, 아무리 너희들이 피
가 나도록 닦고 씻어도 그를 씻을 수
가 없으며, 너희들의 마음에 지은 죄
또한 씻을 수 없다 내가 그리 말하였
느니라.
5 오로지 너희들이 그걸 씻을 수 있는
것은 너희들이 선함을 베풀며 사랑을
베풀며 살아가는 그 길밖에 없음이라
내가 말하였음이니,
6 너희들이 지금까지 말로써 모든 지은
죄를 다 용서받았으며, 재물을 바침으
로써 너희들이 용서를 빌었으며, 너희
들이 손으로 지은 성전에 가 기도하고
경배함으로써 그 죄를 씻었다 하면,
7 너희들이 일주일이요, 열흘이요, 한
달이요, 살아가며 죄짓고 잘못되는 그
시간은 수없이 많은 시간이거늘, 너희
들이 단 몇 분에 걸쳐 그것을 빌고 빌
었다 하여 용서를 받았다고 생각한다
면 너희들이 얼마나 어리석은 백성인
가를 알아야 될 것이니라.
8 너희들은 나 여호와에게, 너희 손으로
지은 잘못 가르치는 종교 지도자가 있
는 성전에 재물을 바치면 그보다 열배
백배 너희들의 창고에 그득히 쌓아 준
다 하는 그와 같은 그들의 강론이요,
가르침을 듣고 흥분하여 바치는 자들
과 똑같으니라.
9 너희들이 하나를 바쳤을 때 열 개 백
개를 너희들의 창고에 쌓아 주니 그리
구원을 받으라, 그리고 축복을 받으라
하며 거둬들이는 그와 같은 사악한 자
들의 가르침과 무엇이 다르던가?
10 너희들이 죄를 짓는 것은 한 달에 천
시간을 지으며, 너희들이 용서를 비는
시간은 열 시간도 안 된다 하면, 그와
같이 너희들이 죄를 짓고 잘못 살아가
는 것은 누더누더 쌓임이 천 시간에
가깝거늘,
11 너희들이 열 시간도 안 되는 그 시간
에 말로써 수다를 떨며 빌면 모두를
다 용서받으며 씻어진다 하면, 너희들
은 하나를 바쳤을 때 열 개 백 개 천

개를 내가 창고에 쌓아 준다 가르치는
그와 같은 어리석은 가르침이요, 그를
믿고 따라가며 그를 행하는 것이 너희
들이니라.
12 너희들의 그 죄만 누적됨을 알아야 될
것이니라.
13 너희들이 재물을 쌓아 열배 백배 천배
요, 창고에 그득히 쌓아 놓는 축복을
받을 수 있다는 생각을 가지고 재물을
바치는 것은 나에게 거래를 하자 함이
니, 너희들이 작은 것을 내고 큰 것을
얻고자 하는 장사꾼의 속셈과 똑같으
니, 거기에 무슨 은혜가 있고 사랑이
있다 하겠느냐?
14 너희들이 남에게 베풀고 돕는 것도 계
산이 없어야 하며, 인사 한마디라도
받고자 하는 마음으로 남을 돕는다면
그것이 다 무산이라 내가 그리 말하였
느니라.
15 천금을 세상에 내놓고도 너희들의 이
름을 세상에 알렸을 때 모두는 다 끝
난다 말하였거늘,
16 내가 너희들의 있는 재산을 다 하늘에
바친다 하여 너희들이 내놓는 것도 다
나와는 관계가 없으며, 그와 같은 것
으로써 너희들이 나에게 사랑을 받으
며 나에게 가까이 올 수 있다는 생각
을 지우라 하지 아니하였는가?
17 떨어지는 낙엽 하나를 너희들이 나에
게 바쳐도 그 마음의 바침이 어떠하냐
너희들의 깨달음이 어떠하냐, 너희들
의 행동함이 어떠하냐가 더 소중하다
고 내가 너희들에게 가르쳤거늘, 어찌
하여 너희는 그리도 어리석고 우매한
삶을 사는가?
18 말로써 너희들이 몇 분간 눈물 흘리며
광란하며 스스로 회개한다 하여 너희
들이 그것으로써 죄를 다 씻었다는 생
각을 하지 말라.
19 그 죄는 영원히 떨어지지 아니함이니
라.
20 그 죄를 너희들 몸에서 떨어트릴 수
있는 것은 너희들이 선한 행위를 그보
다 몇백 배 더 열심히 하는 것, 그리고
그리 행하는 것밖에 없음이니라.
21 내가 더 정확히 하늘의 뜻을 너희들에
게 전한다면, 지금 너희들이 살아 있
는 이 생명이 사는 기간 동안에 부끄
러운 행위를 하지 아니하며, 저 자신
을 속이지 아니하며, 아름답게 살아가
는 그 길밖에 없음을 알아야 될 것이
니라.
22 모든 믿음에 속해 있는 백성 너희들은
들으라.
23 나의 법전을 읽고 또 읽으라.
24 내가 정독하라는 이유가 무엇인 줄 아
는가?
25 정독하지 아니하고 3회 이상 읽지 아
니하면 나의 법전의 뜻을 알 수가 없
으니 너희들에게 그리 명함이니라.
26 이를 보고 깨우쳐, 너희들이 하늘에
오르는 길에 낙오자가 되지 않도록 그
리하라.

4,656 번째 하나님 말씀

2003년 1월 24일 06시 42분

1 사랑하는 나의 아들아!
2 "네, 아버님! 말씀하옵소서."
3 나의 성령이요, 나의 가슴을 다 태워

내가 지금 너에게 내려보내 사랑하는
나의 백성 너희들을 구원하고자 나의
법전을 새로운 성경으로서 이 세상에
내가 내려보내고 있음이니, 이를 읽지
않고 이를 보지 아니하고 어찌하여 너
희들이 깨우친다 말할 수 있는가?
4 지금 구약과 신약의 시대에 사는 것은
너희들의 죄가 무엇이며 어찌 사는 것
이 구원의 길인가를 너희들에게 내가
깨우쳐 주기 위함이요,
5 이제 나의 새로운 성경이 내려가는 것
은 너희들이 직접 행하며 실천하며 너
희들이 깨달아 움직이지 아니하면 아
니 되는, 변화되지 아니하면 아니 되
는 나의 새로운 성경의 '실천 요강'이
너희들에게 내려감이니라.
6 구약과 신약은 오늘에 새로운 성경이
내려가는 그 기초를 다지기 위한 것이
었으며, 이 성경에 대한 준비였음을
너희들은 알아야 될 것이니라.
7 너희들을 심판하고 버릴 자 구원할 자
구분하는 그 시대는 지금 바로 나 여
호와가 직접 나의 성령을 내려보내는
나의 법전을 읽는 자, 그리고 그를 읽
고 그대로 살아가고자 하는 자가 구원
의 길에 들어설 수 있으며, 심판을 받
고 못 받는 그 기준이라 내가 너희들
에게 말하였느니라.
8 심판을 받는다 말하였으니, 너희들이
이를 보지 아니하면 심판을 받을 수
없음을 알아야 될 것이며, 거듭나는
그 역사를 이루지 못함이니라.
9 너희들은 새로운 생명이 다시 태어나
는 그와 같은 너희들이 거듭나는 삶이
아니면 너희들 스스로 그 많은 죄요,
너희 마음을 다스리지 못하며, 아무리
곱고 아름답게 변화되는 삶을 살고자
하여도 너희들이 행하지 못하는 것이
니, 그 행하지 못함은 무엇이던가?
10 나의 성령의 두려움을 모르며, 나의
성경이 원하는 그 뜻을 모르기 때문이
니라.
11 너희들이 나의 법전을 읽을 때 그 법
전대로 살면 내 뜻이 무엇인가를 알게
됨이니 너희들이 두려움을 알게 되며
하늘에 오르는 참진리의 길이 무엇인
가를 알게 되니, 너희들이 거듭나는
자가 되게 되어 있음이니라.
12 사랑하는 나의 백성 너희들은 나 여호
와로부터 거듭나는 백성의 그 명단에
너희들을 기록하여 너희들이 영원히
존재하고 싶은 마음을 갖고 있는가,
그렇지 아니하면 사망자의 명단에 너
희들 이름을 기록하여 너희들이 지옥
불로 가는 그와 같은 삶을 살기 원하
며 너희들이 거기에 기록되기를 원하
는가?
13 내가 일찍이 너희들에게 그를 물었음
이니라.
14 너희들은 그 길을 벗어날 수도 없으
며, 너희들은 사망자의 명단에 기록되
든 거듭나는 새로 태어나는 생명에 대
한 명단에 너희 이름이 기록되든 둘
중의 하나의 이 무서운 길을 피할 수
없는 것이 너희들임을 알아야 될 것이
니라.
15 이제는 너희들의 선택만이 달렸음이
니라.
16 너희들이 어찌 살아가느냐에 달렸음
이니, 너희들은 이제 인간이기에 십계

명대로 살 수 없으며 인간이기에 법전
대로 살아갈 수 없다는 말을 하지 말
라.
17 그는 다 너희들의 변명이며 너희들이
편하고자 하는 그 생각 때문이니라.
18 어찌하여 너희들 스스로 너희 마음
하나를 다스릴 수 없단 말이던가?
19 너희들이 인내하고 노력하는 그 속에
서 모두를 다 다스릴 수가 있음이니
라.
20 너희 자신이 마음을 다스리지 못하며,
너희들이 다른 신을 두지 아니하며
부모를 공경하는 그와 같은 삶을 살
지 못하는 너희들에게 그리 살라 했다
면 내가 어찌 공의의 하나님이던가?
21 너희들은 '네 부모를 공경하라.' 하는
그 대목 하나를 잘 생각해보라.
22 너희들이 구원을 받기 위하여 주일에
너희 손으로 지은 그 성전에 가 잘못
가르치는 종교 지도자의 세 치 혓바닥
의 놀림에 의하여 재물을 바쳐 구원을
받고자 하며, 그곳을 빠지면 하루의
삶이 잘못되며 너희들이 지옥으로 간
다는 그와 같은 무섭고 두려운 마음으
로 사나니,
23 너희들은 너희 손으로 지은 그 성전
에 나가지 아니하면 죄를 지으며 너희
들이 화를 입는다는 그와 같은 생각을
하지 말라.
24 그와 같은 마음으로써 너희 부모를
공경한다 해도 너희들이 부모를 공경
할 수 없다 말하는가?
25 너희들이 손으로 지은 성전에 가서
바치고 거기다 시간과 노동력과 재물
을 다 바치는 것만큼 너희들 부모에
게 했을 때 너희들은 부모를 공경하
는 자가 될 것이며, 하늘에서 천사가
내려왔다는 그 소리를 들을 수 있을
것이니라.
26 그 하나의 이치를 놓고 깨우쳐 볼 때,
정녕 나의 십계명대로 너희들이 살지
못하며 인간이기 때문에 그리 살 수
없으며 인간이기 때문에 내가 내리는
법전을 지키지 못하며 그대로 살 수
없다는 그와 같은 말을 하지 말라.
27 그것은 너희들이 마음을 다스리지 아
니하며 너희 육의 편안한 삶을 위해
너희들이 그쪽에만 생각하며 너희들
이 편리한 대로 세상을 살아가고자 하
는 그 무서운 마음 때문이니라.
28 너희들이 정녕 마음이 변하지 못하는
것이 사망자의 명단에 너희 이름이
기록되는 것이요, 너희들의 마음이 무
서우리만큼 변할 수 있는 것이 거듭나
는 자의 명단에 너희 이름이 기록됨을
잊지 말라, 사랑하는 나의 아들딸들아!

4,657 번째 하나님 말씀

2003년 1월 24일 06시 48분

1 사랑하는 나의 아들아!
2 "네, 아버님! 말씀하옵소서."
3 나의 법전 160권이 세상에 내려가며
나의 성령이 너희들의 구원의 빛인 나
의 가슴의 뜻을 다 세상에 전하여 너
희들을 구원하고자 함이니라.
4 나의 일꾼 천사들이 확정되는 그때 나
의 법전이 세상을 하얀 눈이 덮듯이
덮으니, 나의 피조물 만백성이 나의
법전을 읽고 깨우쳐 내가 원하는 길이

요, 내가 가고자 하는 길이며, 내가 바
라는 백성의 자세로서 바로 서는 자,
그가 바로 전사로서 선택됨을 알아야
될 것이니라.
5 지금은 너희들이 감히 새로 나오는 성
령이요, 나의 가슴의 모두를 다 태워
너희들을 구원하고자 직접 내리는 법
전을 이단이요, 사탄이요, 사악한 자
의 장난이라 그리 말하나,
6 나의 법전이 세상을 덮어 전사가 선정
되며 그리고 전사가 활발히 나의 법전
을 들고 전국 방방곡곡 구석구석을 뒤
지며 나의 백성들을 깨우치고자 할
때, 그때도 너희들은 과연 사탄이요,
마귀라 말할 수 있겠는가?
7 너희들은 여기서 깨우쳐야 될 것이니
라.
8 나의 법전이 세상을 덮으며 전사들이
확정되어 그들이 새로운 시대를 열고
자 나갈 때, 너희들 사탄이요, 마귀요,
지금 잘못 가는 종교 집단이요, 지도
자요, 잘못 깨우치는 백성, 그 모두는
숨을 쉬지 못하는 희대의 개혁을 내가
시작함을 알아야 될 것이니라.
9 지금은 너희들이 이 자연스러운 내가
만든 지상에서 서로가 저희들이 가는
종교의 믿음이요, 그 집단이 우수한
것이며, 오로지 그 길만이 구원의 길
을 가는 길이라 하여 종교 지도자들
저 자신이 개혁하고 변하지 못하며 온
갖 추한 행위를 다하며 이끌어 가나,
너희들의 실체가 드러날 날이 머지않
았음이니라.
10 나의 법전을 읽고 깨우친 전사들이 확
정됐을 때, 너희들은 숨을 쉬지 못하
는 그와 같은 고통 속에서 너희들이
개혁되며 너희들을 내가 버리고 구원
할 자를 선택할 것이니, 그때는 너희
들이 감히 이 자연의 공기를 숨을 쉬
지도 못하는 그와 같은 고통이 내려질
것을 알아야 될 것이니라.
11 너희들은 창조주 나 여호와요, 전지전
능한 너희 아버지요, 너희들의 창조주
인 나의 뜻을 잘 알 것이며, 내가 주관
하지 아니하며 내가 이루지 아니하는
것이 없으며, 모두는 다 내가 주관하
며 나의 뜻에 의하여 움직인다는 것을
알고 있을 것이니라.
12 그러니 그 시대가 바로 옴이니라.
13 내가 너희들에게 노아의 방주를 통하
여 몇 사람으로 하여금 이 세상의 백
성을 구하고자 했으나, 그 또한 너희
들이 알다시피 오늘에 사악한 시대가
되었으며 그 모두가 실패하였음이니
라.
14 그리하여 영원히 불변하는 나의 법전
을 너희들에게 깨우쳐 이를 보고 깨닫
는 자 내가 쓰게 되며, 이를 보고 깨우
치지 못하는 백성은 버리고자 하는 이
심판의 시대가 시작되었음이니,
15 나의 법전을 읽고 깨우치는 전사들이
확정되어 그들이 세상에서 방방곡곡
나의 법전을 들고 강론하고 가르칠
때, 너희들 스스로 견딜 수가 없으며
너희들 스스로 그 고통을 이기지 못하
여 너희들이 스스로 다 자멸하는 시대
가 온다는 것을 알라.
16 그와 같이 너희들이 숨을 쉬지 못하도
록 나 여호와가 묶어 놓으며 내가 개
혁을 시작할 것이니, 그때 가서도 너

희들이 과연 나의 법전이 새로운 성경
이 아니라 말할 수 있는가?
17 그 시간이 머지않았음을 알라.
18 너희들이 지금은 사탄이요, 마귀요,
잘못 가는 종교 지도자나 깨우치는 나
의 백성이나 순박한 나의 백성이 똑같
이 자연의 공기요, 산소를 마시며 동
등하게 살아가고 있으나, 나의 법전이
세상에 전해져 전사들이 확정됐을 때
이 천지는 변하게 될 것이며 세상은
개혁이 이루어질 것이니,
19 그때는 너희들이 잘못된 자, 사탄이
요, 마귀요, 너희들이 숨을 쉬지 못함
을 알 것이니라.
20 그를 알기에 사탄과 사악한 자들이 오
늘에 나의 법전이 세상에 내려가는 것
을 막으려 하며 나의 아들을 존재치
못하게 그리하나, 그는 있을 수 없는
역사임을 알라.
21 나 여호와가 이루고자 하는 그 시대를
시작하였음이니, 이는 영원히 이루어
짐을 만백성 너희들은 알아야 될 것이
며,
22 나의 법전을 읽고 깨우친 백성, 나의
아들을 따르는 너희들은 이와 같은 나
의 뜻을 만백성에게 전하라.
23 그것이 전사의 명단에 오르는 너희들
임을 잊지 말라, 사랑하는 나의 아들
딸들아!

4,658 번째 하나님 말씀

2003년 1월 24일 06시 57분

1 사랑하는 나의 아들아!
2 "네, 아버님! 말씀하옵소서."
3 믿음의 길이라 하여 지금 가는 모든
종파에 속해 있는 백성이며 그리고 신
은 존재하지 아니한다 하여 그저 살아
가기에 바쁜 백성, 너희들은 알아야
될 것이니라.
4 너희들은 나의 음성을 듣지 못하며 나
를 보지 못하며 나를 만지지 못한다
그리 말함이니, 그 역사가 이루어지기
를 바라는 것이 너희들이니라.
5 그러나 너희들은 여기서 그를 깨우쳐
라.
6 너희들의 마음이 변화되지 않았으며
너희들이 천사와 같은 삶을 살지 못하
기 때문이니라.
7 나 여호와를 볼 수 있으며 나를 만질
수 있으며 나의 음성을 들을 수 있는
것은 너희들이 나와 같은 사람이 되었
을 때 그를 행할 수 있음이니라.
8 내가 너희들에게 일찍이 뭐라 가르쳤
느냐?
9 너희들이 천국이라는 곳에 올 수 있는
것은 천사와 같은 자만이 존재하니,
그 천사가 되지 아니하면 천국을 올
수 없으며 바라볼 수 없다 말하지 아
니하였던가?
10 너희들이 나의 음성을 들으며 천사의
음성을 들으며 천사의 모습을 보며 천
사를 만질 수 있으며 그와 같이 너희
들이 살아갈 수 있는 것은 천사의 마
음이 되었을 때만 그를 볼 수 있음이
니라.
11 그리 변화되지 아니하고는 절대 너희
들이 볼 수 없으니, 너희들의 마음이
얼마나 혼탁하고 잘못되어 있는가를
너희들 스스로 회개하며 부끄러운 줄

을 알아야 될 것이니라.
12 모든 종교 지도자들이 나의 음성을 듣
지 못했으며 나의 빛을 보지 못했으며
나를 만지지 못한 자, 너희들은 바로
자격이 없는 자임을 알아야 될 것이니
라.
13 하늘에 오를 자격이 없는 자이기 때문
에 너희들이 그 모두를 볼 수도 없으
며 나를 만질 수 없으며 나의 음성을
들을 수도 없는 것이니, 그와 같은 이
치를 깨닫는다면 너희들이 감히 남들
앞에 너희 행동이 바르지 못하면서 너
희들이 남을 깨우친다, 인도한다는 말
을 감히 하지 말며,
14 재물을 거둬들이기 위한 방법으로써
가고 있는 모든 종교 집단의 그 단상
에서 지도자는 내려와야 될 것이며,
너희들은 그와 같은 지도자들을 바라
보며 그게 하늘에 오르는 길이라 생각
하지 말라.
15 너희들은 어찌하여 종교 지도자가 하
는 말은 그저 '아멘!', '할렐루야!', '옳
소, 옳소!' 그리하는가?
16 얼마나 너희들이 어리석은 백성이더
냐?
17 그저 먹이를 준다고 하여 그것이 독약
인지 아닌지, 죽을지 살지 모르는 그
무엇을 받아먹는 짐승과 같음이니라.
18 먹으면 죽는 극약이 들어 있는 열매를
넣어 인간이 놓은 덫에 걸려 죽는 날
짐승이요, 동물들의 형국과 똑같은 것
이 지금 잘못 가는 종교 지도자를 따
라가는 백성, 너희들의 가는 모습이니
라.
19 그 우왕좌왕하는 모습을 바라보는 나
여호와의 마음이 얼마나 아프겠는가?
20 지금 그와 같은 형국으로 가고 있는
것이 믿음의 길을 가고 있는 백성들이
니라.
21 그리하여 내가 너희들을 바로잡고 바
로 깨우치고자 하여 지금 나의 아들을
통하여 나의 성령을 태워 세상에 내려
보냄이니, 너희들은 지난 역사의 바람
이 무엇이었는가를 알아야 될 것이니
라.
22 구약의 성경이요, 신약의 성경이요,
그 시대는 과연 무엇을 전하고자, 무
엇을 이루고자, 어떠한 것을 역사하고
자 했는가를 너희들은 돌이켜 보며 생
각해 봐야 할 것이니라.
23 너희들은 구약과 신약의 6천 년의 시
대는 종교 개혁과 변화 속에서 진실로
나 여호와의 종교 개혁을 위한 준비
기간이었음을 알아야 될 것이니라.
24 오늘 제3의 시대를 열어 나의 성령을
책으로 만들어 내 근거하여, 너희들이
각자 손으로 지은 성전이요, 집단으로
깨우치는 것이 아니라, 스스로 스승이
되어 스스로 깨우치는 그와 같은 세상
을 만들기 위한 준비 기간이었으며,
이상적인 지상의 낙원을 만드는 준비
단계였음을 너희들은 알아야 할 것이
니라.
25 하늘에서 이루어진 것같이 지상의 낙
원을 이루며, 나 여호와가 너희들과
더불어 살아가는 그와 같은 지상의 낙
원을 만들고자 하여 그 기초 준비를
위한 것이 6천 년의 그 세월이 흘렀으
며, 이제 천 년에 걸쳐 그와 같은 역사
를 이루고자 하는 것이 나 여호와의

뜻인을 너희들은 알아야 될 것이니라.
26 이와 같은 나의 뜻을 아는 백성이 수
없이 있으며, 내가 메시지를 주어 그
를 기억하는 자들이 있으며 그를 깨닫
는 백성이 있으니,
27 나의 법전에서 내가 나의 아들을 통하
여 6천 년이 준비 기간이라 한 그와
같은 말을 믿으려 하지 말며, 너희들
이 다른 곳에서 다른 사람들의 말을
들어 보라.
28 그와 같은 말을 들을 수 있거든, 너희
들은 나의 법전에 기록되어 있는 6천
년의 종교 개혁이요, 이상의 세상이
요, 하늘에서 이루어진 것 같은 지상
의 낙원을 만들고자 하는 그 준비 단
계로 역사한 것이 구약과 신약이며,
지금은 그 시대를 이루는 때임을 알아
야 될 것이니라.
29 나의 피조물 만백성 너희들이 천국과
같은 지상에서 살 수 있도록 내가 너
희들에게 했던 그 약속을 실현하고자
하며 그 역사를 이루고자 하여 그 준
비 단계로 6천 년이라는 그 길고도 긴
세월이 흘렀음이니라.
30 그리하여 천 년에 걸쳐서 이제 그와
같은 시대를 이룸이니, 그 시대에 지
상의 낙원에서 살 수 있는 자와 살지
못하는 자, 그들을 구분하며 그들을
다스리고자 하는 것이니라.
31 너희들은 말할 것이니라.
32 지금까지 만백성이 나의 새로운 성경
을 읽지 못한 자는 어찌 살아갈 것이
냐 그리 말하나,
33 그를 보지 아니하여도 나의 새로운 성
경대로 행한 자가 있으면 그는 구원을
받을 것이며, 그를 읽었다 해도 나의
뜻에 살아가지 아니한 자는 구원을 받
지 못할 것이니, 그를 너희들은 시시
비비하지 말 것이며, 그는 나 여호와
가 주관하는 나의 대목이니라.
34 이제 모두는 나의 새로운 성경으로써
기준을 내려, 이를 보고 깨우치는 자
가 구원을 받으며 그렇지 않은 자 구
원을 받지 못하는 기초의 그 역사가
시작됨이니, 이는 6천 년이 흐른 새로
운 천 년 세월 동안에 이루어지는 것
이니 그리 알라.
35 6천 년의 지난 구약과 신약의 시대는
오늘의 이 시대를 위하여 준비 단계로
써 존재한 것이며, 종교의 개혁을 위
하여 이상적인 지상의 낙원을 이루는
준비 단계로서 그와 같은 역사가 흘렀
음을 너희들은 인정해야 될 것이며 그
를 믿으라.
36 그를 믿지 못하는 자, 새로운 시대를
여는 나의 새로운 성경을 너희들이 알
지 못하며 그 뜻을 알지 못하며 그 역
사를 알지 못함이니, 너희들이 얼마나
불쌍하고 어리석은 백성인가를 알 것
이니라.
37 너희들이 나의 법전을 세 번을 읽고
정독했을 때, 지금의 믿음을 가고 있
는 것이 얼마나 황당한 짓이며 얼마나
잘못되었으며 너희들이 현혹되어 간
것인가를 알게 될 것이니 그리 알라.

4,659 번째 하나님 말씀

2003년 1월 24일 07시 03분

1 사랑하는 나의 아들아!

2 "네, 아버님! 말씀하옵소서."
3 하늘의 천국처럼, 너희들이 그리도 갈
망하는 하늘나라처럼 지상에 낙원을
이루고자 하는 것이며, 그를 이루고자
하는 것이 나의 뜻이니라.
4 너희들이 사는 이 지상의 낙원이 하늘
의 낙원처럼 이루어졌을 때 너희들은
고통이라는 것이 없으며, 시련이 없으
며, 너희들이 슬픔의 눈물을 지으며
그와 같이 살아가는 삶이 없을 것이니
라.
5 가슴 아파 너희들이 눈물지으며 가슴
을 두드리며 통곡하며 괴로워하는 그
와 같은 삶이 없는 것이 지상의 낙원
이 하늘처럼 이루어지는 그때를 말함
이니라.
6 그리하여 나의 그와 같은 지상의 낙원
을 이루어 너희들에게 눈물이 없으며
슬픔이 없으며 고통이 없는 그 세상을
만들어 너희들이 나 여호와와 더불어
사는 세상의 지상 낙원을 만들고자 하
는 것이 나 여호와의 뜻이니라.
7 내가 너희들이 고통과 시련이 없는 하
늘의 낙원처럼 이룬다 하면 곧 너희들
이 천사와 같은 마음으로 살아가는 그
와 같은 백성이 됨이니, 너희들에게
내가 그와 같은 능력을 부여하지 아니
하고 너희들이 그와 같은 세상을 이룬
다 하겠는가?
8 나 여호와는 너희들이 사탄들과 싸워
서 동등히 이길 수 있는 능력과 너희
들이 그들에게 뒤지지 않는 그와 같은
모든 재능과 능력을 주었다 하였음이
니라.
9 너희들이 그 능력과 재능의 한계가 없
이 이루고자 할 때 이룰 수 있는 그와
같은 동등한 자격을 주었다 하였음이
니라.
10 내가 너희들을 방해하며 지상의 낙원
을 이루는 그 역사를 이루지 못하게
하는 그 사탄들에게는 방대한 힘을 주
며, 그를 이루고자 역사하는 나의 백
성들에게는 힘이 없고 능력이 없게 하
여 너희들에게 이와 같이 만들라 하며
그리 이룬다 하면 되겠는가?
11 똑같은 능력과 권한을 주었음이니, 너
희들은 두려워하지 말며 겁먹지 말라.
12 사랑하는 백성 너희들이 지금 살아가
는 모습이 얼마나 우매하고 불쌍한 모
습으로 살아가는지 알겠는가?
13 이 세상의 모두는 너희들이 통제하며
너희들이 존재하기 위하여 모두를 내
가 내려 준 은혜라 하였음이니라.
14 그러나 그와 같이 능력 있고 사탄과
귀신과도 싸울 수 있으며 동등한 자격
을 준 너희들이거늘, 너희들의 운명을
어디에다 빌고 또 비는가?
15 너희들은 나 여호와를 경배하며 나 여
호와의 뜻에 따라 선하고 아름다운 사
랑의 마음을 베풀고 살면 너희들의 그
모두가 다 이루어진다는 간단한 이치
를 모름이니라.
16 너희들이 남에게 떡 하나를 주었을 때
그는 반드시 너희들에게 돌아온다는
것을 어찌 모르는가?
17 너희들은 말로 그러느니라.
18 조상이 덕을 베풀면 그 후손이 잘살
며, 너희들이 잘 베풀었을 때 하다못
해 너희 자식이라도 그것을 받는다,
그러나 요즘은 속전속결의 시대로서

너희들이 당대에 다 받는 세대가 되었다 그리 말하지 아니하는가?
19 그러면서 너희들은 베풀면 받아들인다는 그 의미를 어찌 모르는가?
20 그 의미 하나를 너희들이 안다면, 나무에게 너희 소원을 비는 그와 같은 행위는 하지 아니할 것이며, 너희들이 그 말 없는 나무에게 빌고 빌었을 때 그 나무의 능력이 과연 무엇이며 그가 너희들에게 무슨 답을 주던가?
21 다 너희들의 마음이 나약함이니라.
22 너희들이 의지하고자 하는 그 마음 때문이니라.
23 너희들이 큰 바위에 가서 무엇인가를 요구하며 그에게 빌고 소원을 비니, 과연 바위라는 것이 어떠한 능력이 있으며 어떠한 힘이 있다 생각하는가?
24 어찌하여 너희들이 그와 같은 나약한 행동으로 사는가?
25 너희들이 소위 이야기하는 고갯마루에 세워 놓은 서낭당이라는 곳에 가 빌고 빌며 떡을 놓고 빌 때 너희 소원을 이룬다 하니, 거기에서 무슨 답이 있으며 그게 무슨 능력이 있어서 너희들에게 이루어 준다 말하는가?
26 어찌하여 너희들은 그와 같이 어리석고 바보스런 삶을 살아가는가?
27 날짐승을 너희들이 우상으로 모시며 그것에 절하고 기도한들 날짐승이 무어라 말하며 무엇을 깨우쳐 준다 말하는가?
28 너희들이 지금 그와 같이 어리석게 살아가는 백성들이니라.
29 그와 같은 너희들의 어리석음에서 벗어나야 될 것이니라.
30 너희들이 아무리 숭배하는 짐승이요, 날짐승이요, 나무요, 바위요, 너희들이 산천에 가서 빌고 빌어 너희 손바닥에 피가 나도록 빌어도 너희들의 손만 아프며 아무것도 얻어지는 것이 없는 것이 너희들이니라.
31 그리하여 우상을 섬기지 말라 하였거늘, 어찌하여 너희들은 그와 같이 어리석은 짓을 하며, 너희들이 취하고 다스리는 곳에 가서 너희들이 용서를 빌며 너희들의 소원을 비는 나약한 백성이 되어 살아가는가?
32 너희들은 그와 같은 행위를 이제 중단해야 될 것이며, 너희들이 그와 같은 것의 어리석음을 깨달아야 할 것이니,
33 이를 행하고자 내가 너희들에게 160권의 법전을 세상에 내려보내니,
34 근거하며 대답을 주며 깨달음을 주는 나의 법전을 읽고 깨우쳐, 너희들이 사랑을 하며 베풀며 아름다운 마음으로 살아 너희들이 그리도 갈구하는 하늘에 오르는 축복을 얻도록 그리하라, 사랑하는 나의 백성들아!

4,660 번째 하나님 말씀

2003년 1월 24일 12시 36분

1 사랑하는 나의 아들아!
2 "네, 아버님! 말씀하옵소서."
3 나의 피조물 만백성 너희들은 이제 깨우침의 그 길을 갈 때가 되었음을 알아야 될 것이니라.
4 너희들이 모든 신체의 구조요, 모든 변화에 대한 것을 다시 들여다보는 그와 같은 깨달음을 얻어야 할 때가 되

었음을 알라.
5 너희들이 나로부터 받아 나간 그 생명
이요, 육신의 그 형태가 모두 다 제자
리에서 자기의 기능을 수행하고 있지
않던가?
6 그와 같은 것을 너희들이 독립된 한
인격체로서 받아들이고 보는 마음으
로 이제는 변화되어야 됨을 알아야 할
것이니라.
7 너희들의 몸이 지탱하여 음식을 소화
시키며 에너지를 발산하는 위라는 곳
에도 너희들이 그 위 자체가 너희에게
속해 있는 어떤 부속이라 생각하지 말
고, 위라는 그 자체의 독립체로서 그
를 생각한다면, 한 인격체를 가지고
있는 독립체라 생각한다면 너희들이
그 위가 부담되며 그가 어려운, 소화
기능에 저해를 받는 그와 같은 음식을
마음대로 섭취하고 행동해서는 아니
될 것이니,
8 너희들의 몸에 있는 그 부분 부분을
다 나 여호와가 내려 준 하나의 인격
체로 본다면 너희들의 위에 지장을 주
는 그와 같은 음주요, 알코올이요, 먹
어서는 안 되는 그와 같은 것을 너희
들이 그리 섭취할 수는 없지 아니하는
가?
9 너희들이 세상사 보는 그 눈도 너희들
이 인체의 한 부속이라 보지 말고 눈
의 인격체로서 보는 그와 같은 깨달음
을 얻으라.
10 너희들이 보는 그 눈이 하나의 독립된
인격체라고 생각할 때, 그 눈이 추하
고 더러운 것을 보며 즐겨 하는 그와
같은 행위를 할 수 있는가?
11 이제 너희들이 듣는 귀 또한 하나의
인격체로 봐야 될 것이니라.
12 귀는 독립된 인격체로서 너희들이 인
격체를 가진 사람을 상대하듯이 그리
생각한다면, 서로 남을 짓밟고 욕하고
헐뜯는 추하고 더러운 소리를 듣는 것
을 즐겨 하며 그런 곳에 귀를 기울이
는 그와 같은 행위를 해서는 아니 되
지 않겠는가?
13 너희들이 말하는 입 또한 그러하니라.
14 그도 독립된 인격체로서 너희들이 보
라.
15 그리한다면 네가 그 인격을 모독하는
행위요, 그 인격을 모독하는 말을 할
수 있는가?
16 너희들의 손발이 움직이는 모든 기능
을 다 하나의 인격체로서 생각하며 그
와 같이 바라보는 마음의 자세로 살아
가도록 너희들은 그리 변해야 될 것이
니라.
17 그와 같이 변했을 때 너희들은 새로운
뜻을 알게 될 것이며, 너희 자신을 다
스리는 데 큰 힘이 될 것이니라.
18 너희들이 모든 부분 부분에 역사하는
그 기능을 나로부터 위임받아 너희들
이 관리하는 하나하나의 독립된 인격
체라고 생각할 때, 과연 너희들이 서
있는 자리는 무엇이며 너희들은 과연
무엇이겠는가?
19 그들을 통제하고 서로 협조하는 정신
적인 지혜, 그것만이 남아 있지 아니
하던가?
20 그러니 그 영혼의 세계는 너희들이 볼
수도 없으며 만질 수도 없는 것이니라.
21 그러나 그 세계를 볼 수 있고 그 세계

의 움직임을 듣는 것이 나로부터 선택
된 나의 아들을 따르는 제자 너희들이
변화되는 삶 속에서 그를 볼 수 있음
이니라.
22 이제 나의 법전을 읽고 깨우친 백성,
그리고 나의 아들을 따르는 내 사랑하
는 아들딸 너희들은 너희들의 신체 구
조를 나로부터 받아서 하나하나 부분
적으로 관리하는 그 역사의 관리 책임
을 맡은 것으로 그리 생각하며 인격체
로 보라.
23 너희들의 손이 도둑질하며 남의 것을
취하고자 할 때, 과연 그 인격체를 인
간으로 생각한다면 너희들이 그에게
그리 명할 수 있으며 그리 시킬 수 있
겠는가?
24 그리할 수 없을 것이니라.
25 모두 하나하나를 다 독립된 인격체요,
독립된 기능을 발휘할 수 있도록 있는
것이요, 종합적으로 네가 통제하고 관
리하는 것이라 그리 생각하라.
26 너희들의 한 부분에 붙어 있기 때문에
마음대로 쓰고 버리고 있는 것이 아님
을 그와 같이 생각하라.
27 너희들의 몸속에 있는 일부분의 위라
하여 그 위에 너희들이 그저 먹고 싶
은 대로 밀어 넣어 위에 부담을 주고
고통을 주어 너희들이 병마에 시달리
는 그와 같은 행위를 해서는 아니 되
는 것이니, 그 모두를 하나의 인격체
요, 존중하는 그 입장에서 너희들이
그리 보도록 하라.
28 내가 준 것을 너희들이 잘 관리하여
내가 필요할 때 거둬들일 수 있도록
그리하지 못하는 것 또한 너희들이 잘
못 살아가는 것이라는 그 이치를 깊이
깨우쳐 너희들이 깨달음을 얻도록 그
리하라.

4,661 번째 하나님 말씀

2003년 1월 24일 12시 41분

1 사랑하는 나의 아들아!
2 "네, 아버님! 말씀하옵소서."
3 내가 내리는 새로운 성경이요, 나의
법전을 가슴에 안고 정독하고 깨우치
는 백성, 나의 뜻에 순종하며 나의 뜻
에 임하여 살아가는 백성, 그리고 천
사와 같은 아름다운 마음으로 살기 위
하여 고통과 시련을 인내하고 가는 그
와 같은 백성, 그들이 바로 나 여호와
로부터 선택된 백성이니, 나 여호와가
내리는 새로운 성경으로써 거듭나는
깨우침을 받은 그와 같은 백성을 내가
사랑함이며,
4 나 여호와가 이루고자 하는 이 세상의
어떠한 역사요, 하늘에서 이루어진 것
같이 지상의 낙원을 이루는 그 유업을
계승할 수 있는 것은 바로 나의 법전
이며, 새로운 성경을 읽고 깨우친 너
희들이 존재하며 너희들만이 이룰 수
있으며 나의 유업을 계승할 수 있는
백성임을 알아야 될 것이니라.
5 그와 같은 백성만이 존재하는 세상을
만들어 나 여호와가 직접 주관하며 움
직여지고 통제되는 지상의 낙원이요,
하늘에서 이루어진 것같이 지상의 낙
원을 만들고자 하는 것이 나 여호와의
뜻이니, 그 모든 터전을 닦고 역사를
이루는 것은 지금 너희들이니, 너희들

이 얼마나 소중한 자들인가를 알아야
될 것이니라.
6 내가 새로운 시대에 하늘과 같은 지상
의 낙원을 만들어 그 유업을 계승하며
그를 받아 운영할 것이 너희들이며,
너희들의 후손이기 때문이니, 너희들
이 얼마나 소중한 나로부터 선택된 백
성들인가를 알아야 될 것이니라.
7 지상의 낙원의 세상에 들어가는 것이
너희들이 생각하는 것처럼 그렇게 말
로 이루며 말로 쉽게 연연할 수 있는
것이 아닌 것을 너희들은 알아야 될
것이니라.
8 말로써 너희들이 기도하고 경배하며
재물을 바쳐 연연하며 너희들이 상업
적으로 되어 있는 지금, 도덕적으로도
이루 말할 수 없는 타락된 자들의 형
국으로써는 지상에서 이루어지는 천
국의 그 세상에 너희들이 들어올 수
없으며 너희들이 존재할 수 없는 것을
알아야 될 것이니라.
9 지금 너희들이 믿음이라는 것을 가는
것이며 재물에 연연하며 상업주의로
도덕적으로 변화되어서 상도덕에 대
한 것도 어긋나게 거둬들이기만 하는
그와 같은 행위로써 가는 너희들로서
는 도저히 그리 올 수가 없음이니라.
10 너희들 마음대로 내가 만든 지상의 낙
원에 아무나 들어올 수 없다는 것을,
그 어렵고 힘든 것을 너희들은 알아야
될 것이니라.
11 너희들은 그와 같은 지금의 종교의 집
단은 절대 들어올 수 없음을 알아야
할 것이며, 그 집단에서 이기주의요,
형제를 무시하며 저희들만이 구원을
받겠다는 이기적인 욕심에 살아가는
백성 너희들 또한 들어올 수 없음을
알아야 될 것이니라.
12 내가 너희들에게 깨우쳐 이르기를, 부
자가 천국에 들어가려면 얼마나 어려
운 길이라 하였느냐?
13 낙타라는 그 동물이 그 작은 바늘구멍
을 통과하는 것보다 더 어렵다 내가
말하였음이니, 이는 어떤 의미의 가르
침인 줄 알겠는가?
14 너희들이 새로 태어나지 아니하면 구
원의 길을 올 수 없으며, 새로 태어나
지 아니하는 자, 내가 새 천 년에 이루
는 시대에 그 지상의 낙원에 들어올
수 없다는 것을 의미함이니, 이 의미
의 깊이를 너희들이 알아야 될 것이니
라.
15 오로지 내가 만든 새로운 성전이요,
새로운 시대에 이루는 그 천국에 너희
들이 올 수 있는 것은, 내 심판의 기준
인 나의 법전을 보고 새로 태어나지
아니한다면 너희들은 그 세상에서 살
수 없음을 알아야 될 것이니라.
16 나의 법전을 읽고 정독하며 그를 암송
하는 백성도 너희들이 행함에 소홀할
때 그를 이룰 수 없음이니라.
17 너희들이 바로 나의 새로운 성경을 읽
으며 그대로 실천하며 그와 같이 살고
자 노력하는 자들이 천국의 문에 들어
설 수 있음을 너희들은 알아야 될 것
이니라.
18 그와 같이 깨달은 자 외에는 그 누구
도 천국의 문에 들어설 수 없는 것이
너희들의 운명임을 알아야 될 것이니
라.

4,662 번째 하나님 말씀

2003년 1월 24일 12시 47분

1 사랑하는 나의 아들아!
2 "네, 아버님! 말씀하옵소서."
3 내가 성경에 기록하여 너희들에게 전
하여 깨우치기를, 천국은 좋은 씨를
제 밭에 뿌린 사람과 같음이라 그리
말하였음이니라.
4 좋은 밭에 좋은 씨를 뿌렸을 때, 그를
잘 가꾸고 다스렸을 때, 그 농부가 정
성을 다하여 가꾸었을 때만이 그 곡식
이 제 역할을 할 수 있듯이,
5 너희들이 천국에 오르는 길은 진정한
나 여호와의 계명을 지키며 순종하며
바로 선 자만이 올 수 있음이니라.
6 그리하여 너희들이 알곡식이 되어야
할 것이며, 가라지가 되어서는 아니
됨을 알아야 될 것이니라.
7 너희들이 가라지로서 존재하여 지옥
불에 가는 것을 막기 위하여 내가 지
금 160권의 법전을 세상에 내려보냄
이니, 너희들이 좋은 밭에 좋은 씨를
뿌리는 것은 나의 법전을 접하고 읽는
길밖에 없음을 알아야 될 것이니라.
8 좋은 밭이라 함은 이를 받아들일 수
있는 나의 백성이요, 너를 따르는 제
자 너희들이니라.
9 너희들이 나의 성령을 받아들일 수 있
으며 내가 내리는 새로운 성경을 읽고
깨우쳐 바로 설 때, 밭의 터전이 닦아
짐을 알아야 될 것이니라.
10 지금의 세상에는 나의 성령을 심을 수
있는 그와 같은 밭이 없으며 터전이
이루어지지 아니하였으니, 너희들이
바로 서는 그 속에 성령이 내려짐이니
라.
11 이미 하늘에서 좋은 씨는 내려오기 시
작하였으며, 그 씨는 나의 법전이니,
그를 받아 가꾸는 것이 너희들이 밭이
되어야 되는 것이니 그리 알라.
12 좋은 밭으로서 너희들이 섰을 때 나의
뜻이 이루어지는 의미가 여기 있음을
알라.
13 너희들이 바로 서지 못할 때 진정한
좋은 밭이 이 세상에 존재하지 못함이
니, 아무리 하늘에서 내가 좋은 씨앗
을 내려보낸다 해도 황폐하며 썩은 그
땅에서는 그 씨앗이 있을 수 없으니,
그 씨앗을 받을 밭이 필요함이니라.
14 지금 내가 내려보낸 열여섯 권의 법전
을 읽고 정독하여 깨우친 너희들이 바
로 160권을 받을 수 있는 아름다운 밭
이요, 옥토로서 변하여야 함이니, 과
연 너희들의 마음의 자세가 지금 어찌
되어 있는가?
15 너희들이 바로 변해야 하는 그 뜻이니
라.
16 좋은 땅이란 무엇이냐?
17 좋은 밭이란 무엇이더냐?
18 인간 너희들이 받을 수 있는 자격을
갖춘 자들이니라.
19 그리하여 내가 열여섯 권으로써 세상
에 먼저 내려보내 나의 아들의 제자
요, 나의 백성 너희들을 옥토로 만들
기 위하여 너희들을 지금 다스림이니,
그리하여 완벽히 서라는 것이며 바로
서라 말함이니라.
20 이제 너희들이 받을 수 있는 그 밭이
되었을 때, 지금 나의 160권의 법전이

세상에 그 알곡식의 씨앗이 내려감이
니,
21 너희들이 변화되는 사람이 단 한 사람
이라도 나왔을 때 내가 2부요, 3부요,
나머지 법전의 역사를 이룰 것이니,
22 너의 제자들에게 그 뜻을 반드시 전하
라, 하나의 씨앗을 받을 수 있는 그 밭
이 생겼을 때 너희들이 원하는 대역사
의 변화요, 회오리는 불어올 것이라는
것을.
23 한 사람이라도 너희들이 받을 수 있는
그 옥토의 터전이 없을 때 이를 내릴
수 없음이니, 2부요, 3부요, 나머지 법
전이 세상에 나오지 못하는 의미가 여
기에 있음을 알라 전하라.

4,663 번째 하나님 말씀

2003년 1월 24일 12시 53분

1 사랑하는 나의 아들아!
2 "네, 아버님! 말씀하옵소서."
3 성서에 너희들을 깨우쳐 가르치고자
한 구절을 기록하였으니, 나의 백성이
잘 때에 그 원수가 와서 곡식 가운데
에 가라지를 더 뿌리고 갔다는 이와
같은 구절이 있음이니라.
4 그 뜻을 너희들은 어찌 알겠는가?
5 내가 나의 아들 예수를 통하여 너희들
이 그 고통의 시대를 벗도록 했으며
너희들이 아름답게 살아 하늘에 오르
는 그와 같은 역사를 이루고자 하여
나의 아들을 세상에 내려보냈으나,
6 너희들은 나의 아들을 그와 같이 가장
고통스러운 십자가에 못 박았으며, 피
흘리며 그가 고통 속에 눈물의 기도로
써 너희들을 그리해도 용서해 달라는
그 마지막 말을 남기며 숨을 거두는
그 고행의 고통의 길을, 누구도 갈 수
없는 길을 그는 자청해서 갔느니라.
7 그리하여 지금의 세월이 흐른 다음에
너희들은 어찌 가고 있는가?
8 나의 피조물 만백성 너희들을 구하고
자 했던 나의 아들 예수의 그 뜻대로
순종하며, 그리 가는 그 마음의 아름
다움을 생각하며, 그 소중함을 생각하
며, 그가 전하고자 했던 그 진리를 따
라 과연 살아오고 변해 갔는가?
9 진정 사랑을 하며 살아왔는가?
10 너희들이 그리 살아왔다면 간단하게
나의 십계명을 얼마나 지키고 살아왔
는가 하나하나 한번 짚어 보도록 그리
하라.
11 '네 부모를 공경하라.' 함 자체도 너희
들이 부모를 얼마나 공경했는가?
12 너희들이 구원을 받기 위하여 성전에
와 재물을 바치며 시간을 바치는 것만
큼, 그 백 분의 일만큼 부모에게 하는
자 있는가?
13 그와 같이 너희들이 너희 부모에게 먼
저 하는 것이 네 부모를 공경함이니라.
14 하나하나 그 구절을 너희들이 짚고 넘
어가 보라.
15 과연 너희들이 바른 삶을 살았으며,
나의 아들 예수가 원하는 삶을 살았으
며, 내가 불로 직접 써 내린, 너희들이
지키고 살아야 할 그 계명을 얼마나
지켰는가?
16 그를 지키지 못한 자가 어찌하여 나의
백성이며 나의 자식이라 말할 수 있는
가?

17 너희들은 나의 아들딸이라는 그 말조
차도 하지 말라.
18 2천 년의 세월이 흐르는 그동안에 너
희들은 알곡식을 가꾼 것이 아니라,
지금 너희들이 가고 있는 그 믿음은
너희들 손으로, 너희들 마음대로 만든
계명으로 너희들의 그 방식에 따라서
재물을 거둬들이며 만백성을 이용하
여 너희들의 안일을 위하여 살아가는
그와 같은 행위로써 이루어지지 아니
하는가?
19 너희들보다 못 사는 자, 가난한 자를
도와주며 그들을 위해 사는 것이 사랑
의 베풂이거늘,
20 너희들보다 백배 천배 못한 자라도
그걸 바치는 것이 천국에 오는 길이
요, 많이 갖다 바치는 것이 너희들이
죽어 하늘에 와 나로부터 복 받는 것
이라 하여, 너희보다 천배 만배 못한
자의 코 묻은 것까지 거둬들이며 갈취
하는 그와 같은 것으로 가는 믿음이니,
21 그 추하고 더럽고 오염된 것이 하늘에
까지 들리니, 나 여호와가 너희들의
손을 놓고 싶으며, 너희들을 단죄하여
재앙으로써 다스리고 싶은 것이 나 여
호와의 분노함이니라.
22 너희들이 아직도 깨닫지 못하고 나 여
호와가 분노하는 행위를 계속하고 있
는 것이 너희들이 지금 하고 있는 것
이니라.
23 사탄이요, 사악한 자들을 끄는 그 원
수가 바로 지금 잘못 가고 있는 종교
지도자들이 가는 길임을 알라.
24 너희들이 네 부모를 공경하며 사랑하
며 살라 가르치는 나의 새로운 성경에
무엇이 잘못됐으며, 무엇으로 이게 사
탄이며, 이단의 상난이라 말하는가?
25 너희들은 2천 년 동안 나의 아들이 그
리 고통스럽게 죽어 간 그 역사를 바
로 세우고 바로 배운 것이 아니라, 너
희들이 가라지만 갖다 뿌렸으니, 사탄
이요, 사악한 씨만 지금 세상에 뿌려
놓았으니,
26 이때를 대비하여 내가 미리 너희들에
게 예언해 준 것이며, 오늘 나의 아들
을 따르는 백성들이요, 나의 성경을
보고 깨우치는 백성 너희들을 깨우치
고자 내가 미리 전하였음을 알아야 할
것이니라.
27 지금 수없이 가라지를 뿌려 놓은 그
형국을 어찌 잡고 어찌 바로 세울 수
있단 말이던가?
28 이를 바꿔 바로 세우는 것은 오로지
나의 성경을 읽고 깨우친 내가 사랑하
는 나의 아들딸 너희들밖에 없음이니
라.
29 그들이 하고 있는 그 자세의 믿음이
얼마나 잘못된 것인가를 너희들이 알
아야 할 것이며, 그를 깨우쳐 너희들
이 다시 돌려놓는 그와 같은 역사를
이루지 아니하면 아니 되는 것을 알아
야 할 것이니라.
30 너희들이 지금 내가 말하기를, 잠잘
때 원수가 가라지를 뿌려 놓아 그 곡
식을 먹지 못하도록 만들었다 하였음
이니,
31 지금 나의 순박하고 사랑하는 백성들
까지 우왕좌왕하며, 어떤 것이 참진리
요, 나 여호와가 존재하는 것을 존재
하지 아니하는 것같이 그들이 의심하

도록 만든 것이 너희들이니, 너희들이
진실로 믿음을 왔으며 바른 믿음을 왔
다면 그들이 의심하며 의혹하겠는가?
32 나 여호와가 존재함을 믿을 것이니라.
33 천사와 같은 마음으로 믿음의 길을
가는 너희들이 변화됐으며, 그리하여
너희들 몸에서 광채가 나며 너희들이
아름다운 진리를 전할 때, 지금처럼
우왕좌왕하는 나의 백성들이 아니 되
었을 것이거늘,
34 너희들의 가라지가 나의 깨끗한 백성
속에 섞여 있어 구분하지 못할 정도
로 가라지가 다 덮어 버린 그와 같은
사악한 형국이 되어 있음이니, 오늘의
믿음의 형태를 내가 예언하여 가르친
것이니,
35 이 가라지를 뽑는 그것을 너희들이
행해야 할 때임을 잊어서는 아니 될
것이니라.

4,664 번째 하나님 말씀

2003년 1월 24일 15시 21분

1 사랑하는 나의 아들아!
2 "네, 아버님! 말씀하옵소서."
3 너희들의 갖추어진 모든 이목구비가
하나하나 다 내가 내려 준 인격체를
형성하며 인격체가 있음을 생각하라
하였음이니라.
4 그와 같은 생각을 가지고 살라 내가
너희들에게 하였음이니, 너희들은 그
저 불어 가는 바람에 그 바람이 부는
것을 알며 나무가 흔들리는 것으로써
바람이 불며 너희들의 몸에 와 닿아
흔들리며 지나가는 바람을 보고 바람
이 분다 그리 말하나,
5 그 바람이 불지 아니하였을 때 거기에
이루어지는 그 역사의 무서움을 알겠
는가?
6 바람이 불지 아니하면 모두가 다 폐허
가 되며 너희들이 존재할 수 없음을
알아야 할 것이니라.
7 식물의 그 모든 생명체는 바람으로써
이루어지며, 바람이 붊으로 인해 그것
이 이루어지는 것뿐만이 아니라, 동식
물의 모든 생명체에게 바람이 불어 공
기가 움직이지 아니하면 얼마나 무서
운 결과가 내려오는지 아는가?
8 모두가 황폐해짐이니라.
9 그와 같이 내가 이 세상의 모두를 만
들어 너희들에게 준 것이 한 가지의
뜻만 가지고 있는 것이 아니니라.
10 하물며 내가 나의 성령이요, 성경을
내려보내는 것을 너희들이 책에 있는
글씨 그대로 읽어 깨우치는 그 뜻으로
써 너희들에게 내려보냈다 그리 말하
는가?
11 나의 법전을 읽고 깨우치는 백성, 나
의 아들 딸 너희들은 알 것이니라.
12 법전을 한 번 읽고 두 번 읽고 세 번
읽고 읽을 때마다 새로운 뜻이 있으며
거기서 깨달음이 있으며 그 의미가 있
음이니, 그리하여 내가 법전을 정독하
고 또 정독하라 함이니라.
13 거기에서 너희들이 깨달음이 있고 얻
는 것이 있는 그 속에서 너희들이 경
지에 오르며 변화가 있으며, 새로운
역사의 흐름이 거기에 있음이니라.
14 그러기에 내가 너희들에게 그를 읽고
또 읽어 깨우치라 그리함이 여기에 있

는 뜻을 알아야 할 것이니라.
15 나의 성경은 하나의 뜻이요, 하나의 의미로써 그저 그냥 종이 위에 써 놓은 글이 아니요, 너희들이 읽고 느끼는 대로 그대로 말하며 가르치고 깨닫는 그와 같은 성경이 아니니라.
16 그곳에 뜻이 수만 가지가 들어 있음이니,
17 그 뜻을 알 수 있는 것은, 나 여호와와 같은 마음으로 너희들이 변하지 아니할 때는 알 수가 없으며, 내가 선택하여 지도자로서 이를 해석하고 깨우칠 수 있는 내가 명한 자 외에는 그 누구도 너희들 인간의 머리로써는 풀 수 없으며 알 수 없는 것이 성경이니라.
18 나의 법전 또한 그러함을 알아야 할 것이니라.
19 부는 바람이 불지 않을 때 어떠한 문제점이 생기며 어떠한 형국이 생겨, 바람이 스쳐가면서 어떠한 풍화작용이요, 역사의 작용이요, 역사의 생명들을 유지해 나가는 것인가 그와 같은 의미들을 너희가 한번 연구하고 가짓수를 세어 볼 때, 그보다 더한 것이 나의 법전에서 가지고 있는 가르침의 뜻이요, 너희들에게 깨우쳐 주고자 하는 나의 뜻이 있음을 알라.
20 그리 너의 제자들에게 전하도록 하라.

4,665 번째 하나님 말씀

2003년 1월 24일 20시 55분

(강론을 마치며)

1 사랑하는 나의 아들아!
2 **"네, 아버님! 말씀하옵소서."**
3 너희들이 음식을 잘못 먹어 급체라고 하여 급히 체하는 병이 있느니라.
4 그와 같은 병에 걸렸을 때 그를 따 주면 되며 그가 피가 통하도록 하여 그를 고쳐 주면 되는 것을, 그를 알지 못하여 온갖 약을 다 갖다 먹이며 그에게 투여한다 해서 그는 과연 고쳐지겠는가?
5 그 약이 다 필요 없음이니라.
6 오로지 그가 급체하여 몸부림치는 그를 간단히 고쳐 주며, 그 병을 알면 바로잡아 줄 수 있는 것이 아니던가?
7 꼭 필요한 것이 필요한 것이니라.
8 너희들이 하루를 살아가면서 나 여호와에게 경배하고 기도하는 시간이 얼마나 많은가?
9 너희들이 밥을 먹을 때, 잠을 잘 때, 그리고 역사할 때, 나 여호와에게 감사 기도를 하며 나에게 경배의 기도를 하느니라.
10 그러나 그 기도하는 자세와 형태가 과연 어떠한가 너희들 스스로 돌이켜 보도록 그리하라.
11 급체한 사람이 한 번 따 줌으로써 그가 그 아픔에서 벗어날 수 있도록 그에게 정녕 꼭 필요한 그와 같은 정성스런 방법으로써 너희들이 기도를 하는가 그를 한번 돌이켜 보도록 그리하라.
12 필요 없는 많은 약으로써 그를 고치고자 투여하는 그와 같은 형국으로 너희들이 기도를 수없이 하나, 너희들이 진정한 그 경건한 마음이요, 깨달음이 없이 그저 나에게 형식적으로 흘러가는 기도를 하며, 너희들이 하루에 기

도와 경배의 숫자만을 따지고 있지 아
니하는가 그를 한번 너희들이 자신을
돌이켜 보도록 그리하라.
13 단 한 번에 급체한 사람을 고쳐줄 수
있도록, 단 한 번의 기도를 나에게 드
리더라도 너희들이 정성을 다하여 기
도를 드리며 온갖 마음을 다하여 기
도드리는 그 기도는 내가 들어줄 수
있으나,
14 너희들이 백 번 천 번을 한다 하여도
흔들리는 마음이요, 진정한 믿음이나
깨달음이 없이 형식적인 기도를 하는
것은 너희들이 급체한 자에게 온갖
약을 갖다 투여하는 그와 같은 형태
임을 알아야 할 것이니라.
15 나 여호와가 급체한 자를 한 번에 고
칠 수 있도록, 너희들이 나에게 기도
를 하더라도, 단 한 번을 한다 하더라
도 너희들의 이마에서 땀이 나는 그와
같은 정성된 마음이요, 마음과 몸을
다 바쳐 기도하는 그와 같은 기도를
너희들은 이제 드려야 함을 알아야 할
것이니라.
16 너희들이 형식적인 기도요, 그저 형식
적으로 나에게 경배하는 그와 같은 기
도를 드린다 하면, 이 세상 어떠한 백
성도 진정한 기도를 드릴 자가 없음이
니라.
17 이제 나의 아들의 제자요, 나의 선택
된 백성, 너희들은 단 한 번의 기도를
하더라도 온갖 정성과 심혈을 다 기울
여 드리는 그 정성된 기도로써 너희들
이 나에게 임하도록 그리하라.
18 그렇지 아니하면 너희들이 아무런 이
해관계도 없는 쓸데없는 것을 수다 떠
는 그와 같은 결과임을 알아야 할 것
이니라.
19 너희들은 이제 그와 같은 기도법으로
써 나에게 경배하며 나에게 기도하는
그와 같은 훈련에 돌입하도록 그리해
야 할 것이니라.
20 하나하나 너희들이 고쳐 나갈 때가 되
었음이니라.
21 이제 나의 법전이 세상을 덮을 날이
머지않았으며 하나의 환란의 그 역사
는 닥쳐올 것이니, 너희들이 기도하는
자세 하나부터 고치지 아니하면 그 어
렵고 힘든 속에서 견디고 이길 수 없
음이니,
22 오늘부터 너희들은 나에게 어떠한 형
태든 기도할 때, 땀이 나는 것보다 더
진한 그와 같은 기도로써 나에게 드리
는, 너희들의 마음을 통일시키며 집중
시키는 그와 같은 훈련을 하도록 하라.
23 나에게 정신을 집중하는 기도를 드리
는 그 속에 너희들의 믿음이 굳어지며
나 여호와를 알게 되며 나의 법전을
사랑하게 되며 오늘의 너희들이 깨닫
고 가는 그 길이 얼마나 소중한가를
알게 될 것이니라.
24 흘러가는 마음으로 기도를 하지 말라.
25 형식적인 마음으로써 기도를 하지 말
도록 그리하라.
26 이제 너희들은 온갖 정성을 다하여 기
도를 드리는 그 훈련에 돌입해야 함을
잊지 말라.

4,666 번째 하나님 말씀

2003년 1월 24일 23시 08분

1 사랑하는 나의 아들아!
2 "네, 아버님! 말씀하옵소서."
3 수많은 종교 지도자들이요, 나로부터
은혜를 받은 모든 백성들이 종교 지도
자의 그 길을 가지 못하며 바로 서지
못하고 무너지고 쓰러짐이니, 그는 어
찌하여 그와 같은 결과가 나오는지 너
는 알겠는가?
4 너는 알아야 할 것이니라.
5 종교 지도자는 하나요, 둘이요, 열 가
지, 백 가지가 변화되는 것이 아니라,
너희들이 걷는 모습, 대화하는 모습
남들에게 상대하는 그 모두가 다 변화
되어야 하며 그 모두가 아름다운 모
습으로써 그들에게 들려줘야 하며, 그
들이 너희들을 보기를 다른 사람과
다른 그와 같은 각도에서 느끼며 깨달
음을 얻도록 그 모든 행동에 신중에
신중을 기해서 살아가야 하는 것이 종
교 지도자이며 네가 가야 할 길임을
너는 알아야 할 것이니라.
6 네가 깊은 마음속에 어떠한 마음을 갖
고 있든, 모든 백성들은 그를 이해하
지 않으려 하며, 그를 인정하지 않으
려 함이니라.
7 네가 하는 말, 네가 행동하는 것, 보이
는 것만이 그들에게는 가장 중요하며,
그것이 그들이 평가할 수 있는 기준임
을 알아야 할 것이니라.
8 나 여호와가 존재함을 아는 것은 보이
지 아니하여 보지 못해도, 그들은 보
지 못하는 그 세상을 보며 그를 보고
이해하며 너희들을 용서하는 그와 같
은 마음을 갖고 사는 것이 나의 백성
이 아님이니라.
9 그들은 오로지 보이는 것, 저희들의
눈으로 확인할 수 있는 것, 그것만이
가장 소중하며 그것만이 거기에 진리
요, 답이 있음이니라.
10 그러하기에 종교 지도자로서 가는 그
는 천가지 만 가지가 다 변화되어야
하며 다 바꿔야 하는 그와 같은 삶을
살아야 하기 때문에, 그리하여 너희들
이 가야 하는 그 길이 너무나도 어렵
고 힘들어 사악한 사탄의 유혹에 넘어
져 쓰러지는 그와 같은 결과를 갖게
되어 있음을 알아야 할 것이니라.
11 말 한 마디요, 농담의 한 마디요, 내가
농담의 거짓말로 하는 것도 살인이라
말한 것은, 너희들이 농담의 말 한마
디를 한다 해도 종교 지도자가 하는
그와 같은 것은 백성들이 이해를 못
하며, 그를 용서하지 못하며, 그를 너
희들이 생각하는 만큼 받아주려 하지
아니하는 것이 그들의 마음이니라.
12 내가 너에게 일찍이 깨우치지 아니하
였더냐?
13 일반 백성이 하나의 나무의 과일에 손
을 댔을 때 그는 용서하고 이해할 수
있으나, 종교 지도자가 그와 같은 행
위를 할 때 그는 용서할 수 없으며, 만
백성을 잘못 가게 하며 만백성을 쓰러
트리는 그와 같은 행위를 보이는 것이
라 내가 말하지 아니하였던가?
14 그리하여 종교 지도자의 자세는 확실
하며, 하나의 허점이 있어서도 아니
되며 빈틈이 있어서도 아니 된다 내가

너희들에게 가르쳤음이니라.
15 더욱이 나의 성령의 160권의 법전을
기록하여 만백성을 구하는 것이며, 지
금 수많은 종교 집단들의 그 단체가,
그 많은 백성들이 너를 쓰러트리고자
하며 너의 약점을 잡고자 하며 너를
이 세상에 존재치 못하게 하고자 하는
것이 그들의 마음의 자세이니,
16 그들이 너를 들추고 너를 따지고 너를
평가하는 것은 내가 너에게 뭐라 말하
느냐?
17 요리사가 생선이라는 것을 도마 위에
올려놓고 그가 그 취향에 맞게 요리를
하는, 그 생선을 바르는 그와 같은 것
보다도 더 잔인하게 더 깊이 더 상세
하게 모두를 다 파헤칠 것이라 내가
말하였으니,
18 내가 네가 파헤침을 당하는 그 도마
위에 있는 생선이 고통스러워하는 그
모습보다도, 네가 잘못 살아와 네가
남들이 평가할 때 그들이 인간으로서
또는 종교 지도자로서 나의 아들로서
네가 바르지 못한 행동을 하여 그들로
부터 평가받을 때 그 고통은 이루 말
할 수 없다 하였으며, 그 후회하지 않
는 삶을 살기 위해서 네가 완벽하게
서며 완벽히 가야 한다 하였음이니라.
19 모두가 변하여야 함을 너는 알아야
할 것이니라.
20 사랑하는 나의 아들아!
21 그 모두의 변하는 길이 얼마나 힘들고
고통스러운 길인가를 나 여호와는 알
고 있음이니라.
22 그러나 너는 할 수 있으며 너의 제자
들은 할 수 있으며 그 길을 넘을 수 있
기에 나에게 선택된 너의 제자들이며,
또한 너는 그리하여 준비된 나의 아들
임을 알아야 할 것이니라.
23 할 수 있음을 알라.
24 모두가 다 변해야 하는 것이니라.
25 걸음걸이에서부터 대화하는 것에서
부터 너희들이 의상을 걸치는 것에서
부터, 너희들이 하루에 세 끼씩 하는
그 식사의 자리에서도 앉는 자세부터
서는 자세부터 모두가 다 변해야 하는
것이니 그를 잊지 말라,
26 사랑하는 아들아!
27 이제는 네가 그 틀 속으로 들어가야
할 때가 되었으며, 그 틀 속에서 네가
너 자신을 다스리는 그와 같은 길을
가야 함을 너는 알아야 할 것이니라.
28 이제 새로운 역사요, 나의 법전이 대
환란의 역사를 이루니, 세상에 재앙을
내리는 것보다도 더 무서운 그 변화의
역사가 이루어지는 그 마당에 너희들
을 존재하게 하겠는가, 너희들을 지탱
하게 두겠는가?
29 너희들을 쓰러트리고자 그 사탄들의
무지한 바람이 몰아칠 것이니, 아무것
도 남는 것이 없음을 알아야 할 것이
니라.
30 그때 네가 견딜 수 있는 것은 완벽히
변해진 너의 자세, 그것 밖에는 네가
보일 것이 없음을 알아야 할 것이며,
이를 잊어서는 아니 됨을 그리 알라.

4,667 번째 하나님 말씀

2003년 1월 24일 23시 14분

1 사랑하는 나의 아들아!

2 성서에 기록되어 너희들을 깨우쳐 가
르치기를, 싹이 나고 결실을 거두며
추수할 때 그 가라지와 알곡식이 보이
게 되며 그를 구분하게 된다 내가 기
록하여 너희들에게 깨우쳤음이니라.
3 이 가르침을 과연 너희들은 어씨 생각
하는가?
4 이는 곧 구약과 신약의 비유의 내용을
모르니, 가라지처럼 지금 너희들이 그
잡스러운 형태로써 성장한 너희들의
그 종교 집단의 깨달음이요, 가는 길
을 의미하는 것을 알아야 할 것이니라.
5 너희들이 나의 구약과 신약의 내용을
제대로 깨우치며 그 비유의 뜻이 무엇
인가를 알고 바로 간다면 참진리요,
하늘에 오르는 그 길을 가기 때문에
너희들은 가라지와 같은 잡스러운 지
금의 형국으로써 가지는 아니하였을
것이니라.
6 그러나 너희들이 나의 성경의 비유요,
그 속에 있는 뜻을 모르니, 지금 바로
너희들이 가라지와 같이 잡스러운 행
동으로써 그 형국으로 변하여졌으며,
7 지금의 믿음을 가고 있는 그 형태가
진정한 나의 선택된 백성으로서 하늘
에 오르는 길이 아니요, 먹을 수 없으
며 쓸 수 없는 가라지와 같은 형국으
로 너희들이 지금 가고 있음을 알아야
할 것이니라.
8 그리하여 내가 너희들을 바로잡기 위
하여 나의 새로운 성경을, 나의 법전
을 세상에 내려보내 깨우치고자 함이
니라.
9 이는 곧 내가 너희들에게 법전이라 하
여 이를 보고 깨우치는 자가 하늘에
오르는 길이요, 참진리의 길을 볼 수
있다 그리 전함이니,
10 나의 160권의 법전이 세상에 나가 그
것을 너희들이 보고 느낄 때, 그리고
만백성이 그를 보고 깨우쳐 그를 놓고
그들이 갑론을박할 때, 그때가 바로
내가 심판할 때이니, 너희들은 그때를
알아야 할 것이니라.
11 바로 내가 심판을 할 때, 그때가 너희
들이 지금까지 믿어 왔던 그 믿음이
잘못된 것이며 가라지 같은 것이요,
알곡식의 믿음이 아님을 알게 될 것이
며,
12 너희들이 얼마나 잡스럽고 추한 모습
으로써 말로만 하늘에 오르는 길이요,
나의 성령의 뜻에 의하여 살아가는 백
성이라 그리 부르짖고 나의 피조물 만
백성을 얼마나 우롱하며 그들을 너희
마음대로 관리하며, 그들 위에 군림하
여 제왕적인 대우를 받고 온 그 죄가
얼마나 무서운 것인가를 너희들은 알
게 될 것이니라.
13 내가 심판을 내릴 때, 그때 가서 너희
들이 알곡식과 가라지의 그 자세를 보
이게 됨이니, 이미 그때는 늦었음을
알아야 할 것이니라.
14 지금은 심판의 구원의 시대가 시작되
었으며, 내가 너희들을 구분하여 버릴
자와 버리지 않을 자를 선별하는 그
작업에 들어가 있음을 알아야 할 것이
니라.
15 그리하여 나의 법전을 접하는 자만이
정녕 가라지에서 알곡식으로 변하는
그 엄청난 역사의 변화를 이룰 수 있
는 것이며,

16 영영 너희들이 나의 법전을 보지 아니
할 때 너희들은 그저 쭉정이는 쭉정이
로서 그냥 끝남을 알아야 할 것이니라.
17 지금 쓸 수 없는 쭉정이와 같은 너희
들에게 나의 성령으로써 너희들이 이
를 받아들이며, 나의 법전이 나 여호
와의 뜻이요, 마지막 너희들을 구원하
고자 내려보낸 나의 성령이라는 것을
깨닫고 너희들이 이를 보고 지키고자
하는 힘들고 어려운 그 길을 마다하지
아니하고 갈 때, 너희들의 버려지는
그 쭉정이에 알곡식이 채워지는 그와
같은 역사를 이룰 수 있는 것은 나 여
호와만이 할 수 있음이니, 너희들이
알아 선택해야 함을 알아야 할 것이니
라.
18 너희들이 이제는 알곡식과 가라지의
그 뜻을 알고 있으며 그를 구분할 때
가 되었음이니,
19 지금 내가 너희들에게 전하여 성서에
기록한 것은 오늘과 같은 이와 같은
시대가 있을 것이며,
20 내가 심판할 때 너희들의 쭉정이와 알
곡식을 구분하는 그와 같은 형국이 되
며 그때 가서 쭉정이는 쭉정이임을 알
며 알곡식은 알곡식이라는 것을 알게
된다 하였음이니,
21 너희들이 지금 그 심판이 닥쳐 심판대
앞에 서기 전에 변화되는 새로운 삶을
얻으라 하는 것이 나 여호와의 뜻임이
니,
22 그리 행하는 자 구원을 받을 것이며
그렇지 못하는 자 정녕 쭉정이로서 날
아감을 알아야 할 것이니라.

4,668 번째 하나님 말씀

2003년 1월 24일 23시 19분

1 사랑하는 나의 아들아!
2 "네, 아버님! 말씀하옵소서."
3 성서에 다음과 같은 가르침이 기록되
어 있음이니라.
4 집주인에게 종들이 와서 말하기를,
'주인이여, 밭에 좋은 씨앗을 심지 아
니하였나이까? 그런데 어찌하여 가라
지가 이리 많이 생겼나이까?' 그리 물
을 때, 주인이 뭐라 말하였는가?
5 원수가 이렇게 하여 사악한 뿌리의 가
라지가 이렇게 뿌리를 내렸다 하였음
이니, 그 종들이 말하여 가라지를 뽑
을까 하여 주인에게 물으니, 주인이
그를 뽑지 말라 하였음이니라.
6 그는 지금 가라지를 뽑다가 잘못하면
알곡식을 버리기 때문이요, 그리하여
주인은 그리하지 말라 하였음이니라.
7 지금 나의 나약한 선택된 백성 너희들
이 나의 법전을 읽고 깨우쳐 너희들이
하늘의 이치요, 내가 이루고자 하는
그 역사를 알며, 만백성들이 나의 법
전을 보지 아니하며 이단이요, 사탄이
라 하며 오로지 저희들의 믿음만이 구
원의 길이라며 가는, 돌이킬 수 없는
그들의 세뇌된 그 자세를 너희들이 바
로잡기가 너무 힘들고 어려우며 그들
이 불쌍해 보임으로 인하여,
8 너희들이 흥분하여 나의 법전을 방패
삼아 돌격하고자 하는 그와 같은 마음
을 가지며 그들을 다스리고자 하는 너
희들의 그 마음을 내가 오늘에 다스리
고자 하여 이 내용을 기록하였음이니

라.
9 아직은 때가 아님을 너희들은 알아야
할 것이니라.
10 너희들이 흥분하여 돌격하는 자세로
써 그들에게 도전할 때가 아님을 알라.
11 때를 기다려야 힘을 알 것이며, 그 모
두는 다 나의 뜻에 의하여 이루어지는
것이며 내가 역사하여 내 계획에 의하
여 모두를 집행함이니, 너희들이 흥분
해서는 아니 됨을 알아야 할 것이니라.
12 너희들은 밭과 같은 그 역사를 이루어
야 할 것이며, 그 아름다운 씨앗은 내
가 하늘에서 내리는 그 계획된 속에서
내가 다 이루고자 함이니, 너희들이
차분히 기다릴 수 있도록 내가 오늘
너희들에게 가르쳐 준 것이니라.
13 아직 익지 않은 그 곡식 속에 들어가
가라지를 뽑다 보면 그 곡식의 뿌리까
지 흔들어 놓으니 그 모두가 다 버려
지기 때문이니라.
14 너희들의 기초가 다져지지 아니하며
만반의 준비가 되지 아니하였을 때 너
희들이 흥분하여 나의 법전을 들고 갑
론을박한다면, 종교 집단이요, 지금의
믿음의 길을 가는 그들이 너희들을 용
서하지 아니할 것이니라.
15 그때는 너희들이 모두를 다 이루지 못
하는 무서운 환란을 겪게 됨이니, 내
가 너희들에게 기다리라 함이니라.
16 창조주인 나 여호와가 심판의 칼을 뽑
을 때까지 너희들은 경거망동을 해서
는 아니 되며 자제함이 필요하기 때문
에 오늘에 내가 기록하여 너희들에게
전하는 것이니, 바로 무엇이더냐?
17 성경은 과거와 현재와 미래를 위하여
기록된 것이며, 비유의 역사로 기록되
었다 하였음이니라.
18 오늘의 너희들이 경거망동하여, 나의
법전이 세상에 틀을 잡지 아니하며 뿌
리를 내리기 전에, 완벽한 준비가 되
지 아니하였을 때 너희들이 흥분하여
나서는 것은 모두를 다 무너트리며 나
의 역사를 이루지 못하게 함이니, 너
희들을 자제시키고자 함이며, 너희들
이 흥분하지 말도록 그리 가르치는 것
이니 그 뜻을 알라.
19 거기에 너희들이 위배 되는 일이 있어
서는 아니 될 것이며,
20 오늘 나의 법전을 읽고 깨우친 백성
너희들이 흥분하여 진쟁터에 나가는
병사처럼 돌격하는 그와 같은 자세로
나갔을 때 그 모두가 무너짐이니, 그
를 자제하게 함이니라.
21 사랑하는 나의 아들아!
22 네가 이제 이 법전을 전하는 그 뜻을
들으며, 만백성이 너를 따르며 나의
법전을 읽고 깨우치는 그 전사들이 나
올 것이니, 그 전사들 또한 각자 생각
하는 마음이 다르며 각자 느끼고 깨닫
는 것이 다르니, 그들 나름대로의 방
법이요, 행동을 취할 수 있는 그 모두
에게 네가 오늘의 이 대목을 가르쳐,
경거망동하는 백성이 있어서는 아니
됨이니라.
23 모두가 나 익은 다음에, 모두가 다 준
비된 다음에 내가 칼을 뽑아 정리할
때 너희들은 그를 그저 지켜보면 되는
것이며,
24 오로지 나의 성령이 세상에 내려올 수
있도록 옥토를 만들며 너희들이 밭이

되는 그와 같은 너희들의 임무를 잊지
말며 너희들의 임무에 충실한 그와 같
은 삶을 살아가도록 그리 전하라, 사
랑하는 나의 아들아!

4,669 번째 하나님 말씀

2003년 1월 24일 23시 26분

1 사랑하는 나의 아들아!
2 익지 않은 곡식 속에서 주인이 그 종
들에게 가라지를 뽑지 말라 그리 가
르쳤음이니라.
3 주인이 가라지를 가만히 두라, 그 가
라지를 뽑지 말라, 곡식이 버릴까 하
니 그 곡식이 익을 때까지 기다리라
그리 가르친 대목이 있다 하였음이니
라.
4 나 여호와의 뜻과 계획이 있어 새로운
시대를 열고자 계획에 의하여 진행됨
이라는 것을 너희들은 알아야 할 것이
며,
5 나 여호와가 정리하며 버릴 자 버리며
구원할 자 구원하는 그와 같은 역사
가 시작할 때까지 인내하고 견디라는
그 가르침이라 내가 말하였느니라.
6 너의 제자들이 법전을 접하고 성급히
나서지 말라는 나의 뜻이며, 나의 아
들이 가는 대로 그를 따르며, 나의 아
들이 법전을 만드는 그곳에 편안히 만
들 수 있도록 너희들이 최선을 다하
며, 그 법전을 전하고 역사하는 데 너
희들이 온 정성을 다하며,
7 너희들이 앞에 나서지 말며 앞에 가지
말라는 그와 같은 가르침이니라.
8 6천 년이라는 그 세월이 흘러 지금 내
가 새로운 시대에 나의 성령을 직접
내려보내 나 여호와가 직접 너희들을
관장하는 이 새 역사를 이루는 시점
에, 너희들이 경거망동하여 성급히 나
섬으로 인하여 그 모두를 버릴 수 있
으며, 사탄들이 일시적으로 밀어 넣는
그 힘에 의하여 너희들이 지탱하지 못
하는 그와 같은 우를 범할 것을 염려
하여 내가 미리 성경에 기록하여 너희
들에게 깨우쳐 준 그 뜻임을 알라.
9 너희들은 정녕 나의 뜻에 따라 이루는
그것만이 너희들이 이룰 수 있다는 것
을 잊어서는 아니 될 것이니라.
10 너희들이 다 나의 법전을 전하여 만백
성이 나의 법전을 읽고 깨우쳐, 그들
이 이는 나 여호와가 너희들을 구원하
기 위하여 세상에 내려보낸 것이라는
것을 깨달을 수 있을 때, 그때 가서 너
희들을 다 다스려 내가 쓰고 역사하고
자 하는 것이 나의 계획임을 너희들은
알아야 할 것이니라.
11 그리하여 내가 성서에 기록하여 가르
치기를, 너희들이 가라지와 곡식의 두
가지를 다 추수할 때까지 함께 자라도
록 그냥 두라 하여 그리 깨우쳐 주었
음이니라.
12 추수 때에 내가 추수 꾼들에게 말하여
가라지는 먼저 거둬 불사르고 태워 버
리는 그와 같은 역사를 이룬다 하였음
이니, 그리하여 내가 곡식은 모아 곳
간에 쌓아 둘 것이며 가라지는 뽑아
태워 버려 그를 세상에 존재하지 못하
게 한다 그리 말하였음이니,
13 너희들이 나의 법전을 읽고 깨우쳐 터
전이 닦여 가 나의 성령의 뿌리가 내

리기 시작할 때, 내가 천 년의 역사에
걸쳐서 그들이 존재하지 못하도록 그
뿌리를 다 뽑아 버리는 그 역사의 계
획을 가지고 있음을 내가 너희들에게
일찍이 깨우쳐 주었으니, 그 대목을
너희들이 깨우쳐야 할 것이니라.
14 지금 심판의 새로운 성경이요, 나의
법전을 읽고 깨우친 14만의 정예 전
사가, 복음을 전파하는 전사들이 나와
서 그들이 나의 성령을 전하는 그 역
사가 시작될 때, 그때가 바로 무엇인
줄 알겠는가?
15 너희들이 곡식이 무르익어 추수할 때
처럼 모두가 무르익어 누구든 볼 수
있는 그 기회를 주고자 함이니라.
16 누구든지 다 나의 법전을 볼 수 있도
록 하얀 눈이 세상을 덮듯이 다 던져
질 때, 그때가 바로 무르익은 그때이
니, 그들에게 한 번의 기회를 내가 주
고자 함이니라.
17 나의 법전이 세상에 다 전해졌을 때
그들이 그를 선택하고 선택하지 아니
하는 것은 그들이 자유의 권한이며,
그들이 심판을 받으며 나에게 오르고
오르지 못하는 그 길을 선별하게 되
니, 그들에게 다 기회를 주고자 하는
것이 나의 뜻임이니라.
18 그리하여 너희들에게 한 번의 기회를
줘 그때 가서 내가 선별한다는 것을
미리 예언하여 너희들에게 가르쳐 준
뜻임을 알아야 할 것이니라.
19 14만의 정예의 나의 전도자들이 복음
을 전하며, 그들로 하여금 법전이 이
세상을 덮었을 때가 곧 곡식이 무르익
어 가라지와 곡식을 추수하는 그와 같
은 때가 되었음을 알아야 할 것이니라.
20 그리하여 내가 너희들에게 다시 한 번
기회를 주고 있음을 잊어서는 아니 될
것이니라.
21 내가 너희들에게 다시 한 번 기회를
주고 있는 이때 너희들이 깨우쳐 바
로 서지 못하는 자, 얼마나 무서운 그
심판의 결과에 의하여, 그 죄의 대가
에 의하여 그를 치르는 것인가를 알게
될 것이니, 그것이 머지않았음을 너희
들은 알아야 할 것이니라.
22 너희들이 아무리 지옥이요, 너희들이
나로부터 심판을 받아 고통을 받는 것
이 다 견딜 만한 것이며 인간사에 그
러하니 그리 생각하나, 그는 상상을
초월하는 그 견딜 수 없는 고통의 시
대임을 너희들이 알아야 할 것이니라.

4,670 번째 하나님 말씀

2003년 1월 25일 0시 31분

1 사랑하는 나의 아들아!
2 "네, 아버님! 말씀하옵소서."
3 하나의 나무가 자라는 그 자연의 형태
요, 삶을 너희들은 한번 돌아다보라.
4 나무는 어찌하는가?
5 그 무성했던 잎들도 다 제 원뿌리요,
그 몸통을 위하여 스스로 떨어져 나가
며, 그 피었던 꽃마저도 그 씨앗의 열
매를 위하여 저희들의 뿌리를 위하여
떨어져 감이니라.
6 그리하여 그들은 그 씨앗을 뿌려 또
생명을 이어가는 그와 같은 역사를 이
루니, 자기의 희생을 얼마나 그들은
감사하며 살아가는가?

7 그 원뿌리를 지키기 위하여 잎과 꽃이
떨어지며 또 그 씨앗의 번식을 위해서
그 꽃은 자연히 떨어짐이니라.
8 이와 같은 식물도 자기의 이치요, 자
연의 순리를 어기지 아니하며 그리 원
뿌리요, 자기의 몸통이요, 그들을 위
하여 그와 같이 희생하는 것을 그들은
스스로 다 결행하고 살아가는 것이며
지탱해 감이니라.
9 그러나 가장 지혜가 높으며 모든 동식
물의 제왕이라는 인간 너희들은 과연
너희들을 낳아 주고 길러 준 그 부모
를 위해 무엇을 바치며 무엇을 희생하
는가 한번 돌이켜 생각해 보라.
10 내가 그리하여 나의 법전에 기록하며
나의 성경에 기록하기를, '네 부모를
공경하며 네 부모를 받들라.' 그리 기
록하여 주었음이니,
11 그것은 너희들을 길러 주고 낳아 준
그 부모의 원뿌리를 위하여 너희 자신
이 희생할 수 있는 그와 같은 삶을 살
라 함이니,
12 너희들은 동식물만도 못한 인간의 처
세요, 살아가는 그와 같은 형국이 아
니던가?
13 너희들은 여기서 하나를 더 깨우쳐 돌
아다봐야 할 것이니라.
14 너희들의 육신이요, 영혼이요, 그 모
든 생명체를 너희들에게 내려 준 자가
또 누구더냐?
15 나 여호와가 너희들이 세상에 존재하
도록 하지 아니하였던가?
16 그러한 너희들이 나 여호와에게 무엇
을 바치며 무엇으로써 자기희생을 하
여 나에게 보답하고자 하는 그 삶을
살아가는가?
17 자연의 식물들도 그 잎을 떨어트리며
스스로 떨어지며 꽃잎이 떨어지며 스
스로 그와 같이 지탱하여 가지 아니하
는가?
18 그러나 너희들의 생명이요, 영혼을 준
나 여호와 창조주에게 과연 무엇으로
써 희생하며, 무엇으로써 너희 자신을
바쳐 나에게 그 보답의 은혜를 갚고자
하는가?
19 너희들은 얼마나 어리석은 백성이며
얼마나 사악한 자들이던가?
20 너희들은 그와 같은 은혜요, 감사함을
생각하기 전에, 달라, 이루어달라, 그
리고 너희들이 좀 더 편하게, 가진 자
가 더 많이 갖도록 너희 육의 삶의 축
복과 행복을 위하여 그것을 더 주기를
원하며 더 달라 기도하고 경배함이니,
21 이는 어찌하면 너희들이 받은 은혜를
갚을 수 있는지 생각은 하지 아니하면
서 또 더 달라 무엇을 이루어 달라 그
리 기도하는 것이 너희들의 심성이니,
계산법도 모르는 것이 지금 종교 집단
의 가고 있는 형국이니라.
22 나를 모르는 백성, 나를 경배하지 않
으며 믿지 않는 백성, 선량한 나의 백
성들은 나에게 무얼 달라, 이루어 달
라는 그 기도를 하지 아니하느니라.
23 세상의 모두를 준 것에 감사하는 그와
같은 마음으로 그들이 살아가며, 나
여호와 창조주에 대해 무섭고 두려운
마음을 갖고 살아가는 것이 그들이 아
니던가?
24 그들만도 못한 것이 너희들이니라.
25 너희들은 자연의 그 순리를 좀 돌아다

보라.
26 자기 자신의 원통을 위하여, 그 뿌리
요, 종족을 위하여 스스로 희생되는
그와 같은 동식물들의 살아가는 모습
을 과연 보지 못하는가?
27 과연 너희들의 부모요, 너희들을 길러
준 그 은혜에 무엇을 보답하며 무엇을
희생하고자 어떠한 자세로 살아가는
가?
28 너희들은 과연 무엇을 희생하고 산다
말하는가?
29 너희들은 부모에게도 무엇인가를 받
기를 바라며, 더 많은 것을 남겨 주길
바라며, 너희들의 이름 석 자를 많이
기억해 놔 너희들이 부귀와 영화요,
편안한 삶을 살아갈 수 있는 그와 같
은 것을 내려 주지 아니하나 그 부모
에게 기대하며,
30 재물이라 하여 너희들이 말하는 유산
이라는 것을 내려 주지 못했을 때 그
부모에게 원망하는 마음을 갖고 사는
자들이니,
31 세상에 육을 갖고 나오도록 베풀어 준
은혜에 부모에게 무엇인가를 희생하
며 봉사하며 지키려는 그와 같은 마음
을 갖기 전에, 무엇인가 더 많은 것을,
더 큰 것을 주지 않는 부모를 원망하
며 그와 같은 생각을 하고 있는 것이
너희들이니라.
32 또한, 나 여호와로부터 받은 그 은혜
도 생각하기 전에 또 무엇을 달라, 이
루어 달라 그리 말하는 것이 나의 피
조물 만백성 너희들이니, 그게 옳은
정신이요, 바른 정신으로써 하는 자들
이며 정상적인 사람이 드릴 수 있는
기도며, 소원할 수 있는 기도라 생각
하는가?
33 이와 같은 간단한 이치를 깨달을 때,
고통스럽게 죽어 간 나의 아들 예수의
보혈로써 구원을 받으며 나에게 구원
하고자 하며 무엇을 준다 하여 달라
원하라 그리하며, 너희들이 재물을 바
치면 창고에 그득히 쌓아 주며 열배
백배 준다는 그 말에 현혹되어 너희들
이 내가 내려 준 그 소중한 금화와 은
화를 그저 갖다 바치는 것이 내가 너
희들에게 준 것을 잘못 쓰는 죄라 하
였음이니,
34 너희들은 이와 같이 내가 법전에 기록
하여 내린 그 내용들을 하나하나 종합
하여 들여다볼 때, 그 뜻이 얼마나 깊
으며 무엇을 원하는 것이며 무엇을 깨
우치고자 하는지 그 뜻을 알 수 있거
늘, 어찌하여 너희들은 이를 보지 아
니하며 깨우침의 길을 가지 아니하는
가?
35 너희들이 다시 한 번 그 고집이요, 너
희들의 우월감을 버리고, 세상사의 모
두는 나 여호와가 존재하도록 하여 내
린 것이며, 모두는 다 너희들의 스승
이 된다는 마음으로써 나의 법전을 읽
고 나의 아들의 강론을 들어 구원을
받는 그 길을 보도록 그리하라.

4,671 번째 하나님 말씀

2003년 1월 25일 0시 37분

1 사랑하는 나의 아들아!
2 너희들에게 성경을 통하여 깨우치고
가르치고자 한 그 내용에, '천국은 마

치 사람이 자기 밭에 갖다 심은 겨자
씨 한 알과 같은 것'이며, 그와 같은
역사의 이루어지는 것이 천국이요, 하
늘나라의 법도라 내가 그리하였으며
하늘에서 이루어지는 역사라 내가 그
리 말하였음이니라.
3 너희들이 천국에 오르는 길은 바로 그
무엇을 의미하는가?
4 작고 작은 선행을 함이 중요하며 그것
이 하늘에 오를 수 있는 기초요, 근본
이라 하였음이니라.
5 그리할 때 천국에 들어올 수 있는 기
틀이 다져짐을 의미하는 것이니, 이를
알아야 할 것이니라.
6 너희들이 작은 마음의 육의 깨달음이
요, 육의 세상에서 나 여호와가 존재
하며 하늘의 뜻을 깨달을 때 그 빛을
보기 시작하면, 그 빛은 나약하고 작
으나 그 빛으로 하여금 위대한 역사를
이루는 것이라는 것을 깨달아야 할 것
이며,
7 너희들이 작고 작은 그 선행을 함으로
인하여 그 선행은 서서히 그 뿌리가
굳어지며 또 그 행함을 너희들이 배우
게 되며, 행함의 즐거움으로써 너희들
이 선행을 계속 베풀게 됨이니,
8 많은 짐승이요, 새들이 즐길 수 있는
큰 나무로 자라 그늘을 제공해 주는
것처럼 그와 같이 너희들의 작은 선행
이 얼마나 소중하고 귀한 것인가, 그
것이 곧 하늘에 오르는 길이며 천국에
오를 수 있는 길이라 하는 그 깨달음
을 너희들에게 가르쳐 주고자 오늘에
그 성경에 기록하여 지금 전하고 있음
을 너희들이 알아야 할 것이니라.
9 가장 작은 것이 너희들이 그리도 갈망
하는 천국에 들어올 수 있는 기틀이
다져지는 기본이요, 근본임을 알아야
할 것이며, 너희가 육의 생활에 철저
히 행함을 중요시하라는 뜻임이니라.
10 너희들의 육의 삶에서 작고 작은 선행
을 철저히 행하며 그게 소중한 줄 알
며 그게 무서운 줄 알고 있는 백성, 그
와 같이 살아가는 자만이 크나큰 은혜
와 영광을 받을 수 있는 그와 같은 길
을 갈 수 있다는 것을 알아야 할 것이
니라.
11 너희들은 내가 성경에 기록하여 가르
치기를, '이는 모든 씨보다 작은 것이
로되, 자란 후에는 모든 풀보다 커서
나무가 되며 공중의 새들이 와서 그
가지에 깃들이느니라.' 그리 가르친
내용을 어찌 가르치는가?
12 모든 씨보다 작은 겨자씨라도 그를 잘
가꿔 키우면 후에 큰 나무로 됨이니,
그 나무가 날짐승의 안식처가 되어 주
며, 그들의 휴식처가 되어 주며, 많은
백성에게 그늘을 제공해 주며 휴식처
를 제공해 주는 그와 같은 일을 함이
니,
13 그러니 너희들이 가장 작은 일을 행하
지 아니하며 그를 못 본 채 지나쳐서
는 아니 됨이니라.
14 작은 것을 행하는 그 행실이야말로 너
희들이 하늘에 오르는 길이라는 것을
깨달아야 할 것이며, 가장 작고 작은
그 선을 베푸는 것이 너희들이 그리도
원하고 갈망하는 다시 태어나는 부활
의 은혜를 입을 수 있음을 너희들은
알아야 할 것이며, 그 의미를 내가 여

기에 기록하여 전한 것임을 알라.
15 가장 작은 그 겨자씨가 자라 모든 날 짐승의 안식처가 되며, 그들이 살 수 있는 휴식 공간을 제공해 주며, 인간인 너희들이 그 휴식을 취할 수 있도록 그와 같이 가장 작은 일을 역사하는 것은 너희들이 부활의 은혜를 입을 수 있으며 그 축복을 입을 수 있으며 새로 태어나는 영광을 얻는 기초요, 근본이라 함을 잊어서는 아니 될 것이니라.
16 너희가 부활이요, 천국이라 하는 그 모두는 너희 개인의 마음을 갈고 닦으며 의인이 되고, 의인이 되어 올 때 천국은 너희 자신들 것이며 너희들이 와서 살 수 있는 것임을 알라.
17 너희들이 의인이 되는 그 길도, 너희들이 부활의 영광을 얻는 것도 겨자씨처럼 가장 작은 아름다운 선행을 베풀고 행할 때 그 모두가 거기서 기초가 되어 이루어진다는 것을 잊어서는 아니 될 것이니라.
18 그러나 지금의 믿음의 길을 가고 있는 나의 백성은 어찌 가는가?
19 행함이 아니요, 그저 말로 수다 떨며 말로써 믿으면 다 이루어지는 것이며, 말로써 너희들이 힘들고 어려워 그 죄를 용서받지 못할 것 같으면 재물을 바쳐 그저 하늘에 많이 쌓아 놓으면 그 재물을 쌓아 놓은 것만큼 너희들이 용서를 받으며 천국에 거주할 수 있다 생각하나,
20 너희들이 죄를 지은 것을 그 열배 백배로 갚지 않아 나로부터 사함을 받지 아니한 자, 너희들이 아무리 천국에 발버둥쳐 온다 하여도 너희 자신이 숨통이 막혀 견디지 못하는 것이 죄지은 자의 천국이라 내가 하였음이니라.
21 그러니 너희들이 하늘에 오를 수 있는 그 길은 가장 작은 선행을 베푸는 것부터 배우고, 그로부터 생활 습관으로 만들며, 너희들의 생활의 모든 지침서로 그리 행하고 갈 때 너희들이 구원의 길에 오를 수 있다는 그 의미를 내가 작은 겨자씨를 뿌려 그가 자랐을 때 어떠한 역사를 이루는지 견주어 성경에 기록하였으니,
22 이는 곧 너희들 인간으로서는 작은 선행을 베푸는 것이 다시 태어나는 그 축복이요, 부활의 영광을 얻는 것이라 함을 알아야 할 것이니, 그리 알고 행하도록 그리하라.
23 그리 행하며 사는 자, 구원을 받을 수 있음을 잊지 말라.
24 내가 너희들에게 구원의 가는 길이요, 하늘에 오르는 길이요, 그리도 갈구하는 천국에 오를 수 있는 것을 나의 법전에 다 기록하여 전함이니,
25 이를 행하지 아니하는 자는 구원을 받을 수 없듯이, 이를 보지 아니하는 자는 더욱이 하늘의 이치도 모르며 그저 너희들이 캄캄한 밤중을 헤매다가 그저 나에게 죽어 와 심판을 받고 또 어두운 그 속에서 죄의 대가를 치르는 그와 같은 삶을 면하지 못함을 알아야 할 것이니라.

4,672 번째 하나님 말씀

2003년 1월 25일 0시 48분

1 사랑하는 나의 아들아!

2 "네, 아버님! 말씀하옵소서."

3 내가 성서에 구구절절이 모든 내용을 기록하여 내려보냈으나, 너희들은 그 종이에 써진 글을 읽는 것으로써 너희 임의대로 해석함이니, 나의 뜻을 제대로 전하는 백성이 없음이니라.

4 나의 성경은 너희들이 지금에 공부하며 깨우치는 것으로써 만족한 성경으로 아나, 그 성경은 과거와 현재와 미래까지 다 기록되어 있는 내용들이며, 그를 위하여 준비된 것이니라.

5 그리고 모든 성경은 다 나의 새로운 법전이 나오며 새로운 성경이 나오는 오늘을 증거하기 위하여 기록된 것이니라.

6 이제 나의 새로운 성경이 세상에 내려감이니, 너희들은 나의 법전을 읽고 내가 기록하여 전하는 그 뜻을 따라 행하면 너희들이 그 뜻을 알 수 있음이니라.

7 성서에 기록하여 '천국은 마치 여자가 가루 서 말 속에 갖다 넣어 전부 부풀게 한 누룩과 같으니라.' 그와 같은 대목이 있음이니, 그 또한 오늘의 나의 법전이 세상에 나오며 나로부터 선택된 백성 너희들에게 내가 깨우쳐 전하고자 하여 이리 전하여 흘러내려 온 그 역사의 가르침임을 알아야 할 것이니라.

8 너희가 최선을 다하여 나의 법전을 만들고 전할 때, 너희도 상상할 수 없는 힘의 근원을 나 여호와로부터 받아 대명을 수행할 수 있음을 너희들에게 전하고자 함이니라.

9 너희들이 나약한 자요, 힘이 없는 자라 그리 말하나, 너희들이 나의 법전을 만들어 내며 나의 법전을 정독하며 그와 같이 행하고 살고자 마음을 굳힐 때, 너희들에게 모든 힘의 근원이며 모두를 역사할 수 있는 능력을 부여하니, 그 능력은 너희들의 상상을 초월하는 위대한 힘을 발휘할 수 있다는 것을 내가 너희들에게 전하고 깨우쳐 주었음이니 그리 알라.

10 그러니 너희들은 나의 법전을 정독하며 이 속에 있는 뜻을 깨우쳐, 너희들이 그와 같이 방대한 힘을 발휘할 수 있는 그 근원을 찾도록 하려 내가 너희들에게 전한 뜻임을 알아야 할 것이니라.

11 내가 성서에 또한 한 구절을 더 전함이니, '좋은 씨를 뿌리는 자는 인자이니라.' 내가 그리 너희들에게 말하였음이니,

12 너희들은 좋은 씨를 뿌리는 것이 인자라 말하였으니, 지금 나의 법전을 가지고 공부하는 백성 너희들이 과연 무엇을 전하고 뿌리는가?

13 지금의 종교 집단이요, 수천 년 역사가 흘러오는 하늘에 오르는 길이요, 저희들만이 구원을 받았다 하는 종교 집단 그들은 저희들 스스로 계명을 만들며, 내가 지키고 살라는 계명을 지킬 수 없으며 인간이기 때문에 법대로 살 수 없는 것이라 말함이니, 이를 어찌해야 하겠는가?

14 너희들 인간 세속에 너희들이 법이라는 것을 정하고 만들었음이니, 인간이 인간의 두뇌로 만들어 인간을 다스리는 그 법 또한 너희들이 지키지 못하는 것을 만들어 너희들에게 지키라 그리 말하던가?

15 법이라는 것을 만들어 지킬 수 없는 것을 지키라 하여 만들었으면 너희들을 법으로 다스리며 너희들에게 고통을 주기 위하여 만든 것이 법이요, 그것은 너희들을 위한 것이 아니며, 너희들을 다스리며 바로 세우고 너희들이 사회의 질서를 지키며 아름다운 세상에 살아갈 수 있는 그 기준을 다스리기 위해서 만드는 것이 아니요, 악법이 될 것이니라.

16 내가 너희들에게 지키라는 그 계명을 인간이기 때문에 지킬 수 없으며 그리 행할 수 없다 그리 말하는 자, 너희들은 내가 지킬 수 없는 계명을 내려보내 너희들을 지옥으로 보내고자 나 여호와가 그리 만들었다 말하는 자들과 똑같음이니,

17 창조주인 나 여호와가 너희들이 고통스럽게 죄짓고 치르는 그 시련이 너무나도 불쌍하고 딱하여 너희들을 바로 구원하고자 하여 새로운 성경이요, 오늘의 이 역사를 이루는 나 여호와를 그와 같은 사악한 여호와요, 너희들을 사랑하지 않는 자요, 너희들을 버린 나 여호와라 너희들이 그리 평가하며 나를 매도하며 나를 욕되게 하지 말라.

18 내가 너희들에게 성서에 기록하여 참 진리요, 좋은 씨를 뿌리는 자가 인자라 하였음이니,

19 이 의미를 너희들은 지금 어떠한 시대를 위해서 만들어 내가 전한 것이라 하는가?

20 잘못 가르치는 종교 지도자 너희들의 그 가르침을 말하는가, 나의 법전이 내려오는 것을 말하는가?

21 이는 나의 법전을 깨우치고자 하는 자, 성경의 강론을 직접 듣는 자, 나의 아들을 통하여 내리는 나의 성령의 뜻을 직접 들으며 그를 깨우치는 자, 그와 같은 나의 법전을 전하는 것보다 더한 의인은 세상에 없음을 너희들은 알아야 할 것이니라.

22 내가 내리는 나의 법전, 그를 읽고 깨우치는 자, 나의 성령을 직접 나의 아들을 통하여 너희들에게 가르치는 강론의 그 뜻보다 더 위대한 의인은 없음을 너희들은 알아야 할 것이며, 더한 인자가 없음을 너희들은 알아야 할 것이니라.

23 이제 행동과 행함은 너희들의 몫이니라.

24 너희들 스스로 내가 법전을 너희들에게 전하여 뿌리도록 하였으며 전하도록 한 것은 너희들은 좋은 씨를 뿌리도록 내가 선택한 인자이며, 너희들이 의인이 될 수 있는 그 길이요, 의인의 역사를 이룰 수 있도록 내가 모두를 다 주었으니,

25 너희들이 그와 같은 자세로써 살고 못 사는 것은 너희들의 행함에 달렸으니, 그 모두는 너희 몫임이니라.

26 내가 의인이 씨를 뿌리는 것은, 진정한 나 여호와의 뜻이요, 내가 원하는 것을 전하는 것이 의인의 씨임을 너희

들은 알 것이니라.
27 나 여호와가 너희들을 선택하여 너희
들로 하여금 나의 성령이요, 나의 법
전을 전하며 만백성을 구하는 그 역사
의 대명을 너희들에게 내렸으니, 이것
이 바로 무엇이더냐?
28 너희들이 의인의 씨를 뿌리는 그 대명
이요, 그 임무는 내가 다 주었으며 너
희들에게 명하였으니, 너희들이 직접
그를 뿌리고 있음이니라.
29 그리고 의인의 씨를, 하늘에서 원하는
그 씨를 너희들이 뿌리며 그를 행하고
있는 것이니 너희들은 그 뜻을 알아야
할 것이니라.
30 내가 너희들을 선택하여 나의 법전을
전하며 만백성을 구하고자 한 것이,
좋은 씨를 뿌리는 자는 인자이니라.
31 곧 너희들이 나의 씨를 뿌리며 나의
뜻을 뿌리는 그와 같은 것이 바로 나
의 법전을 접하고 뿌리는 선택된 백성
이니,
32 너희들이 그 자격을 갖추고 안 갖추는
너희들의 인격이요, 깨달음은 너희들
자신에게 달렸을 것이며,
33 내가 너희들에게 그와 같은 기회를 주
었음이니, 너희들이 그 좋은 씨를 뿌
리는 인자로서 되고 안 되는 것은 너
희들의 선택 여하에 달렸음을 알라.
34 그와 같은 뜻을 너의 제자와 만백성에
게 전하도록 하라, 사랑하는 나의 아
들아!
35 너희들에게 달렸음이니라.
36 하늘에서 내리는 좋은 씨를 뿌릴 수
있는 인자로서 너희들이 선택되었으
니, 그 모든 조건을 주었으니 너희들
의 마음을 다스리는 것만이 남았으며,
37 그를 다스리고 뿌릴 수 있는 자격이
되고 안 되는 것은 너희들 몫임을 잊
지 말라.

4,673 번째 하나님 말씀

2003년 1월 25일 0시 58분

1 사랑하는 나의 아들아!
2 "네, 아버님! 말씀하옵소서."
3 '밭은 세상이요, 좋은 씨는 천국의 아
들이요, 가라지는 악한 자의 아들이
라' 내가 성경에 기록하여 너희들을
깨우치고자 함이니, 너희들은 그 의미
를 아는가?
4 나로부터 선택된 너희들은 나의 아들
이요, 딸이니라.
5 그 의미를 너희들은 깨달아야 할 것이
며 그 영광됨을 알아야 할 것이며,
6 나의 아들딸만이 나의 유산을 받을 수
있는 자들이며 내가 이루고자 하는 뜻
을 역사할 수 있는 자들임을 알아야
할 것이니라.
7 이 세상을 하늘과 같이 이루고자 함이
나의 뜻이며, 지금의 지상이 오염되어
있음이니, 내가 하늘의 천국같이 이루
고자 하는 이 지상이 오염되어 있으
니, 이를 바로잡고자 함은 과연 누가
이를 이룰 수 있겠는가?
8 나의 아들딸인 너희들만이 이를 할 수
있으며, 나의 성령이요, 나의 법전을
읽고 깨우친 백성 너희들만이 할 수
있음을 알아야 할 것이니라.
9 그 누구도 씨를 뿌릴 수 있는 밭으로
만들 수 있는 자가 없음이니라.

10 그리하여 너희들이 소중하며 너희들
이 귀한 나의 아들딸이며, 그리하여
천 년이라는 역사에 걸쳐서 서서히
그 대명을 이루고자 하는 것이 나의
뜻임을 알아야 할 것이며, 그 주역들
이 너희들임이니라.
11 너희들 후손들이 변하고 변화되는 그
와 같은 역사 속에서 나 여호와의 뜻
을 받들어 내가 하늘에서 내리는 그
천국의 씨를 심을 수 있는 옥토를 만
드는 것이 너희들임을 알아야 할 것이
니라.
12 나의 법전이, 나의 성령이 지상에 내
려가니, 이를 읽고 깨우치며 이를 믿
고 행하며 나 여호와의 뜻이라 믿는
너희들만이 천국의 아들딸임을 알아
야 할 것이니라.
13 내가 심판하는 것이요, 6천 년이라는
그 세월이 흘러 마지막 내가 직접 성
령을 내려보내 내가 직접 다스리는 이
를 믿지 아니하는 자는 나와는 관계없
는 자들이며, 그를 나의 아들딸이라
내가 말하지 아니함을 너희들은 알아
야 할 것이니라.
14 나의 법전을 행하며 나의 법전에 순종
하며 이것이 나 여호와의 뜻이라 따르
는, 지금 나의 아들을 따르는 제자들
이요, 나의 법전을 읽고 깨우치는 만
백성, 너희들이 보고 깨우치는 그 순
간에 너희들이 나의 아들과 딸로서 기
록되며 거듭나며 다시 태어나는 영광
을 얻음이니, 너희들이 육의 세상에서
부활의 역사를 이루는 것이니라.
15 새로운 생명으로써 하늘에 오르는 그
길을 알며, 그 기초를 알며, 그 빛을
보는 그 자체가 부활의 의미임을 알아
야 할 것이니라.
16 좋은 밭을 만드는 것은 과연 누가 만
들겠는가?
17 너희들만이 해야 할 일이니라.
18 마음이 하얀 자, 천사와 같은 마음으
로 변하고자 하는 자, 그리고 나의 법
전을 읽고 깨우칠 때마다 오늘과 내일
에 더 아름다운 쪽으로 변하고자 살아
가는 너희들만이 좋은 밭을 만들며,
하늘의 천국의 씨를 뿌릴 수 있는 그
터전을 만드는 것이 너희들이니라.
19 지금의 믿음을 가지고 가는 종파들이
과연 어떠한가?
20 그들은 그를 오염되게 했으며 이 세상
을 황폐하게 했으니, 지금의 수천 년
동안 그 믿음을 온다 하면서 변질되고
변질되어 이제는 다스릴 수 없는 사악
한 너희들의 장삿속이요, 금화와 은화
를 거둬들이는 상업적으로 바뀐 그자
들, 그들이 가라지의 역할을 맡아서
했음이며, 그들이 가라지임을 알아야
할 것이니라.
21 천국에 선택된 나의 아들딸 너희들로
서 내가 이 세상을 이루며 너희들로
하여금 씨앗을 뿌릴 수 있는 옥토를
만들고자 하는 것이 나의 뜻이니, 너
희들 외에는 그 누구도 이룰 수 없다
는 것을 알아야 할 것이니라.
22 그리하여 너희들이 기초가 되며, 너희
들이 기초가 된 그 속에서 내가 천 년
에 걸쳐 이루고자 하는 새 시대를 건
설함이니,
23 곧 너희들로부터 모두가 역사함을 알
아야 할 것이니라.

24 그렇지 아니하면 너희들의 근본이 흔
들림으로 인하여 모두는 이루어질 수
없다는 것을 알아야 할 것임을 그리
알라.
25 내가 성서에 또한 기록하여 너희들에
게 깨우쳐 가르치기를, '가라지를 심
은 것은 원수요, 마귀요, 추수 때에 세
상의 끝이요, 추수 꾼들인 천사가 내
려와 그를 구분한다.' 내가 그리 말하
였음이니 너희들은 그 의미와 그 뜻을
알고 있는가?
26 가라지는 원수요, 마귀라 하였으니,
우리 부자의 이름을 팔아먹고 있는 자
들이 장사꾼보다도 더 사악한 자들이
요,
27 장사꾼은 물건을 주고받는 상도의 거
래에 의해서 이루어지나, 지금의 모든
종교 집단은 주는 것이 없으며 파는
것이 없이 그저 세 치 혓바닥으로써
나의 피조물 만백성에게 물건을 거둬
들이며 재물을 거둬들이니, 그와 같은
장사꾼도 세상에는 없음을 알아야 할
것이니라.
28 그리하여 지금 모두가 쭉정이요, 알곡
식으로서 믿음을 오고자 하는 백성이
아님을 알아야 할 것이며,
29 지금의 모든 종파가 가라지이니, 내가
너희들을 버리고자 함이 지금의 새 역
사가 이루어지는 시대임을 알아야 할
것이니라.
30 내가 너희들에게 깨우쳐 말하기를, 천
사와 같이 되지 않는다면 천국에 올
수 없다 말하였음이니라.
31 천사처럼 살고자 노력하는 너희가 천
사요, 추수 꾼임을 알아야 할 것이니
라.
32 내가 너희들에게 깨우쳐 전하기를, 천
사요, 나 여호와의 성품이요, 심성을
닮지 않는 자, 천국에 갖다 놓아도 그
죄 때문에 그들이 숨이 막혀 심장이
터지니 제 스스로 지옥으로 기어들어
간다 내가 그리 말하였음이니라.
33 천사처럼 살고자 노력하는 나의 선택
된 아들딸 너희들만이 천사요, 추수
꾼이 되는 것이니라.
34 너희들이 바로 섰을 때 그들이 보고
깨달음이니라.
35 너희들이 악한 자와 가라지를, 쭉정이
를 버려서 던지는 것이 아니요,
36 나의 뜻대로 살아가고자 노력하는 백
성, 나의 아들딸 너희들이 살아가는
모습을 보고, 너희들이 심판하지 아니
하여도 너희들을 보고 그들이 제 점수
를 알며 제가 어찌 살았는가를 깨닫게
됨이니,
37 제가 스스로 너희들에 비해 함량 미
달이 되며, 그와 같이 하여 함량 미달
된 자 너희들이 있는 천국에 올 수 없
기 때문에, 그들은 가라지로서, 쭉정
이로서 스스로 지옥으로 기어들어 가
는 그와 같은 저 자신이 심판하는 역
사가 하늘나라에서 이루어짐을 알아
야 할 것이니라.
38 나의 뜻대로 사는 백성, 나의 아들딸
너희들이 그들을 심판하며 그들을 가
리는 것이 아니요, 가라지같이 쭉정이
같이 산 자, 그들이 스스로 제가 함량
미달임을 알고 그 자리를 찾아가는 것
이 그들 심판의 결과이니, 이를 그리
알도록 하라, 사랑하는 나의 아들딸들

아!

4,674 번째 하나님 말씀

2003년 1월 25일 01시 02분

1 사랑하는 나의 아들아!
2 "네, 아버님! 말씀하옵소서."
3 내가 성경에 기록하여 너희들을 깨우
쳐 하늘에 오르게 하고자 기록한 그
내용들은 과거와 현재와 미래의 그 역
사를 다 이룬다 하였음이니,
4 이제 그 성경의 모두는 나의 법전인
새로운 성경이 내려오면서 그를 내가
덮는다 말하였음이니, 거기에 기록하
여 오늘에 너희들의 깨우침을, '가라
지를 거두어 불사르는 것같이 세상 끝
에도 그러하리라.' 내가 기록하여 전
한 그 뜻을 너희들은 알겠는가?
5 내가 너희들에게 뭐라 말하였더냐?
6 내가 나의 법전을 세상에 내려보내니,
이를 보고 깨우치는 너희들이 있으며
너희들의 후손의 그 역사가 흐르는 것
이 천 년에 걸쳐서 악한 씨를 이 세상
에 존재하지 못하게 하며 선한 백성
만이 살다 오는, 하늘에 이루어지는
그 천국을 이룬다 말하였음이니,
7 그때까지 모두를 불에 태우고 또 태워
그때 가서 너희들을 다 버린다 내가
전하였음이니,
8 사악한 무리들을 그때 내가 다 완전히
뿌리를 뽑아 버리며 나의 백성들만이
존재하는 그와 같은 세상을 만들게 됨
이니, 그를 알아야 할 것이니라.
9 내가 천 년에 걸쳐서 너희들에게 상세
히 가르쳐 주고 깨우쳤느니라.
10 지금은 악이 세상을 다 지배하나, 하
나의 겨자씨를 뿌리듯이 세상에 나의
법전이 내려가기 시작함이니, 그는 역
으로 천 년 후에는 지금의 많은 악들
의 뿌리조차 다 뽑아 버리며, 의인의
백성인 나로부터 선택된 백성만이 존
재하여 사는 그와 같은 세상을 만든다
하였음이니,
11 그게 바로 불살라 그 모두를 태워 버
리는 그와 같은 의미임을 내가 너희들
에게 깨우쳐 주었음을 알라.
12 세상이 끝남은 새로운 세상에 새로운
백성만이 존재함을 나 여호와가 이루
고자 하는 것이 나의 뜻이니,
13 그 모두는 다 나의 법전을 통하여 너
희들을 다스리며, 서서히 지금은 악은
시들어 가며 선한 나의 백성들이 자리
를 잡기 시작하니, 천 년 후에는 모두
를 다 불에 태워 버리듯이 모든 가라
지요, 쭉정이들을 다 버림이니라.
14 그와 같은 나의 뜻이요, 나의 계획을
너희들이 깨닫고 행하는 그 준비에 만
전을 기하여야 할 것이니 이를 잊지
말라.
15 불살라 태우는 것은 바로 내가 천 년
에 걸쳐 모든 그들을 이 세상에서 쓸
어버리는 그와 같은 역사를 의미함이
니, 그 뜻을 깊이 깨우쳐 너희들이 행
하도록 그리하라.

4,675 번째 하나님 말씀

2003년 1월 25일 01시 14분

1 사랑하는 나의 아들아!
2 내가 너희들에게 기록하여 깨우치기

를, '인자가 그 천사들을 보내리니, 저
희가 그 나라에서 모든 넘어지게 하는
것과 불법하는 자들을 거두어 내어 풀
무불에 던져 넣으니 거기서 울며 이를
갊이니라.' 그리 기록된 내용을 너희
들은 과연 어찌 깨우치며 어찌 보고
가는가?
3 이는 나 여호와의 성령의 새로운 성경
을 세상에 내려보내니, 이를 보는 나
의 백성들, 이를 보고 행하고 지키고
자 하는 자, 그리고 내가 내린 십계명
이 너희들의 영혼을 구원하는 양식이
요, 그를 지키지 아니하는 자 하늘에
오를 수 있는 그 기본을 얻을 수 없다
는 그와 같은 것을 깨달아 천사와 같
이 변화되는 선택된 나의 백성들이 있
음이니라.
4 이제 지금까지 믿음의 길을 가는 백
성들, 잘못 가는 자들, 그리고 나를 부
정하는 자들, 내가 존재한다 울부짖으
면서 행동은 다르게 하며 말과 행동
이 다른 자들, 그와 같은 자들이 내가
선택한 백성들이 변하는 모습을 보고
저희 스스로 변하여 천국에 올 수 있
는 그 길을 깨닫고 올라오도록 하고자
하는 것이 나의 뜻이니라.
5 그러나 그들은 저희들이 스스로 올라
올 수 없는 것을 깨닫는 자, 그리고 올
라올 수 있다며 변하여 깨닫는 자, 그
와 같이 양분되어 저희들끼리 반목하
는 시대가 이루어지며,
6 올라올 수 있다는 자 그리고 정녕 나
의 법전이 옳다 말하는 자와 정녕 그
길을 갈 수 없다는 자, 한 집단에 형제
와 같이 지내던 그들이 반목이 생기며
서로 분쟁하는 그와 같은 결과가 도래
하는 것이 내가 이루고자 하는 그 뜻
의 역사임을 알아야 할 것이며, 그를
미리 내가 예언하여 너희들에게 깨우
쳐 준 것임을 알아야 할 것이니라.
7 그리고 또 깨우치지 못하는 자, 그와
같은 자는 영원히 나에게 오를 수 없
으며 지옥 불에 버려진다는 것을 알아
야 할 것이니라.
8 서로 옳고 그르다 반목하는 그 속에
서 끝까지 아집을 버리지 못하고 고집
을 접지 못하는 자, 너희들은 지옥 불
에 버려지는 그와 같은 백성이 됨을
알아야 할 것이며,
9 너희들이 지옥 불로 떨어질 때 정녕
이를 갈며 통곡해도 돌이킬 수 없는
그와 같은 것이 너희들의 그 형편이
며 너희들이 가는 길임을 알아야 할
것이니라.
10 너희들이 나의 법전을 읽고 깨우쳐 간
단히 하늘에 오르는 그 이치를 알아
구원을 받으면 될 것을,
11 오로지 너희들의 종교 집단이요, 지금
까지 믿어 온 그 믿음만이 구원을 받
는다는 너희들의 그 폐쇄된 마음을 버
리지 못하며, 스스로 우울 속에 빠진
병자와 같이 너희들이 깨닫지 못함이
니, 그들을 내가 버린다는 그 뜻임을
알아야 할 것이니,
12 내가 버렸을 때 너희들은 이를 갈며
통곡하며 피를 토하며 후회하고 통곡
해도 돌이킬 수 없는 그와 같은 형국
이 너희들이 나에게 오르는 그 현시점
이며,
13 너희들이 나에게 올라와 죄의 대가를

받고 치를 때, 그보다 더 무서운 마음
의 고통을 겪는다는 것을 잊어서는 아
니 됨을 알아야 할 것이니라.
14 내가 성서에 또한 기록하여 전하기를,
'그때 의인들은 자기 아버지의 나라에
서 해와 같이 빛나리라. 귀 있는 자는
들으라.' 그리 내가 성서에 기록하여
너희들에게 전하였음이니,
15 이는 지금 내가 새로운 성경을 세상에
내려보내니, 귀 있는 자 들으며, 눈 있
는 자 읽고 깨우쳐 구원을 받는 그 길
을 오도록 내가 너희들에게 가르쳤음
을 잊어서는 아니 될 것이니라.
16 오늘에 내가 새로운 성경을 세상에 내
려보내는 것을 의미한 그 구절임을 알
아야 할 것이니라.
17 나 여호와의 성령의 나의 법전을 보
고 깨우쳐 천사와 같이 변화된 백성은
나의 품에 올라올 수 있으며 너희들이
그리 갈구하는 영원히 사는 천국에 오
를 수 있으나, 그들의 영혼이 영광된
것을 보게 되는 것은 지금의 너희들은
알 수 없음이니라.
18 그러나 지금 나의 피조물 만백성들이
나의 법전을 읽고 깨우쳐 그들이 하늘
에 오르는 그와 같은 영광을 얻었을
때, 너희들이 그때 가서는 그 변화된
나의 백성들이 얼마나 축복되며 영광
된 것인가를, 너희들이 지옥 불에서
그들을 바라보게 될 것이니라.
19 너희들이 지금 가는 믿음의 길이 진
정한 믿음의 길이 아니요, 가라지와
같은 버려지는 잡초의 뿌리로서 지금
가고 있음이니,
20 내가 이루고자 하는 알곡식을 방해하
는 그와 같은 잡풀로서 가고 있는 것
이 지금의 믿음을 가진 백성들이니라.
21 그저 순수히 믿고 깨우쳐 아름답게 살
아가는 백성들까지도 복음이라 하여
너희들의 성전으로 끌어들여 그들까
지도 맹신하는 자, 또는 맹종하는 자
로 변질되게 되어 그들이 구원의 길
이요, 참진리를 보지 못하도록 하는
지금의 믿음으로 가고 있는 백성, 너
희들이 죽어 와서만이 오늘의 나의 법
전이 나의 뜻이라 하여 가슴에 안고
정독하고 그와 같이 살아가는 자들,
그들과 얼마나 차별화되는가를 알게
될 것이니라.
22 바로 빛나는 나의 빛이요, 아름다운
세상의 그 찬란한 빛과 그렇지 못한
것을 너희들이 구분하게 되는 것이 그
때 가서 알게 될 것이니라.
23 내가 마지막으로 너희들에게 전함이
니, '귀가 있는 자는 들으라.' 전하였음
이니라.
24 나의 법전을 읽고 나의 아들을 통하여
그 강론하는 그와 같은 것을 귀가 있
는 자 들으며, 눈이 있는 자 보고 읽어
깨우침을 얻을 수 있도록 내가 너희들
에게 마지막 경고의 뜻을 전하는 것이
지금의 성경에 기록되어 있음이니,
25 이는 새로운 성경이 세상에 내려옴이
니, 이를 보고 깨우치지 아니하는 자
너희들이 영광된 빛이 무엇이며 너희
들이 가고 있는 그 캄캄한 지옥 불이
무엇인가를 그때 구분하게 되어 있음
이니,
26 너희들은 그때 가서 나를 찾을 수도
없으며, 너희들이 아무리 이를 갈며

통곡해도 너희 자신을 돌이키며 다스
릴 자가 없음이니,
27 지금 너희들이 살아서 귀가 있고 눈이
있는 이 육의 세상에서 깨우쳐 하늘
에 오르는 그 뜻을 알라 하는 마지막
경고임을 너희들은 알아야 할 것이니
라.
28 내가 귀가 있어 듣는 자는 들으라 하
였음이니, 너희들이 죽어 와서 나에게
심판을 받을 때 너희들은 나를 부를
수 없으며, 나를 어버이라 부를 수 없
으며, 나를 접할 수도 없다 내가 말하
였음이니,
29 귀가 있는 것은 너희들의 육신이 살아
있어야만이 존재함이니, 육의 세상의
세속에서 살아가는 지금 육의 틀 속에
있는 너희들이 바로 읽고 깨우쳐 구원
을 받으라는 그것을 내가 기록하여 전
한 뜻임을, 그 의미를 이제 내가 설명
해 주니, 이것이 나의 뜻임을 알라.

4,676 번째 하나님 말씀

2003년 1월 25일 01시 27분

1 사랑하는 나의 아들아!
2 "네, 아버님! 말씀하옵소서."
3 사탄이요, 사악한 그 악마들이 어떠한
역사를 이루었던가?
4 나의 사랑하는 아들 예수를 죽게 하였
으며, 그리하여 나의 성령이 세상에
내려가지 못하도록 그들은 그와 같은
사악한 짓을 했음이니라.
5 지금 또한 나의 새로운 성경이 나의
백성을 구하기 위하여 법전이라 하여
세상에 내려감이니, 너 하나 쓰러트리
며 너 하나 주저앉게 한다면 이것이
중단되는 것이라 그들은 알고 있기에
너를 얼마나 무너트리고 쓰러트리려
하는지를 너는 알겠는가?
6 그러나 네가 밤과 낮을 가리지 아니하
고 흐트러짐 없이 바른 자세로써 성령
이요, 나의 뜻을 받아 법전을 만들기
위하여 기도하고 강하게 나가는 그 모
습에 사탄이요, 사악한 자들이 감히
근접하지 못하며 너를 두려워하고 있
음이니라.
7 160권 중에서 60권이요, 반인 80권이
넘어갈 때 그들은 모두를 포기할 것이
니라.
8 지금까지는 그들이 너를 쓰러트리며
너의 제자들을 현혹하여 너의 제자들
로부터 너를 공격하고자 하며 그들은
그와 같은 역사를 이루고자 함이니라.
9 그러나 60권이요, 80권이 서서히 넘
어감으로 인하여 그들은 너를 넘어트
리고자, 너를 쓰러트리고자 하는 것을
포기할 것이니라.
10 그들은 너의 제자 한 사람을 저희들이
현혹하고 유혹하여 저희 사람으로 만
들어 그로 하여금 공격할 때 너에게
큰 충격과 타격을 줄 것이니, 그리하
여 너의 제자들을 등 돌리게 하며 너
의 제자들을 유혹하나, 지금 너의 제
자들 또한 잘 버티고 견디고 가고 있
음이니라.
11 네가 강하고 힘차게 나가는 그 용기
앞에 지금의 사탄이요, 사악한 자들도
감히 불안에 떨고 있으며,
12 저희들이 없어지는 그 역사가 반드시
이루어질 것이며 저희들이 없어지는

그 시간이 단축되는 그 속에서 그들은 모든 방법을 다 동원하여 너를 존재치 못하게 하고자 함이니라.
13 그러나 네가 나의 성령을 받는 그 시간에 잠시도 멈추지 않으며 강하고 힘차게 항상 묵상하고 기도하며 나 여호와에게 응답을 받아 행하는 그와 같은 삶을 살 때, 강한 너의 힘에 그들은 감히 도전하지 못할 것이며 너를 넘어트리지 못할 것이니라.
14 네가 밤과 낮을 가리지 아니하고 나에게 경배하며 나의 성령을 받아 법전으로 만들어 냄이니, 너희들 제자들 또한 강론을 들으며 네가 기도하는 것을 많이 듣는 백성들이 바로 사탄이요, 사악한 자들의 유혹에 넘어지지 않는 그와 같은 마음이 굳어지는 역사가 바로 섬이니, 그들에게 이와 같은 뜻을 깨우쳐 그들이 눈을 뜨도록 그리하라, 사랑하는 나의 아들아!
15 그들이 정녕 너의 강론을 듣지 못하거든 법전을 손에 놓지 말며 법전을 항상 가슴에 안고 정독하는 그와 같은 삶을 살라 그리 전하라.
16 법전만이 그들을 지켜 줄 수 있으며 그들을 지탱하게 할 수 있음이니,
17 너희들이 말로써 너를 따르며 가장 충성된 제자라 해도 법전을 읽지 않는 자, 법전을 보지 않는 자는 무너지게 되어 있으며, 법전을 보지 않는 그 백성은 바로 그들이 현혹하여 사탄에게 넘어감이니라.
18 너를 쓰러트리고자 하나 네가 나의 성령을 받으며 나에게 기도를 드리며 묵상으로써 나의 뜻에 따라 움직임이니, 그들이 감히 너에게는 근접할 수 없음이니, 너의 제자들을 무너뜨려 그를 유혹하여 쓰고자 하니 그는 바로 무엇이냐?
19 너의 제자들이요, 만백성은 법전을 읽는 것으로써 지탱하는 힘을 갖게 되어 있음이니,
20 법전을 읽지 않고 말로써 수다 떨며 말로써 믿음의 길을 간다 하는 그와 같은 백성이 사탄에게 여지없이 유혹되어 넘어가게 되어 그들이 너를 공격하도록 하는 것이 그들의 마지막 수법이며 그들이 이제 기대하고 있는 모든 계획의 전부임을 알라.
21 한 번은 그들이 모두를 다 동원하여, 네가 약해졌을 때, 네가 힘들어 할 때, 너를 칠 것이니, 그때 네가 버티고 이길 수 있는 것은 항상 기도하고 경배하는 마음을 게을리해서는 아니 될 것이니, 이를 명심하여 행하도록 하라, 사랑하는 나의 아들아!

4,677 번째 하나님 말씀

2003년 1월 25일 01시 30분

1 사랑하는 나의 아들아!
2 "네, 아버님! 말씀하옵소서."
3 내가 성경에 기록하여 너희들에게 전하기를, '천국은 마치 밭에 감추인 보화와 같으니, 사람이 이를 발견하여 숨겨 두고 기뻐하여 돌아가 자기의 소유를 다 팔아 그 밭을 샀느니라.' 그와 같은 깨달음이 있음이니, 그를 너희들은 어찌 깨닫고 가르치는가?
4 보화는 진정한 진리를 깨우치며 새 생

명이요, 구원의 길이니라. 이를 아는
자, 하늘에 오르는 길이 무엇이며 나
에게 오르는 길이 무엇인가를 깨닫고
아는 백성 너희들이 재물에 연연하지
말며, 보화를 얻기 위하여 재물을 다
하여 그를 취하듯이, 너희들이 재물에
연연하여 믿음의 길을 보지 못하는 어
리석은 그와 같은 삶을 살지 말라 함
이니라.
5 너희들이 나의 법전을 접하는 것보다
더 큰 영광이요, 보배요, 보화가 없다
하였음이니, 나의 법전을 읽고 깨우치
는 자, 너희들이 인간 세속에 연연하
며 재물과 부귀영화에 연연하여 나의
법전을 읽지 아니하며 보지 않는 그와
같은 삶을 살지 말라 하여 너희들에게
가르쳐 줌을 알라.
6 너희들의 삶을 위하여 나의 법전을
읽지 아니하며 너희들의 명예를 위하
여 좇아가는 그 시간 때문에 나의 법
전을 읽지 않은 자, 그와 같은 자는 정
녕 영원히 사는 나의 나라에 오를 수
없음이니,
7 너희들의 모든 것은 법전을 읽는 것이
먼저요, 나의 아들로부터 내리는 그
강론을 듣는 것이 우선이며, 그 모두
가 다 너희들에게 가장 소중한 것이며
너희들의 우선이라는 그 마음을 갖고
살도록 함이니,
8 나의 보화가 있는 그 밭을 너희들의
모든 재산을 다 정리하여 그를 구입하
여 보화를 취하듯이, 나의 법전이 그
보다 천배 만배 더 소중한 것이니, 무
엇에 비교하여 견주어 볼 수 있겠는가?
9 너희들은 나의 법전을 보고 깨우쳐 하
늘에 오르는 길을 얻는 데 주저하지
말며, 모두를 다 던져서라도 너희들이
법전을 읽고 깨우치는 그 길을 버리지
말라 하는 것을 내가 미리 너희들에게
전하고자 그 비유로써 가르쳤음이니
라.
10 비유로 내가 전함이니 지금의 믿음의
길을 오는 백성들이 그를 알 수 없으
니,
11 내가 새로운 성령이요, 나의 법전이
세상에 내려가 그 법전이 어떠한 보화
보다도 더 소중한 역사를 이룰 때, 제
3의 시대에 나의 성령이 내려가 하늘
에 오르는 길이라는 이 책을 만들어
낼 때, 이를 너희들에게 깨우쳐 주고
가르쳐 주기 위하여 내가 성서에 기록
하여 전한 뜻임을 너희들은 알라.

4,678 번째 하나님 말씀

2003년 1월 25일 01시 33분

1 사랑하는 나의 아들아!
2 "네, 아버님! 말씀하옵소서."
3 '또 천국은 마치 좋은 진주를 구하는
장사와 같으니, 극히 값진 진주 하나
를 만나매 자기의 소유를 다 팔아 그
진주를 샀느니라.' 그리 내가 가르쳐
주었음이니라.
4 그 또한 그 뜻이 무엇이던가?
5 하나의 값진 것을 구하기 위하여 너희
들이 자기의 모든 재물을 다 팔아 그
를 구하는 것이니라.
6 그와 같이 구하는 마음으로써 너희들
이 그 재물보다도, 그 진주보다도 더
소중하고 귀한 나의 법전을 접하여 읽

고 깨우치는 데 정성을 다할 때, 너희들이 그리도 갈구하고 원하는 그 천국에 오를 수 있는 그 길을 보게 되며, 너희들이 그와 같은 빛을 볼 수 있는 그 역사가 이루어진다는 것을 내가 깨우쳐 줌이니,

7 너희들이 나의 법전을 접하는 그 순간, 나의 법전을 접하는 백성 너희들이 얼마나 영광되며 축복된 백성인가를 너희들이 스스로 알아야 할 것이며,

8 하나의 진주요, 진정한 그 보석을 위해서 저의 모든 것을 다 던져 정성을 다하여 그를 구하듯이 너희들이 그와 같은 마음보다도 천배 만배 더 깊은 마음으로 진주보다도 더 귀하고 소중한 나의 법전을 접하며 정독하여 깨우치는 데 너희들의 모두를 다 바쳐 최선의 노력을 다하라는 뜻임을 알라.

9 너희들이 진주요, 보석보다도 더 소중한 나의 법전을 읽고 또 읽어 정독하는 마음으로써 한 구절 한 구절을 내가 전하는 그 뜻을 깨우칠 때만이 너희들이 하늘에 오르는 길을 볼 수 있으며 나로부터 구원을 받는 그 역사가 이루어짐이니,

10 이를 행하고 실천하도록 내가 미리 너희들에게 깨우쳐 전함이니, 이를 보고 들은 만백성 너희들은 그와 같은 행위로써 살아감을 잊어서는 아니 될 것이니 그리 알라.

4,679 번째 하나님 말씀

2003년 1월 25일 01시 44분

1 사랑하는 나의 아들아!

2 "네, 아버님! 말씀하옵소서."

3 너의 제자들과 나의 법전을 읽는 백성 너희들은 알아야 할 것이니라.

4 만백성 너희들에게 내가 간곡히 전함이니, 너희들의 마음속에 도사리고 있는 악한 마음을 뽑아내도록 노력하라.

5 그리하여 나로부터 구원을 받는 그 영광을 얻도록 하는 것이 나 여호와에게 너희들이 주는 가장 큰 기쁨임을 알아야 할 것이니라.

6 그 마음속에 자리 잡고 있는 악의 뿌리를 뽑지 못하여 나에게 와 심판을 받는 나의 아들딸들이 얼마나 고통스러운 그 길을 가야 하는 것인가?

7 그를 보는 나 여호와의 아픈 마음을 너희들에게 헤아려 달라 그리 내가 나의 법전에 수없이 기록하여 전했거늘, 과연 너희들은 어떠한 삶을 사는가?

8 나 여호와는 나의 성령이요, 나의 심성을 너희들에게 부어 주고 싶으며 모두를 다 내려 너희들을 구원하고자 하는 마음이나, 너희들이 정녕 받을 수 있는 그릇이 못 되어 있으며 받을 수 있는 준비가 되지 아니한 자들이라 하면 과연 어찌하겠는가?

9 너희 마음의 그 악한 뿌리를 마음속에서 제거했을 때 나의 성령이 너희들에게 충만하게 됨이니,

10 너희들은 나로부터 유죄 판결을 받는 것이 아니요, 너희들이 무죄요, 칭찬의 판결을 받는 그와 같은 길을 갈 수 있도록 하는 것이 나 여호와가 갈구하고 바라는 것이니라.

11 나의 성령이요, 나의 뜻대로 살지 아니하며 내가 너희들의 마음속에 나의

성령을 굳건히 심어 주지 아니하였을
때, 너희들은 바로 설 수 없으며 변화
될 수 없음이니, 바로 그는 무엇이던
가?
12 유죄 판결을 너희들이 받게 됨이니라.
13 유죄 판결이라는 것은 너희들이 죄를
지은 만큼 그 대가를 치러야 함이니,
14 그것이 너희들이 인간 세상에서 한동
안의 기간을 너희들이 잘못한 죄의
대가를 치르고 나오는 그와 같은 것으
로써 하늘의 심판의 결과가 난다면 나
여호와는 오늘의 너희들에게 그와 같
은 길을 가도록, 그리고 그 어렵고 힘
든 하늘에 오르는 길을 가도록 강요하
지 아니할 것이며,
15 나의 십계명대로 살라 하여 그리 못
산다는 너희들에게 그를 지키고 사는
것만이 구원을 받는 길이라 내가 고통
스럽게 그리 몰지는 아니할 것이니라.
16 또한, 내가 나의 아들을 밤과 낮을 가
리지 아니하며 그가 쓰러지지 아니하
도록 바라보며 나의 성령을 내려보내
160권의 법전이요, 하늘에 오르는 그
책을 만드는 그와 같은 역사를 이루지
아니할 것이니라.
17 너희들이 정녕 지옥 불로 갔을 때 거
기서 헤어나지 못함이니, 그 지옥 불
에 가 행하는 그 죄의 대가 또한 수천
수만 가지로써 너희들이 행함이니,
18 최저로 약한 그 심판의 결과도 인간
으로서 견디기가 얼마나 힘들고 고통
스럽고 강한 것인가를 너희들은 모르
고 있기에 지금 오늘의 삶을 사는 세
속에서 너희들이 죄짓는 것을 무서워
하지 아니하며,
19 사악한 자, 남을 시기하는 자, 남의 것
을 도둑질하는 자, 남에게 죄를 짓는
그와 같은 행위가 얼마나 두렵고 무서
운 것인가를 모르기에 서슴없이 지금
행하고 있는 것이 너희들이 가고 있는
어리석은 삶임을 알아야 할 것이니라.
20 너희들이 하늘을 알고 싶으며 천국을
알고 싶으며 나 여호와의 성령을 알고
싶으며 나의 음성을 듣고 싶으며 나를
만져 보고 싶으며 내가 원하는 뜻을
알고자 한다면 너희들이 법전을 읽고
정독하면 그 속에 다 있거늘, 어찌하
여 너희들은 이를 보지 아니하는가?
21 너희들이 죄를 짓고 나에게 와 비는
그것이 너희들이 상상할 수 없는 고
통이라 내가 말하였음이니라.
22 어찌하여 너희들은 이것이 두렵고 무
서운 줄을 모르는가?
23 오늘 너희들의 살아가는 삶이 잘못되
었을 때 그는 너희들에게 그 죄목이
하나 더 붙음이니, 너희들이 그 고통
스러움 속에서 그 대가를 치르는 것
을 어찌 모르는가?
24 지금의 모든 종교 집단이 가는 행위는
그들이 다 쭉정이요, 가라지라 하였음
이니라.
25 또한, 그들이 하는 그 행위가 얼마나
무섭고 잘못된 길을 가는 것이며 그
벌이 너희들이 얼마나 인내하기 어렵
고 무서운 것인가를 모르고 있음이니,
너희들은 그를 들여다보고 그를 깨우
쳐야 할 것이니라.
26 너희들이 인간 세상에서 잘못하여 유
죄 판결을 받아 그 대가를 치르고 나
오는 그와 같은 형벌이 아님이니라.

27 너희들이 영원히 헤어나지 못하는 그
무섭고 무서운 세상에서 지옥 불로 간
다는 것이 얼마나 고통스러운 것인가
를 감히 너희들은 상상할 수가 없음이
니, 어찌하여 그 두려움과 무서움을
모르는가?
28 나의 법전을 읽는 만백성 너희들은 깨
우쳐야 할 것이니라.
29 육의 세상에서 너희들이 조금만 노력
한다면, 조금만 깨우친다면 너희들은
다스려질 수 있으며 바로 설 수 있으
며 천사와 같은 마음으로 살 수 있는
것이니라.
30 그와 같은 마음속에 살지 못하도록 너
희들을 좌우하는 그 악의 마음을 뽑아
낼 수 있는 것이 너희들이니라.
31 너희들이 조금만 더 노력하고 조금만
더 생각한다면 그 악의 씨를 뽑아내
천국에 오르는 그 길에 갈 수 있거늘,
그를 뽑지 못하여 너희들이 상상할 수
없는 지옥 불로 가는 것을 나는 더 이
상 볼 수 없기에 내가 오늘의 이 길을
감이니라.

4,680 번째 하나님 말씀

2003년 1월 25일 01시 52분

1 사랑하는 나의 아들아!
2 "네, 아버님! 말씀하옵소서."
3 세상에 못 이룰 것이 없으며 못 만들
것이 없으며 신의 경지에 도달했다 생
각하는 그와 같은 삶을 살아가는 나의
백성, 너희들이 얼마나 어리석은 자들
인지 알아야 할 것이니라.
4 도덕적인 삶을 사는 자요, 인간 세상
에서 존경을 받는 인격을 겸비한 자
요, 그 배움이 또한 너희들이 말하는
학자라 하여 그를 추종할 수 없는 사
람이라 하여도, 그 사람의 능력으로써
는 내가 성경에 비유하여 내린 그 뜻
을 알 수도 없으며 그를 설명할 수도
없으며 그 깊이를 절대 알 수 없음이
니라.
5 그것이 인간 너희들이 가지고 있는 한
계요, 너희들이 넘을 수 없는 길임을
알아야 할 것이니라.
6 지금 내가 나의 아들을 통하여 내리는
나의 법전이요, 이와 같은 대장정의
160권의 법전을 너희들은 펴낼 수도
없으며 기록하여 전할 수도 없음이니
라.
7 너희들의 인격이요, 너희들이 가지고
있는 학문의 그 높이가 경지에 달했다
너희들이 생각함이니,
8 지금 나의 아들을 통하여 내리는 가장
이해하기 쉬우며 가장 알아듣기 쉬우
며 가장 낮은 가르침으로써 내가 내려
이를 책으로 기록하여 만들어 냄이니,
너희들은 이를 기록한 그 내용을 알
수가 없으며, 또한 이리 만들어 낼 수
도 없는 것이 인간 너희들의 한계이니
라.
9 그러면 그 깊이가 과연 얼마나 깊다
너희들은 생각하는가?
10 가장 쉬우며 가장 간단하게 가르치는
나의 법전이나, 그 속에 들어 있는 그
깊이는 너희들이 알 수가 없음을 알아
야 할 것이니라.
11 그러니 그 속에 있는 나의 법전을 이
해하고 깨우치지도 못한다면, 너희들

이 과연 너희들의 머리로써 너희들의
지혜로써 나의 아들을 통하여 내리는
생수의 이 법전 160권의 장서를 기록
하여 세상에 펴낼 수 있단 말이던가?
12 이는 아무나 할 수가 없음이니라.
13 나로부터 선택된 백성이요, 내가 명한
자가 아니면 그 누구도 할 수가 없음
을 너희들은 알아야 할 것이니라.
14 아무리 유능한 학자가 펴낸 책이라 해
도 너희들이 써낸 글로써 세상의 만백
성을 깨우치고자 하여 전하는 그와 같
은 길이라 해도 그것은 그들의 생각
이요, 그들은 그 책을 만들어 내며 그
와 같이 만백성을 깨우치기 위하여 지
금까지 자기들이 살아온 삶을 토대로
하여, 살아온 그 경험을 토대로 하여
그들이 듣고 또 남이 지어낸 그 책과
모두를 읽고 깨우친 그 범주의 틀을
벗어나지 못하며,
15 저희들이 살아오면서 경험한 것이요,
저희들이 살아오면서 체험한 그 모두
를, 그들이 가지고 있는 학문을 통틀
어서 만든다 해도 인간 세상을 벗어
나지 못하는 것이 너희들이 만들어 낼
수 있는 책임을 알아야 할 것이니라.
16 육이 가지고 있는 그 머리와 상식으로
써는 너희들이 어떠한 지식으로써도
나 여호와의 뜻을 알 수 없으며, 내가
지금 내리는 이 이치를 알 수 없는 것
이 너희들임을 알아야 하느니라.
17 그리하여 또한 깨우칠 수가 없으며 너
희들이 강론하여 깨우쳐 전할 수도 없
으며 가르칠 수도 없는 것이며 나의
그 뜻의 깊이를 알 수가 없는 것이니
라.
18 다만, 나에게 선택된 백성이요, 나에
게 선택된 자들만이 그 뜻을 알며 그
의미를 깨우칠 수 있음이니라.
19 너희들이 말하는 한 시대를 풍미하며
살아갔던 성인이라 일컫는 자, 또는
석가요, 그 모두가 다 그들은 인간의
범주의 틀을 벗어날 수가 없었으며,
저희들의 상식에서 모두가 이루어졌
음을 알아야 할 것이니라.
20 참진리의 원천의 샘은 창조주 나 여호
와로부터 나가는 것이며, 나 여호와
외에는 참진리의 원천의 그 샘이 흘러
너희들을 구원하는 그와 같은 생수로
써 전해질 수 없음을 알라.
21 이 세상의 모든 참진리요, 너희들이
구원의 길에 올 수 있는 진정한 가르
침은 나 여호와가 아니면 그 누구도
이룰 수 없으며 이루어질 수도 없음을
알아야 할 것이니라.
22 아무리 유능한 백성이요, 과학의 첨단
을 달리는 머리를 가지고 있는 백성이
라 하여도, 너희들이 인간으로서 넘지
못하는 한계가 있으며, 넘지 못하는
선이 있으며, 넘어오지 못하는 선이
있음을 너희들은 알아야 할 것이니,
23 모두는 너희가 넘을 수 없는 그 한계
에서 이루어지는 것이며, 감히 하늘의
뜻이요, 천기를 너희들이 알 수 없는
그 한계 내에서 모두가 이루어진다는
것을 잊지 말라.
24 너희들이 정녕 깨우친 자요, 현명한
자라면, 육의 세상에 살아가면서 그
속의 경험이요, 너희들이 읽어 듣고
알고 있는 그와 같은 상식으로써 모두
를 펴내는 그 속에서 위대한 삶이라

생각하지 말며, 다음의 세대인 나 여호와가 존재하는 하늘의 뜻을 알며 하늘의 뜻을 볼 수 있는 그와 같은 마음의 변화를 갖고 살아가는 것이 중요함을 알라.
25 배우고 배우지 아니하며, 상식이 있고 없고, 권력이 있고 없고가 아니요, 재물이 있고 없는 그것은 아무런 관계도 없음이니라.
26 너희들이 천사와 같이 아름다운 마음으로 살고자 하는 자, 나 여호와의 심성을 닮아 살아가고자 하는 자, 그와 같은 자만이 다음의 세상을 볼 수 있으며 차후의 세대를 볼 수 있다는 것을 잊어서는 아니 될 것이니라.
27 이는 곧 무엇이던가?
28 선을 행하며 살아가는 자, 나의 십계명에 따라서 살아가는 자, 나 여호와의 뜻에 의하여 살아가고자 하는 자만이 정녕 그가 속과 겉이 다르지 아니하며, 남 앞에 서서 한 점의 부끄럼이 없는 그와 같은 삶을 살아가는 백성만이 육의 세상을 벗어나서 차후의 영의 세대요, 하늘의 나라를 볼 수 있는 그와 같은 영광을 얻게 된다는 것을 너희들은 잊어서는 아니 될 것이니,
29 너희들이 나의 음성을 듣지 못하며 나를 만지지 못하며 나를 보지 못하며 하늘나라의 그 찬란한 빛을 보지 못하는 것은 너희들의 마음이 비워져 있지 아니하며, 너희들의 생각이 비워져 있지 아니하며, 너희들이 욕심이라는 그 뿌리를 아직도 버리지 못하고 살고 있기 때문에, 너희들이 얻을 수 있고 취할 수 있는 모든 영광을 얻지 못하며 취하지 못하고 살아가는 것이 지금의 너희들의 삶임을 알라.

4,681 번째 하나님 말씀

2003년 1월 25일 02시 03분

1 사랑하는 나의 아들아!
2 "네, 아버님! 말씀하옵소서."
3 너희들 인간의 마음속에 선한 마음과 악한 마음의 두 가지가 자리 잡고 있음이니, 너희들 마음속에 있는 그 악한 마음의 뿌리를 뽑기가 힘들고 어렵다 하여 마음속에 잡혀 있는 그 악한 마음을 나 여호와가 뽑아 주기를 바라며 내가 뽑아내 주기를 바라지 말라.
4 너희가 스스로 뽑아내야 함을 알라.
5 그것이 너희들이 해야 할 일이며, 너희들이 가야 할 길이며, 너희들이 행해야 할 길임을 알아야 할 것이니라.
6 너희들은 나 여호와가 악한 마음을 뽑아 주기를 바라며 그를 제거해 주기를 바라는 그와 같은 마음으로 서서는 아니 됨이니라.
7 너희들 스스로 그를 뽑아내기 위하여 고통 속에 피나는 노력을 하며 그 싸움 속에서 그와 같이 갈 때 나 여호와가 너희들에게 은혜를 베풀었다 생각해도 손색이 없을 때, 내가 그와 같은 은혜를 베풀어 주었을 때도 바로 설 수 있을 때, 그때만이 내가 역사를 임하여 너희들에게 은혜를 내림이니라.
8 나의 아들 또한 그리 말하며 너의 제자들 또한 그리 말하느니라.
9 나 여호와가 일찍이 너희들의 마음을

바로잡아 주며 깨우쳐 주면 어렵고 힘
든 그와 같은 삶을 가지 아니하고 너
희들이 평탄한 믿음을 갈 것이라 생각
하나,
10 너희들 스스로 깨우치고 스스로 연구
하여 얻지 아니한다면 그는 값진 것이
아니며 너희들이 무너지게 됨이니라.
11 모든 유혹으로부터 너희들이 견딜 수
없음이니라.
12 너희들이 가장 사랑하는 어머니라는
단어요, 그 어머니의 소중함이 무엇이
며 그 모성애가 얼마나 위대한 것인지
내가 너희들에게 가르쳤으니,
13 오죽하면 어머니의 그 모성애가 나 여
호와에게 오르는 마음의 근본이며, 모
성애가 흐트러지고 무너져 이 세상이
험악한 형국이 되었다 하였음이니,
14 이는 바로 너희들의 어머니가 열 달
동안 너희들을 잉태하여 세상에 내보
내니, 그 고충과 시련이 얼마나 강하
고 힘든 길을 갔겠는가?
15 그와 같기 때문에 너희들의 어머니가
자식을 사랑하는 그 모성애의 마음의
깊이가 아버지보다 더 강하다는 것이
며,
16 그리하여 너희들이 어머니라는 그 이
름을 부르면서 눈시울을 적시는 것이
자식과 어머니의 그 관계에 이루어진
것이라 하였음이니라.
17 하물며 인간관계의 열 달이라는 기간
의 고통 속에 세상에 한 생명을 태어
나게 한 어머니의 모성애가 그와 같이
위대하거늘, 너희들이 정녕 사악한 자
와 싸워 악의 뿌리를 뽑아내어 너희들
이 고통과 시련 속에서 그 역경을 딛
고 일어섰을 때, 너희들이 무너지지
아니하며 그 값짐을 알게 될 것이니라.
18 내가 너희들을 바로잡아 주었을 때
바로 무엇이더냐?
19 너희들은 바로 무너지며 죄악을 저지
르게 되어 있음이니라.
20 나의 법전을 읽고 가는 백성 너희들을
바라보는 나 여호와의 마음이 아프며
내가 마음에 눈물을 흘리고 있음을 너
희들은 알겠는가?
21 지금의 모든 종파들이 뭐라 말하느냐?
22 그들은 행함은 아무렇게나 하면서 나
여호와의 이름으로써 구원을 받았으
며, 저희들의 손으로 지은 성전에 발
을 들여놓고 찬송하며 경배하며 지전
몇 장을 갖다 놓는 것으로 구원을 받
았다 그리 쉽고 간단하게 생각하며,
저희들이 지은 죄를 그곳에 가서 빌면
용서해 준다 그리 깨우치고 있음이니,
23 그들이 죄를 무서운 줄을 모르며 두려
운 줄을 모르고 살아가는 그와 같은
자들이며,
24 그저 쉽고 간단하게 구원을 받는 것이
라 그리 깨우치는 백성들과, 나의 십
계명을 지키도록 노력하며 나의 법전
에 기록되어 있는 나의 그 뜻의 어렵
고 힘든 것을 하나하나 지키고 행하고
자 울며 살아가는 너희들의 그 모습의
차이점이 얼마나 무서운 것인지를 아
는가?
25 너희들이 눈물 속에 울면서 나의 뜻에
따라 지키며 살아가고자 하는 그 변하
는 모습이 나 여호와의 눈시울을 적시
고 있다면 너희들은 믿겠는가?
26 지금의 모든 종파들은 말로써 구원을

받으며 말로써 그것들을 다 얻으며,
그리고 나의 아들 예수의 그 고통으로
써 저희들이 구원을 받은 것처럼, 그
리고 재물을 바치면 하늘에 쌓여 구원
을 받는다 하니, 저희들이 사면을 하
며 면죄부를 저희 마음대로 만들어
주며 죄를 용서해 주는 것처럼 그리
편안하게 살아가는 자들이니,
27 오늘에 죄짓는 두려움을 모르며, 백
가지 천 가지 죄를 지어도 저희들의
성전에 나가 금화 몇 닢 던지고 눈물
흘리고 용서 빌면 그 죄가 다 떨어진
다 그리 착각하고 살아가는 그들과,
28 그것은 용서할 수 없으며 죄는 떨어지
지 아니하며, 오로지 하나의 죄를 지
었을 때 열 가지 백가지 선함을 해야
너희들이 그 자리를 지킬 수 있으며,
너희들이 죽어 와 시소요, 금 저울보
다도 더 정확하게 선의 무게와 악의
무게를 달아 너희들의 선의 무게가 높
을 때만 구원을 받으며 악의 무게가
높을 때는 구원을 받지 못하니,
29 세상에 너희들이 짓고 살아온 죄는 하
나도 떨어지지 아니하여 그 무게가 그
대로 너희들이 죽을 때까지 따라오는
것이라 하였음이니라.
30 나에게 심판을 받을 때까지 재물이요,
권력이요, 명예요, 너희들을 따랐던
처자요, 부모요, 또 너희들이 상사와
부하지간에 주종 관계가 있는 자도 대
신 따라올 수 없다 하였음이니라.
31 다만, 따라오는 것은 선과 악을 행하
고 살아온 너희들의 삶의 증표요, 그
를 증거하기 위하여 그들만이 말없이
너희들을 끝까지 따라오며 잠시도 떨
어지지 아니한다 내가 가르쳤음이니,
32 이 무서운 현실 속에서 너희들이 바로
서고 깨우침을 얻도록 하지 아니하면
너희들은 영영 구원을 받을 수 없는
것이니, 이 뜻이 기록되어 있지 않은
가?
33 이 대목을 읽고 깊이 생각하고 깨우쳐
보라.
34 그러면 너희들이 어느 길이 나의 뜻이
며 나에게 오는 길인가를 알 것이거늘
…….

4,682 번째 하나님 말씀

2003년 1월 25일 08시 53분

1 사랑하는 나의 아들아!
2 "네, 아버님! 말씀하옵소서."
3 너희들이 살아가면서 농담의 거짓말
이요, 어떠한 이유든 남을 위하여 남
의 사정을 보아 어쩔 수 없이 거짓말
을 할 수밖에 없는 그와 같은 형국에
도래하였다 하여도 너희들이 거짓말
을 해서는 아니 된다 내가 그리 가르
쳤음이니라.
4 너희들은 그리 가야만 되느니라.
5 너희들이 세상을 살아가면서 '내가 남
을 위하는 길이기에 내가 오늘에 나쁜
짓을 해도 되며, 내가 해서는 안 되는
일을 하는 것이 나를 위함이 아니요,
남을 위해서 한다.' 그와 같은 변명과
이유를 댈 수 있으며 그와 같은 생각
에서 너희들이 너희들의 쾌락이요, 즐
거움을 위해 해서는 안 되는 잘못된
일들을 하는 것이며 악한 행위를 하게
됨이니라.

6 거둬들이지 아니할 재물을 보고 탐하
며 그 재물을 거둬들이기 위해 너희
들이 '나는 이것을 거둬들여서 내가
쓰고자 함이 아니요, 만백성들을 구원
하고자 하며, 만백성을 구원하기 위해
서는 재물이요, 그 모두가 필요하기
에, 내가 나를 위하여 쓰고자 하는 것
이 아니요, 만백성을 위하여 거둬들인
다'는 그와 같은 이유와 변명으로써
너희들이 죄를 죄인 줄 모르고 행하는
그와 같은 일을 하는 것들과 무엇이
다르겠는가?
7 너희들의 쾌락이요, 즐거움을 위해서,
너희들이 무엇인가를 거둬들이기 위
하여, 또한 너희들이 생각하고 있는
너희들의 가장 나쁜 악습을 버리지 못
하여, 그 악습을 남을 위하여 봉사하
는 길이며 남을 위하여 하는 것이지
제가 스스로 하는 것이 아니라 그와
같은 변명과 이유를 대서는 아니 되기
때문이니라.
8 너희들이 남의 것을 도둑질하면서 말
하기를, 내가 가난한 자를 도와주기
위해 하는 도둑질이니 이 도둑질은 도
둑질이 아니요, 의적으로서 영예로운
일이며 누구도 할 수 없는 위대한 일
이라 그리 생각하며 너희들이 도둑질
을 한다 하면 그는 용서할 수 없음이
니라.
9 그와 같은 이유와 변명을 대면서 너희
들이 악하고 해서는 안 될 일을 할 수
있도록 너희들 자신이 평가하며 심판
하며 너 자신이 위로를 얻는 그와 같
은 것이 바로 무엇이던가?
10 너희들이 거짓말을 하는 것 또한 남을
위해서 하는 거짓말이요, 어쩔 수 없
이 하는 그 거짓말은 거짓말이 아니라
그리 생각하고 변명을 대는 것과 똑같
음이니,
11 이와 같은 이치를 깨달았다면 어떠한
이유든 간에 너희들이 해서는 안 되는
그 일을 해서는 아니 됨을 알아야 할
것이니라.
12 너희들은 말도 안 되는 그와 같은 행
위를 하며 해서는 안 되는 말을 함부
로 함이니라.
13 '내가 저지른 것은 나를 위함이 아니
요, 남을 기쁘게 하기 위하여 남을 위
해서 한 것이라'며 그 사악하고 잘못
된 짓을 그리 변명하며 변호하는 그와
같은 이유를 대는 마음을 갖지 말라.
14 그러한 마음으로 되는 바로 그 마음을
내가 정리하고 갖지 못하도록 하기 위
해 농담의 거짓말도 하지 말라 함이니
라.
15 농담의 거짓말도 거짓말이기 때문에
하지 말라 내가 하였음이니, 너희들은
남을 위하여 하는 나쁜 짓은 괜찮은
것이라 생각하며, 자기를 위한 나쁜
짓이 아니기에 괜찮다는 그러한 생각
을 버리라.
16 그와 같은 마음을 가지고 너희들이 죄
를 죄로 의식하지 아니하며 행하는 짓
을 계속한다면 그 죄는 쌓이고 쌓임이
니, 너희들은 회개한 것이 없으며 깨
달은 것이 없으며 반성한 것이 하나도
없는 백성임을 알라.
17 어떠한 방법이든 용서할 수 없음이며,
해서는 아니 되는 것이 너희들이 가야
할 길임을 알라.

4,683 번째 하나님 말씀

2003년 1월 25일 08시 57분

1 사랑하는 나의 아들아!
2 인간은 인간 간의 세속에서 살아가면
서 보고 듣고 배운 것 그 외의 한계를
넘을 수 없음이라 내가 말했느니라.
3 인간의 스승으로부터 배운 것이며 너
희들이 세상에 나와 살아가면서 경험
한 것, 체험한 것, 그리고 남으로부터
들어 너희들 것으로 만드는 것, 그 모
두는 인간 세상의 그 한계를 넘을 수
없는 것이라 하였음이니라.
4 그러니 육을 가지고 있는 인간 너희들
의 삶이며 너희들의 한계가 정해져 있
으며, 천사로서 나 여호와의 세상을
알며 나 여호와가 존재하는 그 역사를
보는 것, 그 모두는 또한 너희들이 넘
을 수 없는 한계라 내가 말하였음이니
라.
5 천사요, 나 여호와가 존재하며 역사하
며 지배하는 세상을 너희는 알 수 없
으며 볼 수 없음이라 내가 너희들에게
그리 깨우쳐 주었음이니, 그것이 인간
너희들이 가지고 있는 한계며 넘지 못
하는 선이라 내가 너희들에게 말하였
음이니,
6 그와 같은 세상이요, 그와 같은 역사
가 이루어짐을 볼 수 있는 것은 너희
들의 마음이 하얗게 되어 나의 심성으
로 변했을 때만 그 모두가 이루어지
는 것이라 내가 너희들에게 말하였음
이니라.
7 너희들이 바람이 부는 것은 아나 그
바람이 역사하는 것은 모르듯이, 그와
같은 한계선을 넘을 수 없는 것이 인
간임을 알아야 할 것이니라.
8 그러나 지금 모든 종파를 지도하는 인
간의 지도자들은 뭐라 말하느냐?
9 저희 자신이 인간의 한계를 모름이니
라.
10 그리하여 저희들이 나의 피조물 만백
성에게 설교하고 강론하면서 그걸 들
음으로 구원을 받으며 천국의 나라에
올 수 있다 그리 가르침이니, 그것은
아니 되는 것이며 있을 수도 없음을
너희들은 알아야 할 것이니라.
11 너희들의 한계가 있으니, 그는 바로
너희들이 인간으로서 넘을 수 없는 그
선을 넘어 천사와 같은 마음으로 변화
되었을 때, 나 여호와의 심성으로 변
화되는 그와 같은 삶을 살 때, 하늘을
향하여 한 점의 부끄럼이 없는 삶을
살아가는 백성이 하늘에서 이루어지
는 그 뜻을 볼 수 있으며,
12 나 여호와가 선택하여 하늘의 문을 열
어 그에게 모두를 가르쳐 주며 보여
줄 수 있는 그와 같은 영광을 얻을 수
있는 것이 바른 삶을 사는 백성만이
볼 수 있음을 너희들은 알아야 할 것
이니라.
13 그렇지 아니한 백성은 절대로 그를 볼
수 없으며 그와 같은 역사를 이룰 수
없는 것이 너희들임을 알라.
14 너희들이 인간으로서 그 한계를 넘을
수 없으며 그를 넘어서 가르칠 수 없
다 하면, 너희들은 바로 내가 불로 써
내려 지키라는 십계명을 그대로 지키
며 그를 행하도록 사는 것만이 너희들
이 바른 진리요, 바른 깨달음이요, 하

늘에 오르는 길임을 너희들이 잊어서
는 아니 될 것이며, 그 외의 어떠한 행
위도 나의 뜻이 아님을 알아야 할 것
이니라.
15 선을 행하는 것, 그리고 사랑을 베풀
며 사는 것, 그와 같은 너희들이 하는
행위 이외에는 어떠한 이유에서도 나
의 뜻과 관계없는 그 길을 가며 그를
행하는 자, 십계명에 있지 아니한 것
을 행하는 자, 그와 같은 것은 너희들
이 나와 관계없는 깨달음의 삶을 가는
백성임을 알라.

4,684 번째 하나님 말씀

2003년 1월 25일 09시 05분

1 사랑하는 나의 아들아!
2 "네, 아버님! 말씀하옵소서."
3 너희들이 정녕 나의 뜻을 따라 나의
천국의 나라요, 하늘에 오르는 영광의
길을 오고자 한다면 너희들은 어떠한
특정한 종파의 이름을 갖고 그 종파
속에 매달려 그 믿음의 길을 가서는
아니 됨을 알아야 할 것이니라.
4 어떠한 종파를 갖지 말라.
5 너희들이 종파의 이름 아래 모이면
그 종파의 이름에 연연하여 그곳에
목숨을 다 바치며 너희들 것만이 최고
라는 그와 같은 믿음으로 변하게 됨이
니, 참진리요, 세상의 넓은 이치를 알
지 못하게 되는 것이 너희들이니라.
6 너희 인간 세상에서도 그렇지 아니하
던가?
7 너희들의 지어진 이름 석 자가 더 소
중하며, 제 것이 남보다 그 이름이 더
소중함을 간직하며 그 명의를 버리지
아니하려 하는 것이 아니던가?
8 그리하여 제 이름이 남들 이름보다 더
소중하고 귀하다는 생각을 하고 살게
되어 있음이니라.
9 또한, 너희들이 인간 세상에 사는 그
자식들도 어떠하던가?
10 너희들은 너희 자식이 남의 자식보다
더 소중한 마음을 가지고 살며, 그보
다 더 소중한 자식이 없다는 그와 같
은 생각을 갖게 되며, 그 자식들을 위
하여 모두를 다 바치는 삶을 살아가는
것이 아니던가?
11 남의 자식보다 제 자식이 더 소중함을
느끼고 살아가는 것이니, 그와 같은
마음을 갖게 되며 그와 같은 생각을
하고 살아가는 것이 너희들 인간이니
라.
12 그리하여 너희들은 어떠한 종파의 이
름을 갖고 그 종파의 이름이 우월하며
그들만이 구원을 받는다는 그와 같은
생각을 버리며, 종파를 갖지 말라 함
이 여기에 있음이니라.
13 너희들이 그저 살아가는 그대로 다락
방에서 나 여호와에게 기도하며, 내가
직접 불로 써 내린 십계명대로 지키고
살아가고자 노력한다면 너희들이 스
스로 선과 악의 행동을 알게 되는 것
이며 거기서 깨달음을 알게 되느니라.
14 그리하여 너희들이 깨달음을 얻어 그
속에서 선을 행하는 그와 같은 용기
있는 삶을 사는 것이 너희들이 나에게
오르는 길이며 하늘에 오르는 길이니
라.
15 그리하여 너희들이 선과 악을 구분하

며 알고 있으나 그를 행하지 못하며,
그를 제대로 행할 수 있도록 가르치는
종교 지도자가 지금에 아무도 없기에,
나의 법전에 상세히 설명하고 기록하
여 글을 아는 자는 누구든지 그 뜻을
알며 내가 원하는 것을 알 수 있도록
다 상세히 풀어서 너희들에게 내려보
냄이니,
16 내가 내리는 160권의 나의 성령의 뜻
인 이 새로운 성경을 읽고 깨우쳐 그
대로 행하면 하늘에 오르는 것이요,
17 너희가 종파에 속하면, 너희들이 종파
를 알게 되면 너희들 것만이 최고라는
그 생각 때문에 우월주의에 빠져 그
넓고도 넓은 세상의 모든 진리요, 참
뜻을 알지 못함이니, 하나를 위하여
백 가지를 잃는 그와 같은 어리석은
삶을 살게 되니,
18 너희 자신이 특정 인간이라는 생각에
빠지며 폐쇄된 종교관으로 바뀌게 됨
이니라.
19 그리하여 진정 나 여호와의 빛이며 사
랑이 무엇인지, 하늘에 오르는 그 길
의 기본조차도 알지 못하면서 너희들
것만이 천국에 오르는 길이라 그리 가
고 있음이니라.
20 이제는 너희가 가진 종파의 이름이요,
속해 있는 종파의 그 모두를 털어 버
리고 너희 스스로 깨우치고 공부하며
기도하라.
21 그리하여 나의 법전을 정독하면 그 모
두를 다 알 수 있으며 하늘의 뜻을 알
수 있으며 모든 진리의 길을 알 수 있
도록 내가 법전을 내려보냄이니,
22 이제 너희들은 종파의 이름을 지워버
리며 종파에 속해 있는 그 생각을 버
리라.
23 그리고 스스로 깨우쳐 오라.
24 그리하여 재물을 바치며 헌금을 바치
며 각종 너희 손으로 지은 두꺼비집
같은 그 의의 소굴인 성전을 짓는 곳
에 너희들이 모두를 다 바치는 것이
구원을 받으며 역사한다는 그와 같은
착각에서 이제는 돌아설 때가 되었으
며 깨달을 때가 되었음을 알도록 그리
하라.
25 너희는 지금 타 종교에 어떤 태도를
취하고 있는가를 한번 너희들 자신을
돌아다보도록 하라.
26 나의 백성이 나 여호와를 경배하며 믿
으면 되는 그와 같은 것을, 너희들은
서로 사랑하고 이웃이라 생각하는 마
음을 가지고 가지 못하며, 너희들의
마음을 닫아 놓았으며, 너희들이 도저
히 남과 타협하며 대화할 수 없으며,
오로지 너희들 것만을 가지고 살아가
는 그와 같은 지금의 폐쇄된 믿음으로
가고 있는 것이 너희들이니라.
27 너희가 모든 종파의 이름을 다 나 여
호와로부터 받은 것이라 그리 말하며,
내가 너희들에게 모든 종파의 이름을
내려 준 것처럼, 나로부터 받은 것처
럼 그리하여 너희들은 종파의 이름 아
래 그 종파의 집단을 이루고 있음이
니, 과연 나로부터 종파의 이름을 받
은 종교 집단이 있는가 한번 물어보라.
28 내가 종파의 이름을 너희들에게 내려
주지 아니하였다면, 너희들이 가지고
있는 종파의 이름은 다 무엇이더냐?
29 인간 너희들이 지었음이니라.

30 너희들이 어떠한 인간의 집단에서 어
떠한 종파의 이름을 가졌든 인간 너희
들이 지은 이름은 똑같은 것이니, 수
만 가지 종파의 이름을 다 너희들이
지은 것이요, 나 여호와로부터 받은
것이 없으니,
31 무당이라는 자가 지은 그 종파의 이름
이나 점술가가 지은 것이나 어떠한 수
만 가지 종파의 이름은 다 인간이 지
었음이니, 너희들이 지은 이름의 그
종파만이 위대하며 나 여호와가 기억
하며 나에게 오르는 길이라 그리 착각
하지 말라.
32 그리하여 종파를 갖지 말라 함이니라.
33 너희들의 종파는 인간이 지은 이름이
요, 인간이 지은 그 이름에 너희들이
그를 따라 지금 나에게 오르고자 하여
너희들 것만이 최고라는, 세상의 넓고
아름다움을 보지 못하는 어리석은 백
성으로 전락하였으니,
34 사랑이 무엇이며 죄가 무엇이며 악이
무엇인지를 모르고 너희들이 '옳소!
할렐루야!' 소리 지르며 광란의 짓으
로써 구원을 받는다는 그 종파의 이름
을 버리며, 그 종파의 집단에서 떠나
너희들 스스로 혼자 기도하고 깨우쳐
영광을 얻도록 그리 가라.
35 그것이 나 여호와의 뜻임을 알라.

4,685 번째 하나님 말씀

2003년 1월 25일 09시 24분

1 사랑하는 나의 아들아!
2 "네, 아버님! 말씀하옵소서."
3 지금 모든 종파 속에서 믿음을 가지고
가는 백성, 그리고 하늘에 오르는 길
이요, 저희들이 믿는 그 종파만이 위
대하며, 모든 저희들의 소원이요, 뜻
이 이루어진다 그리 믿고 가는 너희들
이 지금 어떤 믿음으로 가고 있는가?
4 너희들이 가고 있는 믿음은 광적인 믿
음이요, 맹신하는 믿음의 길을 가고
있으니, 그러한 백성 너희가 지금 다
른 종교를 믿었다면 과연 너희들은 어
찌 갈 것이라 생각하는가?
5 너희들이 믿는 그 종교의 집단 속에서
그것만이 최고라 하여 맹신하고 광분
하여 믿는 너희들이 지금의 그 종파가
아니고 다른 종파 속에 다른 종파를
믿었다면 너희들은 그곳에서 어찌하
겠는가?
6 그와 같은 믿음도 너희들이 지금의 믿
음이 아니요, 다른 믿음으로 바꿔 믿
음을 가도록 발을 들여놓았다면 너희
들은 또 역시 맹종하고 맹신하는 신도
가 되었을 것이니라.
7 그것이 너희들의 마음 자세요, 너희들
이 가고 있는 형국이니, 너희들은 어
떠한 종파에 들어갔든 맹신하며 그것
만이 믿음의 길이요, 구원의 길이라
말할 것이니라.
8 지금 너희들이 가고 있는 그 믿음이
요, 우월주의에 빠져 있는 너희들, 특
별히 나로부터 선택된 백성이요, 너희
들이 믿는 그 종교만이 구원의 길이
요, 그 이상의 종교는 이단이요, 사탄
이라 말하는 너희들이 처음에 발을 들
여놓았을 때 다른 종교에 입문했다 하
면 너희들은 그곳에서 또 지금의 너희
가 믿고 최고라는 그 종교 집단이 이

단이요, 사탄이요, 잘못된 것이라 비
방하며 그들에게 도전적으로 그와 같
은 언행을 할 것이 아니겠는가?
9 너희들 스스로 한번 돌아다보며 그를
깨우쳐야 할 것이니라.
10 서로 남의 종파를 탓하지 말라.
11 그들이 다 나의 백성이며, 선과 악을
구분하며 행함이 바르다면 그들을 나
는 다 버리지 아니하고 기억하고 있음
을 알아야 할 것이니라.
12 어떠한 종파 속에서 어떠한 종파의 믿
음을 가느냐 그것이 중요함이 아니니
라.
13 우선은 너희들이 어떠한 믿음으로써
어떠한 행동으로 어떠한 행위를 하고
사느냐가 가장 중요한 것이니라.
14 너희들이 다른 종파의 이름이 다르다
하여 나의 계명대로 살며 나의 계명을
지키고 살아가며 선과 악 중에서 선을
선택하는 그와 같은 마음으로 살아가
는 백성이라면 나는 너희들을 버리지
아니하고 기억함이니라.
15 이는 너희들이 어떠한 종파에 가서 믿
고 살아가는가가 중요함이 아니요, 너
희들이 어찌 행하고 사는가가 중요하
기 때문이니라.
16 너희들이 어떠한 종파에 가서 있는 것
보다도 너희들이 나의 아들이요, 나의
딸이라는 그것이, 내가 창조하여 세상
에 내보낸 나의 백성이라는 것이 더
소중하듯이,
17 너희들이 어떠한 종파에 속해서 죽기
아니면 살기로 가는 그 종파만이 위대
한 것이 아니요,
18 너희들이 어떤 종파에 속해 있든 어떤
마음으로 나 여호와의 뜻을 헤아려 내
가 원하는 방향으로 사느냐, 어찌 행
하느냐 그것이 더 소중한 것이며,
19 나의 뜻에 의해 행하여 사는 백성은
내가 버리지 아니하고 그들을 거둬들
이고 기억하고 있다는 엄연한 사실을
알라.
20 그들이 너희들이 말하는 종파의 이름
을 바꾸는 것은 순간인 것이니, 너희
들이 지어 놓은 그 종파의 이름이 무
엇이 중요하고 무엇이 위대하다 생각
하는가?
21 너희들의 생각으로 지어 놓은, 그리고
너희 손으로 기록하여 전하는 그 종파
의 이름만이 가장 위대하다는 생각,
그것을 너희들은 버려야 할 것이니라.
22 그리하여 너희들이 그들에게 법전을
전하여 참진리를 깨우치고자, 그리고
그들을 깨닫게 하고자 하는 것이 나
여호와의 뜻이니라.
23 저희들의 이름으로 지은 그 종파에 가
서 맹신하는 자, 그들이 다른 종파에
가면 또 거기서 맹신할 것이니, 그와
같이 저희들 것이 최고라 하는 어리석
은 그 속에서 벗어나지 못하며 헤어나
지 못하는 백성들에게 나의 법전을 그
들의 가슴에 전해 주어, 그들이 참진
리요, 하늘의 뜻이며 믿음의 길이 무
엇이며 구원의 길이 어떠한 것인가를
알도록 그 백성들을 깨우쳐 주며, 그
모든 백성을 구하는 데 너희들이 힘을
다하라.
24 집단의 명칭이요, 종교의 종파를 갖고
는, 그것만을 가지고 너희들은 하나로
통일할 수 없으며, 하나의 종파요, 인

간이 한마음으로 이루어질 수가 없느
니라.
25 너희 손으로 지은 그 수만 수억의 탄
생하는 종파의 이름 속에 허덕이다 너
희들이 죽음의 길을 맞이하게 됨이니,
나의 백성이 하나로써 한 형제로 이루
어질 수 없음이니라.
26 너희들이 종파를 다 버리며 그저 나에
게 기도하고 경배하는 그와 같은 마음
으로 갈 때 너희들은 하나가 될 수 있
으며, 나의 백성들은 구원의 길에 들
어설 수 있으며 구원의 길을 볼 수 있
음을 너희들은 알라.

4,686 번째 하나님 말씀

2003년 1월 25일 09시 54분

1 사랑하는 나의 아들아!
2 "네, 아버님! 말씀하옵소서."
3 너희들이 부활이요, 새로 태어나는 그
길을 가르쳐 주며 하늘에 오르는 그
길의 기초인 나의 법전을 세상에 전하
여 만백성을 구하는 그 역사도 중요하
며 복음을 전파하는 그 일도 또한 그
보다 더 소중한 것이 없느니라.
4 그러나 너희들은 나의 복음을 전하며
나의 뜻을 전하면서 내가 내려 준 이
아름다운 지상이 파괴되고 이가 앓고
있으며 죽어 가며 지금 시들어 가는
이 중요함을 너희들이 알고 있어야 할
것이니라.
5 나의 복음을 전하는 것보다 더 소중한
것이 없으며 그 역사하는 것보다 더
귀한 것은 없으나,
6 병들어 죽어 가는 이 지구의 자연 생
태계를, 그 자연이 고통을 겪고 있으
며 그들이 몸살 하는 그것을 들여다보
며 그들을 연구하고 살리는 그와 같은
길을 겸하여 같이 너희들이 역사해야
함을 알아야 할 것이니라.
7 그리하여 내가 너에게 '일식 삼찬'이
라는 여성들의 그 아름다운 모임을 가
져 스스로 작은 일부터 시작하여 그들
이 이 작은 동양의 나라요, 또한 이 세
계의 모든 자연 생태계의 고통스러움
과 시련을 겪는 그를 들여다보는 너희
들로서 육성시키고자 하여 그를 만들
라 하였음이니, 이를 잊지 말고 네가
역사해야 함을 잊어서는 아니 될 것이
니라.
8 너는 나의 법전을 전하는 일과 이 세
상의 자연이 병들어 죽어 가고 몸살하
고 있는 그를 살리는 것을, 내가 만든
이 지상의 낙원이며 너희들이 천 년
후에 의인이 되는 그 백성들만이 살아
갈 수 있는 자연의 형태들을 지금 사
악한 자들이 수없이 파괴하며 그를
말살하고 있음이니, 이를 지키고 보호
하는 일을 더불어서 너희들이 해야 함
을 알아야 할 것이니라.
9 자연을 사랑하며 자연의 생태계를 살
릴 수 있는 그 마음의 근본은 너희들
의 마음 자세에 달렸음을 알아야 할
것이니라.
10 너희들의 인성을 고쳐 형제를 사랑하
며 부모를 공경하며 이웃을 사랑하는
그와 같은 마음으로 너희들이 변화되
며, 그와 같은 마음이 다져진 백성들
이 자연을 바라보며 자연의 감사함을
알며, 내가 내려 준 이 아름다운 자연

의 생태계가 파괴되며 그 속에 사는
모두가 고통을 당하고 있는 이와 같은
시대를 바로잡고 세우는 것이 얼마나
중요한 것인가를 알아야 할 것이니라.
11 너희들이 돌이켜 생각하면 물이라는
그것이 나로부터 받은 것이요, 그를
금화와 은화를 주고 사서 취하는 그와
같은 것은 너희들이 상상도 못했듯이,
자연의 생태계가 더 파괴되고 더 무너
졌을 때 너희들은 바로 산소요, 공기
라 하는 그것까지도 사서 마시는 그와
같은 형국이 온다 하지 아니하였는가?
12 너희들이 정녕 그와 같은 고통과 시련
을 겪지 아니하려거든 자연의 아름다
움을 보존하며, 자연의 생태계에서 고
통당하고 사는 모두를 보호하는 그와
같은 역사를 같이 해 가야 하는 자들
임을 잊어서는 아니 되며, 깊이 마음
속에 새기도록 그리하라.
13 악한 자의 마음속에 있는 악한 마음의
그 뿌리가 자연까지도 파괴하며 자연
이 무너지는 그 소중함을 보지 못함이
니, 사랑을 베풀며 사랑을 다스리는
그와 같은 마음으로 살아가야 함을 잊
지 말라.
14 너희들은 나에게 악한 마음이요, 악한
생각으로 살아가는 마음의 그 모두도
나 여호와의 권능으로 뽑아 주면 될
것을 어찌하여 나 여호와가 그리하지
아니하나 생각하나, 이는 너희들이 이
루어야 할 일이며 너희들이 가야 할
길임을 알라.
15 너희들이 이루어야 할 역사가 있으며
나 여호와가 너희들에게 베풀어 줄 것
이 있음이니, 그와 같이 너희들이 스
스로 깨달아 얻었을 때 그가 영원히
존재할 수 있는 것이니라.
16 그러니 너희들 스스로 사랑하는 마음
이요, 이웃을 사랑하며 형제를 사랑하
는 그와 같은 아름다운 마음을 가진
자들이 자연의 소중함과 아름다움을
알게 될 것이니,
17 너희들의 마음을 그와 같이 이웃을 사
랑하는 마음으로 인성을 고치도록 그
리 전하며,
18 나의 법전을 읽는 백성 너희들은 자연
의 아름다움에 감사하는 마음이요, 그
자연의 생태계를 지키는 그와 같은 일
을 나의 법전을 전하는 역사 속에 같
이해야 할 것이니,
19 '일식 삼찬'이라는 그 역사를 반드시
이루도록 하라, 사랑하는 나의 아들아!
20 그들이 이루어짐으로 인하여 작은 것
으로써 너희들이 생태계를 보호하는
깨달음이 있을 때 그보다 큰 역사를
이룰 수 있음이니라.
21 누룩이라는 것이 부풀어 큰 역사를 이
룬다 하였듯이, 너희들이 작은 것을
충만되게 나의 뜻에 순종하여 이룰
때, 그 이루어지는 역사는 부풀어지는
누룩의 역사보다도 더 위대하며 더 무
서운 너희들의 생명력이요, 생동감을
갖게 됨이니, 이를 잊지 말고 행하도
록 그리하라.
22 그리고 내가 너희들에게 행하리 하는
작은 어떠한 역사도 너희들은 할 수
있기 때문에 하며, 그 작은 역사가 오
늘의 너희들의 생각이요, 판단으로써
작다 생각하지 말라.
23 누룩이 부풀어 일듯이 그것이 부풀었

을 때 그 위대한 힘과 생동력이요, 생동감이요, 살아 있는 것은 너희들이 감히 상상을 초월할 것이니, 그를 믿고 행하도록 그리하라, 사랑하는 나의 아들딸들아!

4,687 번째 하나님 말씀

2003년 1월 26일 0시 03분

1 사랑하는 나의 아들아!
2 "네, 아버님! 말씀하옵소서."
3 밀알의 씨앗은 어찌 가는가?
4 그 밀알의 씨앗은 제가 뿌려짐으로 제가 썩어 그 속에서 하나의 생명이 태어나며 하나의 생명이 역사하도록 그와 같이 하는 것이 밀알의 씨앗이 가는 길이며 그가 하는 길이니라.
5 그리하여 그들이 종족을 번식시키며 그들의 뿌리가 지속되는, 저 자신을 죽여서 그와 같은 역사를 이룸이니,
6 나의 법전을 읽고 깨우쳐 만백성을 구하는 너희들 또한 지금의 너희들이 그 밀알과 같은 역사이며 밀알과 같은 너희들임을 알아야 할 것이니라.
7 너희들 자신을 태우고 너희들의 모두를 다 죽여 만백성을 구하는 그 길을 가야 함이니, 이는 바로 무엇이던가?
8 너희들이 인간의 세상에서 그 누구도 넘을 수 없는 길, 그리고 그 누구도 행할 수 없는 그 길을 가야 하기 때문이니라.
9 어떠한 고통과 어떠한 역경을 견디고 이겨 감히 인간으로서 상상할 수 없는, 모든 나의 피조물 만백성이 나의 십계명이요, 나의 법전대로 살 수 없으며 지킬 수 없다 말하는 그 길을 지킬 수 있으며 갈 수 있다 하여 그 길을 지키고 행하는 그와 같은 너희들 자신을 다 죽이고 태우지 아니한다면 너희들은 밀알의 씨앗의 역사를 할 수 없음을 알아야 할 것이니라.
10 너희들이 밀알의 씨앗의 역사를 이루지 아니한다면 나의 법전은 세상에 나가 만백성을 구하는 그 역사를 이룰 수 없음이니라.
11 너희들이 존재하지 아니하며 너희들을 죽이고 태워 나의 피조물 만백성을 구하는 대명을 받은 너희들이, 인간 세속에 살아가는 금화와 은화요, 권력이요, 부귀영화요, 감정이요, 마음 하나를 다스리지 못하고 살아간다 하면 이는 아무것도 이룰 수 없음을 알아야 할 것이니라.
12 나 여호와가 나의 아들을 따르는 제자들이요, 나의 법전을 읽고 깨우치는 백성 너희들을 선택하여 너희들로 하여금 너희 자신을 다 태우고 죽여서 새로운 역사를 이루는 그 뿌리의 기초를 다져야 하는 너희들이 과연 어떠한 마음으로 살아가야 하는가?
13 얼마나 너희들이 소중하며 너희들이 맡은 대명이 위대한 것인가를 너희들은 가슴속에 깊이 새겨야 할 것이며,
14 육을 가지고 사나 육의 세상의 얽히고 설킨 인간관계의 그 감정 자체도 다스리지 못하며 너희 마음속에서 그를 통제하지 못한다면, 지금 기도하고 경배하며 재물을 바치면 구원을 받을 수 있으며 하늘에 오를 수 있다 하여 믿고 가는 그 백성과 너희들이 차별화됨

이 없음을 알아야 할 것이니라.
15 나 여호와가 너희들을 기다리며, 너희
들에게 기대하며, 너희들이 그 역사를
이루어 나에게 오기를 기다림이니,
16 너희들이 나의 품에 올라올 수 있는
그와 같은 역사를 이루었을 때 너희들
은 너희 자신을 태워 밀알의 그 역사
를, 책무를 다한 것처럼 너희들이 그
와 같이 나로부터 명받은 그 모두를
이루고 성공리에 마치는 백성이 되는
것임을 잊어서는 아니 될 것이니라.
17 너희들이 기다리는 나에게 올 수 없는
것은, 너희들이 책임을 다하지 못하였
으며 너희들의 책무를 다하지 못했으
며 내가 너희들에게 내린 그 대명을
충실히 행하지 못할 때, 나에게 올 수
없는 백성이 됨을 알아야 할 것이니라.
18 내가 너희들을 선택해 놓고 너희들이
그 누구도 갈 수 없는 나의 성령이요,
심성이요, 천사의 마음같이 변해지기
를 바라는 나 여호와의 그 마음을 알
아야 할 것이며, 내가 너희들이 그리
변화되기를 밤과 낮을 가리지 아니하
고 기다리고 있으며 너희들이 변하는
그 모습을 보고 있음이니,
19 다만 너희들이 할 수 있고 역사할 수
있기 때문에 내가 선택한 것이니,
20 너희들이 어서 빨리 변하며 너희들이
속히 나의 뜻에 따라 육에 사는 세상
의 욕심이요, 모든 잡생각의 그 마음
을 다 거둬들이고, 오로지 나의 법전
대로 나의 십계명대로 행하고 실천하
는 그와 같은 길을 가는 백성이 되어
야 할 것이니라.
21 인간사의 얽히고설킨 감정이요, 그 마
음의 표시요, 아픔과 슬픔을 다 지워
버리지 못하고 그때마다 감정을 표출
하는 그와 같은 마음으로 살아간다면
아직도 너희들은 하나도 변화된 것이
없는 백성임을 알아야 할 것이니라.
22 나 여호와가 너희들이 변하기를 바라
며 그리 변하여 가는 모습을 바라보는
마음은, 너희들이 사탄의 유혹에 언제
라도 넘어질 수 있는 그와 같은 모습
을 보기에 물가에 어린아이를 내놓은
것과 같이 조마조마한 나 여호와의 심
정을 너희들은 모르겠는가?
23 너희들이 빨리 변하여 성인이 되어 스
스로 개척해 나갈 수 있으며 가정을
꾸려 갈 수 있는 그와 같은 장년의 모
습으로 살아가기를 내가 바람이니, 나
의 뜻을 깊이 깨우쳐 소홀함이 없이
살아가도록 그리하라, 사랑하는 나의
아들딸들아!

4,688 번째 하나님 말씀

2003년 1월 26일 0시 09분

1 사랑하는 나의 아들아!
2 "네, 아버님! 말씀하옵소서."
3 너희들이 악한 마음이요, 악함을 행하
는 그 모든 생각과 마음은 너희 마음
속에서 그가 일어나며 마음속에서 나
오는 것임을 알고 있을 것이니라.
4 악함을 행하며 그와 같은 생각, 그 모
두는 너희들 자신의 마음속에 너희들
몸속에서 그와 같은 생각이 나오는 것
이니, 내적으로 너희 자신의 싸움이
요, 너희들이 그 자신의 싸움에서 이
기는 자가 악을 배척할 수 있으며 악

의 뿌리를 뽑을 수 있는 것이며,
5 너희들이 자신의 싸움에서 지는 자,
승리하지 못하는 자는 바로 사탄의 유
혹에 악을 행하는 그와 같은 죄를 범
하고 사는 것이니라.
6 너희들이 악을 행하며 그 죄짓는 것이
너희 자신의 몸에서 나오는 것으로써
죄를 지으며 너희들이 잘못 살아가는
그와 같은 형국이요, 내부에서 나오는
악한 마음의 근본이 있는가 하면,
7 너희들이 악으로 전락하며 악으로 변
해지며 사탄의 백성으로 전락되는 그
것 또한 내부에서 나오는 너희들의 마
음이 있는가 하면, 제삼자로부터 악의
마음이 너희 마음을 유혹하게 되며 너
희들을 쓰러트리는 그와 같은 형국이
이루어지는 것이니라.
8 너희들은 정녕 남으로부터 제삼자로
부터 배우고 들으며 그들의 유혹에 의
하여 너희 자신이 무너지는 그와 같은
악과, 너희들의 내부에서 나오며, 자
신의 마음에서, 너희들의 몸에서, 너
희들의 생각에서 나오는 악, 그것들을
정녕 다 이기고 싸워야 함이니,
9 너희들은 밖으로부터 오는 그 악의 마
음의 공격이요, 너희들 자신의 내부의
마음에서 오는 그 악의 마음의 공격
하고자 하는 그것을 막고 이겨야 하
며 그 싸움에서 이겨야 함이니, 너희
들이 얼마나 힘들고 어려운 길을 가는
것이 바로 서는 길인가를 나 여호와
는 너무나 잘 알고 있느니라.
10 그러나 너희들은 견디고 이겨야 함이
며, 너희들은 내부에서 나오는 그 악
자체도 눌러 다스리며, 외부로부터 제
삼자로부터 너희들 마음에 받아들이
며 또한 삼자로부터 영향을 받아 행하
는 그 모든 악도 싸워서 이겨야 하는
것이 너희들이 가야 할 길임을 알아야
할 것이니라.
11 너희들이 안에서 나오든 외부에서 들
어오든 제삼자로부터 얻든 어떠한 형
태든 악으로써 그들이 너희들을 공략
하며 유혹하는 그것을 차단하며 그를
끊어 버리지 못한다면, 너희들은 나의
백성으로서 나에게 오르는 그 길을 볼
수도 없으며 그 빛조차도 볼 수 없음
을 알아야 할 것이니라.
12 너희들이 내부의 마음 자세 속에서 일
어나는 그 악의 씨앗이요, 제삼자로서
너희들에게 침투하는, 그 유혹하는 악
의 모두를 뿌리치고 차단하며 그를 끊
어 버릴 때, 그때만이 너희들이 하늘
에 오를 수 있는 그와 같은 깨달음이
요, 구원의 길을 얻게 됨이니라.
13 너희들은 인간 스스로 너희 말대로 인
간이기 때문에 계명을 지킬 수 없으며
나의 뜻대로 살아갈 수 없다 함이니,
너희들의 나약한 마음이요, 용기 없는
마음이요, 그 결단하는 마음이 없기에
너희 내부에서 나오는, 스스로 통제할
수 있는 그 악을 막지 못하며 누르지
못하며, 제삼자로부터 외부로써 또 공
격하는 그 유혹의 악에 대한 것도 다
스리지 못하는 것이 너희들이 처해 있
는 형국이니라.
14 그리하여 너희들에게 내가 새로운 법
전이요, 새로운 성경이요, 160권의 나
의 책을 내려보내어 너희들의 그 내부
요, 외부에서 오는 악한 마음을 다스

릴 수 있으며 그들을 싸 끊어 버릴 수
있는 그와 같은 가르침을 상세히 기록
하여 너희들에게 전함이니,
15 나의 법전을 읽지 않는 자, 하늘에 오
르는 길을 볼 수 없으며 구원의 심판
대에 설 수 없다 내가 말한 뜻이 여기
에 있음이니라.
16 오로지 나의 법전을 읽고 깨우치는
자, 내가 불로 써 내린 그 십계명대로
지키고 살려고 노력하는 자, 너희들이
말하기를 미련한 것처럼 바보스럽게
그를 지키고 가고자 하는 그 백성만이
스스로 마음속에 있는 그 악을 누를
수 있으며 외부로부터 들어오는 그 악
을 차단할 수 있는 그와 같은 역사의
한 장을 열어 가며, 너희들이 만백성
의 빛이 되며 만백성의 거울이 되는
그와 같은 나의 백성으로 살아갈 수
있는 길은 그것뿐임을 내가 다시 한
번 너희들에게 강조하여 전하니, 이를
깊이 깨우쳐 너희 것으로 만들도록 그
리하라.

4,689 번째 하나님 말씀

2003년 1월 26일 0시 15분

1 사랑하는 나의 아들아!
2 "네, 아버님! 말씀하옵소서."
3 나의 피조물 만백성 너희들은 선한 길
을 선택하는 것이 아니요, 스스로 악
속으로 들어가려 하고 있음이니, 너희
들이 지금에 가고 있는 삶의 모든 형
태가 그와 같은 쪽에 기울어져 있음을
알아야 할 것이니라.
4 너희들을 바로 세우고 바로 가르친다
는 종교 지도자의 그 집단부터가 잘못
되어, 그들이 행하고 있는 것이 선을
행함이 아니요, 나에게 구원을 받아
하늘에 오르는 그와 같은 것을 행함이
아니요, 저희들 스스로 죄가 무엇이며
악이 무엇인가를 구분하지 못함이니,
5 인간이 만든 그 생각이요, 계명대로
살아감이니, 그 모두는 구원의 길이
아니라 악으로부터 그 악 속으로 너희
들이 쓸려 가는 것임이니라.
6 스스로 너희들이 가고 있으며 그 길을
위하여 구원의 길이라 달려가고 있는
것이 너희들의 그와 같은 형국이니,
7 지금 너희들이 달려가고 있는 것이 지
옥 불로 가고 있는 그 길임을 알아야
할 것이니라.
8 그저 너희들은 지옥 불로만 가고자 하
며 그 길로 달려가고 있는 것이 너희
들의 지금의 삶이라 생각하고 알아야
할 것이니라.
9 너희들이 지옥 불로 달려가지 아니하
며 너희들이 나에게 오르는 길이 아닌
반대의 길로 가지 않는 백성이 되고자
한다면, 너희들이 오른쪽으로 돌아가
는 팽이라는 것을 왼쪽으로 돌릴 수
있는 그와 같은 대변화요, 개혁의 역
사가 없이는 이루어질 수 없다는 것을
내가 나의 법전에 기록하였음이니, 오
늘의 너희들이 가고 있는 그 종교에서
발을 멈춰 돌아서서 나의 법전을 읽고
깨우치며 나의 계명대로 사는 것이 하
늘에 오르는 길이라는 그와 같은 깨달
음을 얻지 못하는 백성, 너희들은 정
녕 구원을 받을 수 없음을 알아야 할
것이니라.

10 지옥 불로 달려가고자 하며 그 길만을
구원의 길이라고 달려가는 너희들을
보며 그 고통을 너희들로부터 덜어 줄
수 있는 길이 무엇인가 하는 그와 같
은 나 여호와의 생각 때문에, 내가 너
희들을 지금 바로잡아 깨우쳐 그 지옥
의 고통의 길로 달려가는 너희들을 막
고자 하는 것임을 알아야 할 것이니라.
11 너희들이 계속 악으로만 달려가고자
하고 있으니 그를 막고자 하는 것이
나 여호와의 뜻임을 너희들은 알아야
할 것이니라.
12 너희들이 선을 행하며 살려고 노력하
지 아니하고, 그저 흘러가는 대로 악
이든 선이든 구분없이 육신이 편안한
그 길을 위해서는 선택의 여지가 없이
그 길을 선택함이니,
13 너희들이 육신의 편안함과 더 많이 갖
고자, 부귀영화를 누리고자 하는 그
마음 때문에 너희들이 선과 악을 구분
하여 선 쪽의 그 길을 살려고 하는 것
이 아니요,
14 그저 악이든 어떠한 형국이든 너희 육
이 편안한 그 삶에 모든 초점을 맞추
고 살아감이니,
15 악과 선을 구분하려 하지도 아니하며,
선이요, 악이라는 것을 생각지 아니하
며, 악이라 할지라도 너희 육신의 편
안한 길이면 그 길을 선택하여 가는
것이 너희들이니라.
16 그러니 과연 너희들이 어찌 나로부터
구원을 받을 수 있다 생각하는가?
17 모두가 행복한 것은, 너희들의 마음이
악을 막을 수 있는 그와 같은 마음의
자세로 살아가는 것이 가장 큰 행복이
며 축복받으며 영광된 백성으로 살아
감을 너희들은 알아야 할 것이니라.
18 내가 일찌이 너희들에게 말하였으니,
그 악을 너희들의 마음에서 뿌리를 뽑
으며 악을 제거하는 것은 오로지 나의
법전을 읽고 깨우치는 것만이 구제하
는 그 뜻임을 알아야 할 것이니라.
19 그리하여 지금 나의 피조물 만백성들
이 지옥 불로 가는 것이 천국이라 알
고 달려가는 그들을 막아, 나의 성령
을 가슴에 심어 주어 너희들을 구원하
고자 하는 것이 나 여호와의 뜻임을
알아야 할 것이니라.
20 지금 각양각색의 색다른 형태로써 나
여호와를 혼란하게 하는 것이 너희들
임을 알고 있는가?
21 너희들은 다시 한 번 자신을 돌아다봐
야 할 것이니라.
22 너희들이 지금 가고 있는 그 믿음이
요, 너희들이 기도하는 방법이요, 나
에게 경배하는 방법이요, 그 모두가
색다른, 각자가 다른 각양각색의 형태
로써 나 여호와를 부르짖고 나에게 오
를 수 있는 길이라 그리 눈물지으며
광란의 짓으로써 하는 자가 있는가 하
면,
23 스스로 나에게 올 수 있는 길이요, 나
로부터 명을 받으며 터치를 받았다 하
는 자들, 제가 예수요, 또는 모세라 하
며, 예수가 세상에 내려왔으며 모세가
세상에 내려왔으며 유다가 세상에 내
려왔다 그와 같이 부르고 저희 자신이
그렇다 지금 그와 같은 행위를 하고
있는 자들, 이 혼란한 것을 나 여호와
가 더 이상 볼 수 없으며 더는 그대로

방치할 수가 없어,
24 내가 나의 법전을 세상에 내려보내어
너희들이 읽고 깨우친 자는 구원할 것
이며 그렇지 못한 자들은 모두를 다
덮을 것이며, 그 뿌리를 뽑아 너희들
이 말하는 지옥 불의 그 불 속으로 던
지고자 하는 것이 나의 뜻임을 너희들
은 알아야 할 것이니라.

4,690 번째 하나님 말씀

2003년 1월 26일 0시 24분

1 사랑하는 나의 아들아!
2 "네, 아버님! 말씀하옵소서."
3 내가 너희에게 일찍이 깨우쳐 뭐라 전
하였던가?
4 악을 행하는 자는 악을 행하고 행함으
로 인하여 그 악의 행함이 점점 더 커
져 간다 하였음이니라.
5 선한 일을 하며 선을 베풀면 그 선을
행하는 마음이 점점 커져 감이니,
6 너희들이 육의 세상에서 먹고 즐기는
과일이요, 음식이요, 빵이라는 것을
나눠 주고 또 나눠 주면 너희들이 가
지고 있는 과일이요, 빵이 줄어들며
너희들의 몫이 줄어듦이니라.
7 그러나 또한 거기에는 나눔이요, 사랑
이 있음을 알아야 할 것이니라.
8 사랑이요, 베품이요, 그와 같은 진리
는 무엇이던가?
9 진리요, 사랑이라는 것은 떼어 주면
떼어 줄수록, 선한 것을 떼어 주면 떼
어 줄 수록 그 선함의 덩치는 더 커지
는 것이니, 이와 같은 이치요, 깨우침
을 알아야 할 것이니라.
10 선함은 행하면 행할수록 그 깊이가 깊
어지며 넓이가 넓어지듯이, 사랑을 베
풀고 사랑을 나누면 나눌수록 그 사랑
의 폭이 넓어지며 그 사랑의 깊이가
말할 수 없이 더 깊어짐을 너희들은
알아야 할 것이니, 이것이 하늘의 뜻
이며 너희들이 행해야 하는 것이며,
하늘의 천사들이 행하는 그 섭리이며
뜻임을 알아야 할 것이니라.
11 선을 베풀어 보라.
12 그 선행은 베풀면 베풀수록 점점 더
커짐이니라.
13 너희들이 과일이요, 빵을 나눠 주는
것은 점점 줄어드나, 그와 반대의 현
상이 하늘의 뜻이며, 너희들이 사랑을
베풀며 살아가는 의미임을 알아야 할
것이니라.
14 너희들은 살아가면서 너희들이 선한
마음으로 살지 못하고 악을 행하며 스
스로 악에 빠져 살아감이니, 얼마나
무서운 형국인지를 아는가?
15 악이라는 것은 악을 행하면 행할수록
너희들은 그 악 속에서 악의 즐거움을
얻으며 그 쾌감을 얻는 것이니, 너희
들의 그 즐거움이란 과연 무엇이던가?
16 선함이 아니요, 악함의 그 즐거움이
요, 악함의 그 쾌감은 무엇이라 말할
수 있는가?
17 악함의 즐거움은 간음이요, 강간의 행
위요, 그와 같은 해서는 아니 될 사악
한 행위들을 불사하며 그를 행하는 것
이 너희들이 악이 즐거운 것이며,
18 너희들의 즐거움을 위해서는 살인도
마다하지 아니하며 육의 부귀영화를
위해서는 이웃에게 거짓 하며 나의 백

성들에게 잔악성을 보이는 그것도 너
희들은 서슴지 않고 행함이니,
19 그러면서 그와 같이 행하는 그 속에서
즐거움을 얻으며 기쁨을 얻는 것이 악
의 씨임을 너희들은 알아야 할 것이니
라.
20 그리하여 악은 악에 빠지면 빠질수록,
악을 행하면 행할수록 거기서 쾌감과
즐거움을 얻는 것이 악에 빠진 나의
백성들이니라.
21 그러니 그 악에 빠진 백성들이 얼마나
잔악하며 얼마나 무서운 것으로 변화
되는가 너희들은 알아야 할 것이니라.
22 악은 그러하니라.
23 너희들은 도적질하며 거짓 하며 남에
게 당한 만큼 보복하기 위하여 끝없이
악한 마음을 품으며 그와 같이 살아가
는 그 모두요, 남의 것을 갈취하며 남
의 물건을 강탈하며 남의 것을 뺏는
그와 같은 행위요, 또 그 성공 여부에
따라서 악은 기뻐하며 즐거워하는 것
이 너희들의 근성임을 알아야 할 것이
니라.
24 너희들이 남의 물건을 강탈하며 남에
게 거짓 하며 남의 아픔을 들춰내며
남에게 당한 것만큼 보복하기 위해 모
든 평생을 다 바치는 자, 그와 같은 너
희들의 마음이 이루어지고 성공으로
써 끝날 때 악은 한없이 기뻐하며 즐
거워하는 것이 악의 마음을 가진 자들
이니, 너희들이 얼마나 무서운가를 알
아야 할 것이니라.
25 선은 무엇이던가?
26 이와 같은 너희들이 악이 행할 수 있
는 그 모두를 행하지 아니하며 그를
하나하나 뿌리를 뽑아 버리는 것이 선
함이니, 그 선함이 악의 뿌리를 하나
하나 뽑아낼 때 그 즐거움 또한 말할
수 없음을 알아야 할 것이니라.
27 그러니 여기서 너희들은 악한 행위를
하며 잔인한 행위를 하며 가혹한 행
위를 하면서 즐기는 그와 같은 악의
마음으로 살아가겠는가?
28 너희들이 악으로부터 스스로 빠져나
가 그 모두의 잘못된 것이요, 인간으
로서 해서는 안 되는 그 잘못된 모든
행위의 마음이요, 생각하는 것을 너희
들 가슴속에서, 마음속에서, 육체 속
에서 하나를 뽑아냄으로 인하여 악이
줄어들어 가는 그것을 보며, 또 너희
들이 선행을 하면서 다음 선행을 할
수 있는 준비된 것을 깨닫고 보면서
가는 그 행복하고 즐거운 마음을 너희
들은 선택하지 않겠는가?
29 그 모든 선택의 여부는 너희들에게 달
렸음을 알라.
30 다만, 악한 마음이요, 악이라는 것은
악한 행위가 악할수록, 잔인할수록,
가혹할수록, 그것이 이루어졌을 때,
또 그것이 성공적으로 끝났을 때, 즐
거워하며 최대의 영광이요, 행복이라
느끼는 것이 악임을 너희들은 잊지 말
라.
31 너희들이 남에게 사기하며 거짓 하며
남의 것을 뺏으며 강간하며 간통하며
간음하며, 그와 같이 해서는 안 될 행
위를 하면서 즐거워하는 너희들의 마
음은 과연 아닌가 한번 생각해 봐야
할 것이니라.
32 너희들이 하고 있는 것이 악한 행위

요, 잘못된 행위를 하면서 너희들의 마음에 쾌감을 얻으며 즐거움을 얻고 있다면, 너희들의 마음은 모두 악이 지배하며 너희들 자신이 악에 넘어갔으며 악의 자식이요, 악의 뿌리로서 역사하는 백성이라는 것을 깨우쳐 바로 살아가도록 그리하라.

4,691 번째 하나님 말씀

2003년 1월 26일 0시 33분

1 사랑하는 나의 아들아!
2 "네, 아버님! 말씀하옵소서."
3 이 세상 나의 피조물 만백성들이 나로부터 생명을 받아 세상에 나감이니, 그것이 얼마나 귀하고 축복된 영광인가를 너희들이 모르고 있음이니라.
4 그리하여 내가 너희들을 세상에 내보내 너희들에게 약속을 받기를, 나의 계명이요, 나의 율법이요, 나의 법전을 지키며 나의 뜻과 같이, 나의 성령과 같이, 나의 심성과 같이 변하는 그와 같은 삶을 살아가라 내가 너희들에게 명하여 그리 세상에 내보냈으나, 지금 살아가는 피조물 만백성 너희들은 어찌 살아가는가?
5 선을 행함이 아니요, 선은 생각지도 못하며 악으로 너희들이 행하면서도 그 악이 행하는 그것이 악인 줄을 모르고 그칠 줄을 모르고 지금 계속 악행을 하면서 달려가는 그와 같은 삶을 살아가고 있는 것이 지금 너희들의 모습이니라.
6 악인 줄을 모르며, 그 행위가 악의 행위에서 나오는 것 자체를 모름이니, 그를 멈추지 못하며 그를 중단하지 못하며 그와 같은 속에서 계속 너희들이 지금 흘러가고 있음을 알아야 할 것이니라.
7 너희들이 악의 마음에 지금 다 빠져 있으며, 악의 마음에 빠져 있기에 너희들이 살아가는 인생사의 그 삶이며 세속 속에서 너희들이 인간과 더불어 얽히고설킨 그 삶의 방법조차 정당한 방법으로써 살아가는 것은 너희들이 피해를 보며 너희들만이 낙오자가 된다는 그와 같은 생각이기에,
8 너희들은 어떠한 반칙의 행위를 하면서도 너희들이 목적하는 바를 이루었을 때 즐거움을 얻은 것이라 그리 생각하며 착각 속에 살아가느니라.
9 그와 같이 너희들의 사악한 그 마음을 다스리고자 하여 내가 십계명이요, 나의 법전을 세상에 전했으니, 이것 외에는 너희들의 마음을 바로잡을 수 없음을 알아야 할 것이니라.
10 그리하여 악을 행하면서도 그 행함이 악인 줄 모르며, 너희들이 정당한 방법으로써 살아가는 그와 같은 방법을 추구하는 것이 아니라 반칙을 하면서 살아가는 그 삶을 위대하다 생각하는 것이 너희들이니, 그리하여 너희들의 모든 종교 집단을 내가 어찌하는 형태로 가고 있는가?
11 너희들을 감소 추세 속에 내가 다스려 가고 있음을 알아야 할 것이니라.
12 나 여호와가 새로운 성경이요, 나의 법전을 세상에 내보내는 그 순간부터 너희 모든 종교 집단들은 감소 추세 속으로 들어가고 있음을 알라.

13 이는 나 여호와가 더 이상 너희들을
바라만 볼 수 없으며 너희들이 지금
흘러가는 그와 같은 작태를 묵과할 수
없기에, 내가 나의 성령이라 하여 새
로운 책을 세상에 내보내니,
14 새로운 성경을 세상에 내려보내 너희
들이 깨우치기 쉽고 알기 쉽도록 그리
내가 지금 행하고 있음을 알아야 할
것이니라.
15 너희들은 알아야 할 것이니라.
16 진정한 나 여호와를 따라 스스로 너희
들이 변화되기를 몇천 년 동안 내가
기다렸다는 사실을 너희들은 아직도
의식하지 못하고 있음이니라.
17 너희들이 나의 계명에 따라 변화되기
를 내가 구약의 4천 년이요, 신약의
그 2천 년 역사를 기다렸다는 사실을
너희들은 알아야 할 것이니라.
18 6천 년이라는 길고도 긴 세월을 너희
들을 바라만 보며, 너희들이 변화되기
를 바라본 나 여호와의 심정이 어떠하
겠는가?
19 그러나 너희들은 나의 뜻대로 살아감
이 아니요, 너희들이 만든 계명대로
세상의 질서를 파괴하며 세상을 오염
시키는 그보다도 더 무서운 것으로 나
의 피조물 만백성들을 오염시키는 그
와 같은 작태를 지금 벌이고 있으니,
20 너희들이 나의 사랑하는 백성들을 지
옥으로 끌어가는 그것을 바라볼 수 없
기에 나 여호와가 심판의 시대를 열어
가고 있음이니라.
21 그리하여 내가 심판의 시대를 열어 가
고 있음이니, 너희들의 손으로 지은
성전에 신도라 하여 재물과 금화와 은
화를 바쳤던 그 백성들이 서서히 감소
하는 추세로써 내가 그 역사를 시작함
을 알라.
22 작은 곳부터 제방이 터져 작은 구멍으
로써 무너져 나가듯이 그와 같은 방법
으로 너희들의 종교 집단을 감소시키
며 신도들의 그 숫자를 내가 줄이는
그와 같은 변화로써, 너희들이 불안한
삶 속에서 지금의 믿음으로써는 결코
나 여호와로부터 선택된 믿음이 아니
요, 나의 성령의 뜻이 아니요, 내가 원
하는 그것으로써 행하지 아니한다는
것을 체험하고 느끼게 하고자 하는 것
이 나의 뜻임을 너희들은 알아야 할
것이니라.
23 너희들이 말만 하듯이 덩달아 잘못 가
는 그 믿음의 종교 집단에 맹신하고
살아가는 자, 너희들이 너희 자신을
망각하고 살아가는 그와 같은 형국임
을 알라.
24 저 자신의 소신이요, 저 자신이 뚜렷
한 어떠한 생각이 없이 그저 남들이
하는 길이라 하여 따라가며 덩달아 그
행하는 것을 그대로 따라가는 그와 같
은 지금의 나의 피조물 만백성들이 얼
마나 저 자신도 모르고 지옥 불의 벼
랑으로 떨어지는가를 너희들은 알아
야 할 것이니라.
25 그리하여 그와 같은 백성들을 구하기
위하여 나 여호와가 그들의 귀와 마음
을 열어 주는 그와 같은 나의 160권의
법전을 세상에 내려 나의 만백성을 구
하고자 하는 것이 나의 뜻이니라.
26 이제 너희들은 아무리 몸부림치며 어
떠한 형태를 취하든 너희들의 그 성전

에 나오는 나의 피조물 백성들은 줄어
들 것이며 그들은 서서히 감소되기 시
작함을 알아야 할 것이니라.
27 이와 같은 세대 속에서 너희들이 구원
을 받는다는 것은, 너희들이 다시 태
어나는 그와 같은 마음으로써 새로 내
리는 나의 성경을 읽고 깨우치며 나의
법전을 정독하라.
28 그것만이 너희들이 구원을 받을 수 있
는 길임을 잊지 말라.

4,692 번째 하나님 말씀

2003년 1월 26일 7시 26분

1 사랑하는 나의 아들아!
2 "네, 아버님! 말씀하옵소서."
3 내가 너희들에게 말하기를, '오른 뺨
을 때리는 자 있으면 너희들이 왼뺨을
내밀며, 원수를 사랑하라.' 그리 말하
였느니라.
4 이제 나의 법전을 읽고 깨우쳐 만백성
을 구하는 밀알이 될 너희들은 과연
어떠한 형태로 살아가는가 너희들 자
신을 돌이켜 봐야 할 것이니라.
5 너희들은 과연 원수와 같은 자를 사랑
할 수 있으며 사랑을 하고 있는가?
6 내가 너희들에게 그리하라 하였는데,
그를 지키지 아니한다면 너희들은 밀
알이 될 수 없으며, 만백성을 구하는
나로부터 선택된 나의 아들딸로서 너
희들이 직분을 다할 수 없음이니라.
7 하물며 원수를 사랑하라 하였거늘, 너
희 형제요, 나의 성전에서 같이 공부
하고 깨닫는 너희들의 마음이 과연 지
금 어떠한가?
8 너희들이 형제요, 남의 말을 하지 아
니하며 남의 허물을 보지 아니하며 그
를 탓하는 그와 같은 행위는 하지 아
니하는가?
9 너희들이 정녕 아직도 그 틀을 벗지
못하고 그를 행하지 못한다 하면, 나
여호와의 아픈 마음을 너희들은 알겠
는가?
10 원수를 사랑하는 그와 같은 것을 행하
고 실천하고 살아가야 할 너희들이 작
은 일로 인하여 서로 반목하며 신뢰
하지 못하며 믿지 못하며 사랑하지 못
하는 그와 같은 마음으로 산다 하면
아무런 의미가 없으며 가치가 없음이
니라.
11 너희는 그 작고 큰 것을 하나하나 행
하며 실천하는 삶이 정녕 너희들이 나
에게 구원을 받을 수 있는 것이요, 만
백성을 구할 수 있는 근본이요, 기초
가 되는 것이니, 과연 너희들이 어찌
살아가고 어찌 행하는가 너희 자신들
을 돌아다보도록 그리하여야 할 것이
니라.
12 아직도 너희들이 자존심이요, 자신의
인격이요, 너를 무시하며 너를 업신여
기는 자, 너를 비방하는 자, 그리고 자
신에게 감정이 있는 자, 그 감정을 가
슴에 안고 살아가며 지금도 그와 같은
생각을 하고 있는 자가 있다 하면 너
희들은 정녕 아무런 깨우침이 없으며
깨달음이 없는 것이니라.
13 믿음의 길을 가기 위해서는 너희들이
모두를 다 버릴 수 있는 그와 같은 마
음으로 가야 한다 하였거늘, 아직도
너희들이 재물에 대해 연연하며 재물

에 대해 계산을 하며 재물에 대해 주
산 알을 튕기는 그와 같은 삶을 위해
서 과연 살아가지 아니하는가?
14 너희들이 재물을 떨어지는 낙엽처럼
놓을 수 있는 그와 같은 마음을 갖지
못한다면 너희들은 아직도 욕심을 버
리지 못했으며 변화된 것이 없음이니
이를 어찌해야 하겠는가?
15 나 여호와로부터 선택되었으며 나의
성전에 와 나의 강론을 들으며 나의
법전을 읽고 깨우치는 그것으로써 너
희들이 가장 행복하며 축복이요, 영광
이라 그리 생각하라 내가 하였으며,
너희들 또한 그리 생각하나 현실을 살
아가는 마음속에서 과연 그리 살아가
는가?
16 그렇지 아니하면 너희들도 몇십 년 동
안 믿음의 길이요, 하늘에 오르는 길
이라 하며 깨우치고 공부한 자들이 하
나도 변함이 없는 그 본성의 마음의
욕심을 버리지 못하며 남들과 똑같이
살아가는 자와 무엇이 다르던가?
17 너희들은 남의 허물은 보며 남의 잘못
된 것은 알면서 제 잘못이요, 제가 행
하지 못하는 것은 보지 못함이니, 얼
마나 어리석은 삶을 살아가는가?
18 너희들이 남들의 허물을 볼 수 있으면
자기의 허물이 있어서는 안 되며 그와
같은 행위를 하고 살아서는 아니 되는
것이니 이를 깨우쳐 너희들이 행하도
록 그리하라, 사랑하는 나의 아들딸들
아!

4,693 번째 하나님 말씀

2003년 1월 26일 07시 36분

1 사랑하는 나의 아들아!
2 "네, 아버님! 말씀하옵소서."
3 나의 새로운 성경이요, 나의 법전을
읽고 스스로 깨우친 백성은 구원의 길
에 들어섬이요, 이 세상 모두를 다 주
어도 그보다 더 크고 위대한 영광과
축복이 없다 내가 너희들에게 말하였
느니라.
4 새로 내리는 새로운 성경이요, 나의
법전을 읽지 아니하고는, 너희들이 정
녕 그를 행하지 아니하고는 구원의 길
을 갈 수 없기에, 너희들은 하늘에 오
르는 길이요, 나에게 올 수 있는 그 길
의 기초에 들어선 나의 사랑하는 백성
들이기 때문이니라.
5 그리하여 내가 너희들에게 말하였느
니라.
6 이와 같은 은혜와 영광의 축복 속에서
사는 것을 거부하며, 이를 정녕 사탄
이요, 이단의 길이요, 하늘에 오르는
길이 아니라 말하는 자, 그리하여 나
의 법전을 보는 것을 벌레 보듯이 하
는 자, 그리고 그를 남들에게 읽지 못
하게 강요하는 자, 그와 같은 자들이
얼마나 어리석은 백성인가를 그는 모
르느니라.
7 저 자신의 고집이요, 폐쇄된 그 믿음
때문에 그들은 이를 거부하며 이를 받
아들이려 하지 아니하며, 저희들이 쓰
러져 가는 초가삼간을 한 손으로 받치
며 견디려 하는 그와 같은 몸임을 너
희들은 알아야 될 것이니라.

8 너희들의 쓰러지는 그 초가삼간이 비
바람에 견딜 수 없음이니, 바로 너희
들이 아무리 버티고 거부하며 새로 내
려가는 새로운 성경이요, 만백성을 구
하고자 하는 나의 법전을 거부하며 사
탄이요, 이단의 장난이라 그리 밀해도,
9 이는 진실한 나의 성령이요, 나의 뜻
임이니, 내가 이루고자 이 세상에 마
지막 직접 내리는 나의 성령이니, 이
것이 마지막 너희들을 심판하는 것임
을 알아야 할 것이며,
10 이를 거부할 수도 없으며, 이를 버리
는 자, 너희들은 존재하지 못하는 그
와 같은 형국이 됨을 알아야 할 것이
니라.
11 쓰러져 가는 초가삼간, 비바람에 무너
지는 그 초가삼간을 너희들이 버티고
버텨 봐야 과연 얼마나 버티겠는가?
12 그는 곧 무너지게 되어 있음이니라.
13 감히 나의 뜻이요, 내가 이루고자 하
는 것에 거부하는 자, 이를 방해하는
자, 너희들은 인간으로서 감히 상상할
수도 없는 무서운 죄를 나에게 짓고
있는 것이며, 너희들의 오만이요, 자
만의 극치가 하늘에 올랐음이니,
14 너희들이 수십 년 동안 믿음의 길을
오는 자, 평생을 바치는 자, 수천 년
동안 흘러오면서 이 지상에 이루는 벌
레 하나까지도 모두 다 나의 뜻이요,
내가 행하지 않은 것이 없다 말하면
서, 160권의 대장정의 새로운 성경이
세상에 내려가는 것은 사탄이요, 이단
이라 그리 말함이니,
15 악을 행하는 것을 즐거움으로 생각하
는 자들이며 저희만이 우월한 자들이
요, 저희만이 선택됐다는 백성이요,
저희만이 뛰어난 백성이라는 그와 같
은 저 자신의 도취에 빠져 있는 불쌍
하고 가련한 백성들이기 때문이니,
16 그들의 폐쇄된 그 마음이야말로 자신
을 지옥으로 인도하며 스스로 지옥으
로 달려가는 그와 같은 형국이 되어
있음을 알라.
17 너희들이 육의 삶에서 너희 스스로 지
옥으로 가고 지옥 불로 들어가는 그와
같은 것을 행하는 것이라 했음이니라.
18 선한 마음으로 사는 자 천국에 오름이
니, 너희들이 죽어 나에게 와 심판을
받을 때, 그때도 너희 임의로 너희 마
음대로 하는 것이지 내가 너희들에게
명해서 재판하게 하여 너희들에게 벌
을 주는 것이 아니요,
19 스스로 너희들이 지은 죄의 대가를 찾
아가지 아니하면 너희들이 견딜 수 없
으며 움직일 수 없는 그와 같은 형국
이니라.
20 열 계단을 올라오는 죄를 지은 자가
열한 계단에 발을 들여놓지 못함이니
라.
21 숨이 터지고 가슴이 터지며 심장이 무
너져 올라올 수 없으니, 스스로 열 계
단만큼 죄의 대가를 치르러 가는 것이
너희들이니,
22 죽어 내 앞에 와 너희들이 받는 것도
스스로 죄의 대가를 치르는 것이요,
23 바로 육의 세상에 살아서도 선이냐 악
이냐 스스로 너희들이 선택하는 것이
지 나 여호와가 선택하지 아니함을 알
아야 할 것이니라.
24 사랑하는 나의 아들아!

25 "네, 아버님! 말씀하옵소서."
26 너의 제자들과 너를 따르는 만백성이 요, 이 법전을 읽고 깨우친 백성, 그들에게 이제 전하라.
27 그와 같이 폐쇄된 자, 제가 우월한 자라 착각에 사는 그와 같은 자들에게, 그리고 재물과 금화를 바침으로써 구원을 받았으며 하늘에 오를 수 있다 이야기하는 자들, 그들에게 전하기 위한 그 수고로움을 이제는 거둬들여야 할 때가 되었으니 그리 알라.
28 그들을 위하여 너희들이 더 이상의 그와 같은 시간을 낭비하지 말라.
29 너희들에게 침 뱉고 너희들을 짐승과 같이 보는 그들에게 아무리 아름다운 생수를 부어 준다 하여도 그들은 썩은 물에 입맛이 들어 있기 때문에 그 생수를 받아들이려 하지 아니하는 어리석은 백성이니 그리 알도록 하라.
30 이제 그들을 거둬들이려 할 때가 아님을 알라.
31 나의 법전이 50권이 넘어 세상에 전해지니, 작은 동양의 나라의 백성이면서 그들이 이를 모르며 이를 외면함이니, 이게 얼마나 불행한 백성들이던가?
32 너희들이 얼마나 사악한 인간들이면 선지자요, 나로부터 선택된 백성들이 제가 살아가는 고장에서 대우를 받지 못하며 그를 신뢰하지 아니하며 그를 존경하지 아니한다 내가 기록하여 너희들에게 깨우쳤던가?
33 그것이 너희 인간의 기본의 자세이니, 지금도 이 동양의 작은 나라의 백성들이 그 틀을 벗지 못한다면 그것은 그들의 복이니라.
34 저희들이 살아가는 그 말로써, 저희들의 언어로써, 저희들의 글로써 내가 세상에 내려보내니, 동양의 작은 나라의 백성이 얼마나 이 법전을 접하여 깨우치기가 쉬우며 저희들이 행하기가 얼마나 쉬우며 그 뜻을 이해하기가 얼마나 쉬운가?
35 그와 같은 크나큰 은혜와 영광을 주었으며, 이 세상 모든 백성보다도 큰 은혜와 축복이요, 영광을 받은 동양의 작은 나라 너희 백성들이 이를 모른다 하면, 과연 그들이 얼마나 어리석은 자들인가 너희들은 알아야 할 것이며, 얼마나 불행을 스스로 자초하는 것인가를 알아야 할 것이니라.
36 너희들이 가는 믿음의 길이요, 수천 년 동안 흘러온 그 믿음이요, 너희들이 수백 년 동안 믿어 갔으며 평생을 바쳐 믿어 가는 동양의 백성, 너희들처럼 맹신하며 정신 못 차리는 백성이 없으며,
37 그저 제가 옳다 생각하면 목숨을 걸고 가는 그와 같은 백성이 너희들밖에는 없음을 알아야 할 것이니라.
38 이제 그들을 위하여 더 이상의 수고스러움을 거둬들이라.
39 그리하여 그들을 위하여 너희들의 애타는 그 마음을 접어 두라.
40 오로지 나의 법전을 읽고 깨우쳐 깨달은 백성, 스스로 원하는 자, 스스로 너희들을 찾아오는 자, 그들을 잘 다스리고 가르쳐 서서히 뿌리를 내려 가는 그와 같은 방향으로 너희들의 행함을 다스려 나가라.
41 물을 먹지 않으려 고개를 내밀고 버티

는 그 짐승에게 정녕 너희들은 물을 먹일 수 없듯이, 어찌 그 물을 먹이겠는가?
42 대화로써 짐승에게 물을 먹으라 가르치겠는가?
43 이 물을 네가 먹지 아니하면 앞으로 물을 먹지 못하여 네 몸을 지탱하기가 어려우니 이 물을 먹는 것이 네 생명수라 말해도, 짐승이 그 말을 알아듣지 못하며 오로지 제가 먹기 싫은 그 고집 하나로 죽어도 물을 먹지 않는 것이 짐승이 아니던가?
44 대화를 통할 수 없으며 말로써 다스릴 수 없으며 미래를 깨우쳐 줄 수 없으며 그 현실에 물을 먹어야 하는 이유를 깨우쳐 줄 수 없는 것이 짐승이듯이,
45 지금 저희들의 고집으로 믿고 가는 그 백성들, 저희들만이 구원을 받았다는 착각 속에 가는 백성들이 짐승과 무엇이 다르던가?
46 그리 어리석은 자들이니라.
47 저희들이 금화와 은화를 바치는 것으로써 저희들이 어떤 표를 사는 것처럼, 하늘에 오르는 그 표를 살 수 있다 생각하고 있으며 하늘에 오르는 표를 사는 것처럼 착각 속에 살아가는 백성, 그들은 저희들이 그대로 가도록 접어 두라.
48 다만, 그들이 깨우쳐 스스로 찾아왔을 때, 그들을 관리하고 사랑하는 마음으로 다스리면 됨이니,
49 너희들이 가고자 하는 길이요, 너희들이 역사하는 길을 그와 같은 방향으로써 잡아 가도록 그리하라, 사랑하는 나의 아들딸들아!

4,694 번째 하나님 말씀

2003년 1월 26일 08시 07분

1 사랑하는 나의 아들아!
2 "네, 아버님! 말씀하옵소서."
3 나 여호와가 너희들에게 기록하여 전하기를, 의인이 단 한 명이라도 나면 이 세상 것 모두와 바꾸지 아니한다 말하였으니, 한 사람의 인간이 깨우쳐 천사와 같이 되는 그것이 얼마나 힘들고 어려운 길이며,
4 너희들이 고통의 그 시간 속에서 자신을 다 버려야 하며 너희들을 지워 내리는 그와 같은 삶의 역사 속에서만이 이루어짐이니 그가 정녕 얼마나 어렵고 힘든 길이던가?
5 그러기에 너희들은 한 사람의 의인이 세상에 나면 내 모두를 다 주고도 바꾸지 않는다는 그 의미를 깊이 새겨 깨달아야 할 것이니라.
6 이는 무엇을 의미하는지 너희들은 알고 있는가?
7 한 사람의 의인이 세상에 있다 하면 사탄은 이 세상을 저희들이 지배하는 것이며 저희 것이라 말할 수 없으며 이 세상을 지배한다 말할 수 없기 때문이니, 의인 한 사람이 얼마나 소중하며 또 귀한지 그 의미가 거기에도 있음이니라.
8 이 세상을 지금 사탄들이 다 지배하며 저희들이 장악하며 저희들이 통제한다 생각하느니라.
9 사악한 자들만 있는 이 세상은 그들이

잠식해서 그들이 다스릴 수 있으나,
단 한 사람의 의인이라도 세상에 있다
면 악의 마음은 그들이 다스리나 그
의인 한 사람은 다스릴 수가 없으니,
그들이 만백성을 다스리며 이 세상을
저희들이 지배했다 말할 수 없으며 저
희들 것이라 말할 수 없는 거기에 그
무서운 결과가 있음을 너희들은 알아
야 할 것이니라.
10 의인이 단 한 사람이라도 있을 때 그
를 사탄은 절대 다스릴 수 없음이니라.
11 그는 나의 백성이니라.
12 그리하여 그는 그를 다스릴 수 없기에
이 세상을 저희 것이라 말하지 못하
며, 악이 세상을 덮어 저희들의 천국
을 만들 수가 없음이니, 단 한 사람의
의인이 세상에 존재하여 있기 때문임
을 너희들은 알아야 할 것이니라.
13 그리하여 사탄들이 어떠한 수단과 방
법을 가리지 아니하고 이 세상에 한
사람의 의인이 나오지 못하도록 그리
하고 있음을 너희들은 알아야 할 것이
며,
14 그리하여 나의 법전이 세상에 나와 이
책으로 하여금 많은 의인들이 세상에
탄생하는 그 길을 막고자 하는 것이
그들이 지금 역사하고자 하는 것이며,
15 어떠한 방법과 어떠한 형태로든지 그
위대한 역사가 이루어지지 못하도록
그들이 지금 하고 있음을 너희들은 알
아야 할 것이니라.
16 그러나 단 한 명의 의인을 다스리지
못하기 때문에 그들이 이 세상을 얻지
못하였으니, 얼마나 그들이 그 한 사
람의 의인을 탄생하지 못하도록 하며
그를 무너트리려 하겠는가?
17 내가 나의 성령을 세상에 내려보내 나
의 만백성을 구하고자 하며 의인이 역
사하도록 하여 그들만의 세상을 만들
고자 하나니,
18 나의 법전이 사탄이요, 이단이요, 사
악한 자요, 이 세상에 존재해서는 아
니 된다는 것을 말하는 그와 같은 백
성이 바로 무엇이더냐?
19 사탄으로 변질되며 사탄으로서 역사
하는 자들이니, 그들이 얼마나 사악한
방법으로써 너희들을 짓뭉개려 하는
지 너희들은 알고 있으며, 너희들이
불안함을 알고 있으며, 너희들이 감히
나서지 못하는 그 뜻을 내가 알고 있
음이니라.
20 그들이 바로 사악한 자요, 사탄들이니
라.
21 그러니 너희들은 그들에게 대적하지
말며, 그들에게 정면으로 돌파하는 방
법으로 싸우지 말라.
22 아직은 너희들이 그들과 대적할 때가
아니라 내가 그리하여 너희들에게 깨
우쳐 주니,
23 모두 나의 계획에 의하여 나의 성령의
뜻에 의하여 내가 다 지배하고 이루어
짐을 너희들은 알아야 할 것이니라.
24 그리하여 나의 법전이 세상에 나가며
만백성이 의인이 탄생할 것이며, 하늘
에 오르는 자, 구원에 오르는 백성이
늘어날 때 이 세상에 존재하고 있는
그 악은 반대의 현상으로 서서히 하나
씩 뽑혀 나가게 됨이니,
25 너희들이 나의 법전을 읽고 의인으로
서 선한 백성으로서 한 사람이 태어날

때 악의 뿌리는 하나씩 뽑아져 나가는
그와 같은 반대의 현상이 이루어짐을
알아야 할 것이니라.
26 그리하여 너희들이 소중함이니라.
27 나의 아들을 따르는 제자들과 나의 법
전을 읽고 깨우치는 백성, 너희들이
계명을 지키며 나의 법전대로 살겠다
는 각오로 살아가고자 노력할 때 악의
뿌리는 하나씩 서서히 뽑아져 나감이
니, 너희들을 쓰러트리고자 하는 것이
그들임을 알라.

4,695 번째 하나님 말씀

2003년 1월 26일 08시 10분

1 사랑하는 나의 아들아!
2 내가 성경에 기록하여 너희들에게 깨
우쳐 가르치기를, '천국은 마치 바다
에 치고 각종 물고기를 거둬 올리는
그물과 같다.' 내가 그리 말하였으니,
그 거둬 올리는 물고기를 끌어내어
좋은 것은 그릇에 담아 사용하며 그렇
지 못한 것은 버린다 성경에 기록되어
있음이니라.
3 구약과 신약은 이와 같이 바다에서 건
지는 물고기를 쓸 것과 버릴 것을 구
분하는 그와 같은 것이 아니요, 너희
들이 고기를 잡는 방법이요, 그물을
치는 방법이요, 건져 오는 방법을 내
가 가르치는 것이 구약과 신약 시대
의 가르침이니 그리하여 그는 비유로
써 전해졌으며,
4 이제 내가 제3의 시대에 새로운 성경
이요, 나의 성령을 태워 만드는 '하늘
에 오르는 길'이요, '하나님! 말씀하옵
소서'라 책으로 만들어 내는 이 법전
이 세상에 나감이니,
5 그게 바로 너희들이 그물을 쳐 고기를
거둬 올려, 먹을 것은 그릇에 담으며
먹지 못하는 것은 버리는 그 역사가
이루어짐이니, 바로 심판의 시대를 의
미함이니라.
6 이 내용은 나 여호와가 천 년에 걸쳐
나의 아들을 통해 내리는 160권의 법
전이요, 이를 보고 따르는 그 제자들
이요, 깨우친 만백성 너희들이 바로
그와 같이 심판대에서 버릴 자와 버
리지 못할 자를 구분하여 선별하는 그
시대가 온다는 것을 의미한 것이니,
7 이 법전만이 너희들이 천 년에 걸쳐서
쓸 고기와 버릴 고기를 추리는 것이
바로 지금의 시대가 되었으며,
8 나의 법전을 읽고 깨우치며 나의 십계
명을 지키고 살겠다 말하는 백성들,
그를 위하여 모두를 바치고 살아가는
백성들은 그물에 걸려 온 고기 중에
서 쓸 자요, 쓰고자 하는 것을 그릇에
담아 관리하는 것이요, 그렇지 않으면
버리는 그와 같은 역사를 내가 비유하
여 기록하였음을 너희들은 알아야 할
것이니라.
9 구원할 자를 오늘 내가 거둬들이고 있
음이니라.
10 제3의 시대가 역사함이요, 제3의 시
대가 역사함으로써 쭉정이와 알곡식
을 고르는 그와 같은 역사가 이루어짐
을 내가 물고기를 잡는 그물로써 비유
하여 전하였음이니,
11 그 모두는 오늘에 역사함을 너희들이
알아야 할 것이니라.

4,696 번째 하나님 말씀

2003년 1월 26일 11시 51분

(강론을 마치며)

1 사랑하는 나의 아들아!
2 "네, 아버님! 말씀하옵소서."
3 '나의 법전을 가슴에 안고 정독하는
자, 반석 위에 서서 하늘에 오르는 찬
란한 빛을 보게 되는 영광을 얻게 된
다' 하였음이니, 너희들의 구약과 신
약의 그 성서 또한 너희들이 하늘에
구원을 받는 것이 아니며, 나의 법전
또한 너희들이 정독하고 깨우친다 하
여 너희들이 하늘에 오르는 구원의 역
사를 이루는 것이 아님을 알아야 할
것이니라.
4 이를 정독하고 깨우쳤을 때 너희들이
하늘에 오르는 그 반석 위의 기초 위
에 서게 됨이니, 그다음서부터는 너희
들의 행함에 달렸음을 알아야 할 것
이니라.
5 행함이 없는 구원은 정녕 없음을 너희
들은 알아야 할 것이니라.
6 어찌하여 인간 너희들은 나의 사랑하
는 백성을 그리도 우롱하며 잘못 가르
치고 있는가?
7 너희들이 힘들고 어려우며 땀 흘려 지
켜야 할 것은 지키지 아니하면서 너희
들이 말로써 행하며 말로써 모두를 다
함이니, 그것으로써 구원을 받는다는
그와 같은 생각을 하고 가르치는 자들
이 얼마나 나의 피조물 만백성들을 우
롱하여 이용하는 것이던가?
8 너희들이 큰 돌덩어리 하나를 옮기는
것도 힘과 노력을 다하여 그를 이 자
리에서 저 자리로 옮기게 됨이니, 그
는 너희들이 땀 흘려 노력하고 힘을
합쳤으므로 그를 옮길 수 있지 않았겠
느냐?
9 하늘의 이치의 깨달음이 그와 같거늘,
너희들은 그와 같은 이치마저도 지키
지 아니하며 그를 거부하며 그를 인정
하지 아니하려 함이니,
10 너희들이 나 여호와를 거부하며 나를
인정하지 않으며 나의 존재함을 믿지
않는 그와 같은 것이니라.
11 너희들이 말로써 큰 바위를 이곳에서
저곳으로 옮겨지라 소리 지르고 악을
쓴다 해서 그 돌이 옮겨지겠는가?
12 절대로 옮겨질 수 없지 아니하던가?
13 너희들이 열 명이 부족하면 백 명이
대들어 그를 힘을 써서 땀 흘려 옮길
때, 그 바위는 이 지점에서 저 지점으
로 너희들이 쓰고자 하는 그 장소까지
옮겨지는 것이 타당한 이치며 자연의
법칙이며, 이를 거부하며 이를 아니라
말할 수 있는 자 있거든 말하라.
14 지금의 믿음의 길을 가고 있는 백성
너희들은 이게 아니라 그리 말하는 어
리석은 자들임을 알라.
15 너희들이 나의 아들 예수의 보혈로써
구원을 받으며, 너희 손으로 지은 성
전에 가 말로써 기도하고 눈물로 회개
하면 너희들이 천국의 문에 들어설 수
있다 생각하나, 너희들은 구원의 '구'
자도 보지 못하는 자들임을 알라.
16 너희들의 행함이 얼마나 아름답고, 그
를 어찌 행하고 사느냐에 따라서 그와
같이 너희들이 오고 못 옴이 있음이니
라.

17 너희들이 행하는 것은 상대성이 있기
때문이니라.
18 그리하여 행함이 중요함이니라.
19 너희들이 남을 때렸을 때 그는 아픔이
니라.
20 그러니 그는 네가 때렸을 때 아픔을
느꼈듯이, 모두는 상대성이 있음이니
라.
21 너희들이 거짓 하여 남의 재물을 빼앗
을 때 그는 거짓에 의해 그 재물을 잃
게 됨이니, 너희들이 살인을 했을 때
그 한 사람은 죽게 됨이니라.
22 너희들의 육의 향락을 위해서, 악의
즐거움을 위해서 악에 빠져 있는 자
악을 행하면 행할수록 즐거움을 얻게
됨이니, 그 즐거움 속에서 행하는 그
악의 행동은 이루 말할 수 없이, 너희
들이 말하는 눈덩이가 불어나듯이 불
어나니, 너희들이 악을 행하면서도 죄
인 줄을 모르며 만성이 되어 그것을
즐거움으로 알아 감이니,
23 악을 행한 자에게 상대방이 받는 타격
이 있으며 그에 따라서 그와 같은 고
통을 겪는 그와 같은 자가 있음이니,
이는 그리하여 행함이 중요함을 알아
야 할 것이니라.
24 너희들이 행함을 어찌하느냐에 따라
서 상대방이 얻고 잃는 것이 있음이
니, 너희들이 그 행함의 이치를 알라.
25 내가 오늘 너희들을 통하여 가르침이
니라.
26 성서에 기록되어 뭐라 너희들에게 전
하였던가?
27 반드시 너희들이 너희 부모를 공경하
는 것은 너희 육으로써 공경하며 너희
부모가 아플 때 그를 치료해 주며 그
를 다스리는 것이 너희들이 해야 할
길이니라.
28 말로써 나 여호와에게 와 기도하며 나
여호와에게 너희 부모의 병을 치유해
달라 기도한들 그 병은 절대 치유되지
아니함을 알라.
29 너희들이 그와 같이 허황된 속에 환
상 속에 젖어 있음이니라.
30 부모가 추울 때 너희들이 하나의 이불
을 덮어 줌이 따뜻함을 느낄 것이며,
그 추운 방에 떨고 있는 부모에게 너
희들이 불을 때면 그 방이 따뜻하여
부모의 몸이 녹을 것이거늘,
31 너희들은 나에게 기도하며 나에게 경
배하며 너희들의 아들딸 손을 잡고 성
전에 와 재물을 바치고 기도하면 너희
부모의 그 찬 방이 따뜻하다 생각하고
그를 그리 기대하고 사는 자들이니,
그리하여 너희들 부모가 죽어 가면 너
희들은 무엇을 말하겠는가?
32 너희들이 지금 가고 있는 믿음이 죽음
의 믿음이요, 너희들이 해서는 안 되
는 믿음으로 가고 있으니,
33 그와 같은 형국을 내가 더 이상 볼 수
없어 내가 160권의 법전을 세상에 내
려 너희들을 단죄하고 기다림이니라.
34 이와 같은 손에 쥐여 줄 수 있는 이치
를 내가 하늘의 뜻을 너희들에게 가르
쳐 주거늘, 이를 듣고도 행하지 아니
하며 이를 보고도 행함이 중요하지 않
다 하는 백성, 너희들은 나의 성전을
떠나도 되며 여기에 오지 아니하여도
나 여호와의 마음이 아프지 아니함을
알라.

35 너희들은 깨달아야 할 것이니라.

36 이와 같은 모든 이치를 행하는 것이며 실현하는 것이며 실천하는 것이며 행동으로써 보이는 것이 나 여호와의 이루고자 하는, 새로 역사하는 시대에 이루고자 하는 것임을 너희들은 알라.

4,697 번째 하나님 말씀

2003년 1월 26일 20시 25분

1 사랑하는 나의 아들아!

2 "네, 아버님! 말씀하옵소서."

3 내가 너에게 뭐라 깨우쳐 전하였던가?

4 너희들이 생수를 담은 큰 그릇이요, 만백성이 생수를 떠먹을 수 있는 그곳에 오물이요, 기름이 묻었을 때, 조금이라도 그곳에 그들이 섞인다면 그를 먹을 수 없으며 생수로서의 그 자세를 갖출 수 없다 말하였음이니라.

5 너희들은 그와 같은 내가 가르치는 것을, 나 여호와가 내리는 그 생수가 그와 같이 먹을 수 없는 형국으로 변하는 것으로 생각할 것이 아니라, 너희들 마음이 그와 같이 되어야 함을 잊어서는 아니 됨이니라.

6 너희들이 생각하는 것, 또 부닥치는 것, 그 모든 것의 마음이 다 처음서부터 끝까지 모두가 아름다운 마음이요, 사랑하는 마음이요, 그리 다스려지는 마음이 네 몸에서 나오지 아니하면 안 된다는 그 의미를 너희들은 알아야 할 것이니라.

7 너희들이 백 가지의 일을 할 때, 하나를 실수하면 아흔아홉 가지는 다 수포로 돌아가며 결과가 없음을 알아야 할 것이니라.

8 이는 큰 그릇의 생수에 기름 한 방울을 넣음으로 인해서 그 물을 먹지 못하듯이, 너희들이 백 가지 마음 중에 아흔아홉 가지의 마음이 다스려지고 비웠다 해도 하나의 마음을 너희들이 비우지 못할 때 그 아흔아홉 가지는 빛을 볼 수가 없는 것이니라.

9 그 이치는 너희들이 문명의 시대에 기계를 만들며 정밀하게 돌아가는 그 기계가 수만 가지 부속으로 인하여 그 기능을 발휘하며 너희들 인간의 역사를 대신하며 너희 인간의 흉내를 내며 너희 인간이 하는 그와 같은 형태를 만드는 정밀한 기계도 하나의 부속이 잘못되며 하나가 잘못될 때 그는 기능을 할 수가 없으니, 그 기능을 쓰지 못한다 하면 어찌 되는가?

10 썩어져 가는 고철과 마찬가지가 아니더냐?

11 너희들이 과학 문명에서 쓰는 모든 기계요, 정밀한 기계일수록 하나의 부속이 제자리를 지키지 못하며 기능을 발휘하지 못할 때, 그 수많은 노력과 공을 들여 정밀히 만든 그 기계를 쓰지 못하는 그 이치를 너희들이 들여다본다면,

12 너희들의 마음에 백 가지 중에서 아흔아홉 가지를 잘하나 하나를 잘못했을 때, 그 아흔아홉 가지가 수포로 돌아가며 너희들이 경지에 올라갈 수 없도록 발목을 잡음을 알아야 할 것이니라.

13 나의 새로운 성경을 내려보내며 나의 법전을 내려보내며 너희들에게 정독해서 읽고 살과 뼈를 만들어 깨달음을

얻으라 하였음이니, 이와 같은 이치들
을 깨달아 너희 것으로 만들어야 함을
알아야 할 것이니라.
14 내가 너희들이 백이라는 것을 백을 다
주었다 말하면서 아흔아홉 개는 주고
하나를 너희들이 가지고 있으면 하나
가지고 있는 것이 더 소중하기에 너희
들이 남을 위해서, 상사를 위해, 직장
을 위하여 충성을 다한 것이 아니라
내가 그리 말하지 아니하였더냐?
15 그 하나가 중요하다 하였음이니라.
16 너희들의 마음이 그와 같이 되어야만
한다는 것을 잊어서는 아니 될 것이니
라.
17 그리하여 너희들이 힘든 길을 가며,
아무나 갈 수 없는 길을 가야 하는 것
을 잊어서는 아니 될 것이니라.
18 너희들이 지금 깨우쳐 가며 너의 제자
들 자신이 경지가 높아 가며 세상사의
깨달음을 얻으며, 때로는 꿈으로써 때
로는 현실에서 내가 너희들에게 깨달
음을 깨우쳐 주고 인도해 주나, 너희
들은 여기서 알아야 할 것이니라.
19 너희들이 그와 같은 깨우침을 받아 경
지에 올랐다 생각하지 말라.
20 너희들이 백 가지 중에서 하나를 지키
지 못할 때 너희들이 무너져 타락하는
것을 잊어서는 아니 될 것이니라.
21 내가 너희들에게 오죽하면 그 정밀한
기계의 하나를 쓰지 못할 때 그가 고
물로써 녹슬어 가는 쓰지 못하는 것으
로 변한다 그리 깨우쳐 주겠는가?
22 그와 마찬가지니 너희들의 마음을 잘
다스려 나가야 할 것이니라.
23 너희들이 백 가지 중에 아흔아홉 가지
를 잘하며 잘 다스려도, 하나를 소홀
히 하여 잘못했을 때 그는 무너짐을
알아야 할 것이니라.
24 너희들은 정도의 길을 가며, 완벽한
길을 가야 함이니라.
25 정도의 길을 가는 것은 파손이 없으며
실패함이 없으며 무너짐이 없음이니
라.
26 너희들이 매일같이 다루는 그 그릇 또
한 너희들이 정성스럽게 두 손으로 다
룰 때 너희들의 손에서 떨어져 깨지는
일이 없으며 파손되는 일이 없으며 망
가지는 그와 같은 일이 없을 것이니라.
27 너희들이 정성을 들이지 아니하며 정
도로써 가지 아니하며, 정신을 하나로
만들어 정성을 다하여 다스리지 못하
기에 너희들이 매일 다루는 그릇들도
깨지며 부서지며 파손되는 그와 같은
역사가 생김이니라.
28 너희들에게 상처가 나며 아픔이 있으
며 고통이 있는 그 모두도 너희들이
정성을 다하여 정상적으로 모두를 운
영하지 않고 정상적으로 행하지 아니
하기 때문에 불행한 역사가 닥침을 알
아야 할 것이니라.
29 정상적으로 가는 것이요, 정도로 가는
것이 늦은 것 같으나 결국은 그 길이
빠름을 알아야 할 것이니라.
30 지금 많은 백성들이 구원의 길이요,
하늘에 오르는 길에 재물을 바치며 기
도하며 경배하면 얻는다 하여 저희들
이 세상 것을 다 얻으며 십자가를 올
라타고 지금 구름 위에 하늘나라까지
와 있는 것같이 생각되나,
31 너희들이 고통스러운 것을 하나를 덜

어 버리며 너희들이 해서는 안 되는
것을 덜어 버리기 위해서 너희들이 지
금 제일 밑에서 노력하고 깨우쳐 가는
것이 늦은 것 같으나,
32 결국은 그 구름을 타고 십자가를 타고
하늘에 올라가 있는 것 같은 기분에
떠 있는 그들은 하나도 이룬 것이 없
으며 스스로 추락하게 됨이니라.
33 그러나 너희들은 다져 나가고 다져 나
갔으며 고통과 시련을 겪으며 몸소 행
함을 중요시하며, 그리 말로써 믿음을
간 백성이 아니기 때문에, 너희들은
하나하나 밟고 일어서는 그 계단이 착
실한 계단으로서 나에게 올라오는 그
역사가 이루어짐이니, 너희들이 그래
서 소중하고 귀한 나의 아들딸이라 하
였음이니라.
34 너희들이 하나의 마음을 잘못했을 때,
하나를 경솔하게 했을 때, 하나를 네
임의대로 행동했을 때, 너희들이 하나
를 정상으로 쓰지 않았을 때, 정상으
로 다스리지 아니하였을 때, 정성을
다하여 행하지 아니할 때, 그것으로써
모두가 다 무너지고 잃어짐을 잊지 말
도록 그리하라, 사랑하는 나의 아들딸
들아!

4,698 번째 하나님 말씀

2003년 1월 26일 20시 30분

1 사랑하는 나의 아들아!
2 "네, 아버님! 말씀하옵소서."
3 예수를 통하여 기록되어 너희들에게
깨우쳐 이르기를, '나를 보내신 자, 나
의 아버지 창조주가 이끌지 아니하면
아무도 너희들은 내게 올 수 없음이니
오는 그를 내가 마지막 날에 다시 살
리는 그와 같은 역사를 할 것이라' 그
리 기록되어 있음이니, 이는 잘못 기
록되어 전함이니라.
4 나 여호와가 이끌지 아니하면 너희들
은 아무도 나 여호와에게 올 수 없다
그리 말하면서 너희들은 끝에 가서 뭐
라 성서에 기록하여 전하느냐?
5 마지막 날 내가 가르치고 내가 깨우치
며 나 여호와가 이끌지 아니하면 나의
피조물 만백성들이 나의 아들 예수 앞
에 올 수 없으며, 나의 아들 예수가 마
지막 날 너희들을 다시 살리며 태어나
게 하는 것이라 그리 기록하여,
6 만백성이 구하며 주 예수요, 나의 아
들 이름을 그리 부르짖으며 나의 아들
피로써, 보혈로써 구원을 받았다 말하
느니라.
7 이는 너희들이 얼마나 잘못 가르치며
오도하여 나의 백성들을 가르치는 것
인가를 너희들은 알아야 할 것이니라.
8 나 여호와가 너희들을 선택하지 아니
하면 구원이 되지 아니하며 구원할 수
없으며 아무도 나에게 올 수 없다는
그 뜻을 거기에 기록된 그것을 너희들
이 그리 가르치고 있음이니라.
9 나 여호와에게 선택된 백성이 나의 아
들 예수가 너희들을 인도하며 나에게
올 수 있도록 너희들이 깨우쳐 올 때
나의 아들 예수가 너희들을 인도하는
그 뜻이요,
10 내가 너희들을 이끌어 나의 아들 예수
에게 보내며 그때 예수가 너희들을 구
원하고 아니하는 그와 같은 절대자인

것처럼 지금 가르치고 잘못 전하고 있
음이니, 이를 너희들이 바로잡아야 할
것임을 잊지 말라.
11 니 여호와가 인도하지 아니하며 나의
아들 예수가 나에게 올리는 그와 같은
역사의 가르침을 그리 생각할 수 없는
방향으로 기록하여 나의 피조물 만백
성을 가르치고 있음이니,
12 이는 너희들이 나의 아들 예수가 창조
주 나 여호와보다 위에 있으며, 내가
예수의 밑에서 예수가 너희들을 죽이
고 살리는 그 심판을 하는 곳을 내가
이끌어 안내하는 것같이 오도되어 가
르침이니,
13 이 한 구절 자체도 너희들이 어찌 되
는 것인가를 보지 못하며 그저 읽고
깨우쳐 '아멘!', '할렐루야!' 소리 지름
이니, 그 성경 구절의 의미를 다시 한
번 너희들이 깨우쳐 보도록 하라.
14 나 여호와가 안내하여 예수에게 보내
는, 그리하여 예수가 다시 살아나는
그와 같은 역사를 가르치는 것이 아니
요, 그러하기에 너희들이 그와 같이
나의 아들 예수가 나 여호와 위에 있
으며, 내가 예수에게 인도하며, 내가
인도했을 때 예수가 그들을 구원하고
구원하지 않는 그와 같은 절대자인
것처럼 너희들이 둔갑시켜 지금 가르
치고 있음이니,
15 오늘날 나의 아들 예수가 내 앞에 고
개를 들지 못하며 내 앞에 마음을 졸
이고 앉아 있으며 그가 고통스러워한
다는 것을 내가 일찍이 나의 법전에
기록하여 전하였음이니, 그와 같은 예
수의 아픈 마음을 너희들이 더 이상
우롱하지 말며 고통을 주지 말라.
16 그는 죽어 나에게 와 그 시련의 고통
으로써 모두를 다 치렀거늘, 어찌하여
내 옆에 와 나를 도우며 나를 보좌하
여 그 역사를 이루는 그가 고개를 들
지 못하게 하며 그에게 마음의 고통과
시련을 주고 있는가?
17 이를 바로잡아 전하도록 하라.
18 나 여호와가 이끌지 아니하면 나의 아
들 예수에게 올 수 없으며, 그리 갔을
때 예수가 마지막 날 나의 백성들을
구원하고 살린다 기록된 부분은,
19 내가 선택한 백성이요, 나에게 구원받
을 수 있다 내가 평가한 백성을 나의
아들 예수가 너희들을 인도하여 나에
게 올리는 것이며, 내 뜻에 의하여 관
장하며 너희들이 행하는 것이며 너희
들의 자리로 돌아감이니라.
20 이를 거꾸로 나의 아들 예수가 모두를
다 살리고 죽이고 역사하는 것이며,
나 여호와가 안내하는 듯이 그와 같이
둔갑하여 말도 안 되는 형국으로 나의
피조물 만백성을 우롱하여 예수의 보
혈로써 구원을 받아 너희들의 성전에
오는 자만 구원을 받는다는 그와 같은
너희들의 가르침이 잘못되었음을 바
로잡아 깨우쳐 주도록 그리하라.

4,699 번째 하나님 말씀

2003년 1월 26일 20시 34분

1 사랑하는 나의 아들아!
2 너희들이 성서에 또한 기록하여 전하
기를, '선지자의 글에 의하여 저희가
다 나 여호와의 가르침을 받으리라'

기록되어 있으며, '아버지께 듣고 배
운 사람마다 내게로 오리라.' 그리 기
록되어 너희들이 가르침이니, 이 대목
하나를 읽고 깨우치면 너희들이 천인
공노할 대역죄를 짓고 있음을 알아야
할 것이니라.
3 너희들은 이를 어찌 가르치고 깨우치
는가?
4 너희들은 가르치기를 또한 잘못 기록
되어 가르치고 있으니, 어찌하여 너희
들이 그와 같이 가르치고 있는가?
5 너희들은 지금 나 여호와가 예수에게
바치는 것과 같은 가르침으로 가고 있
음이니, 너희들이 얼마나 잘못 가르치
고 있는가를 알아야 할 것이니라.
6 또한, 너희들은 잘못 기록되어 가르치
고 있음을 알아 너희들이 바로잡지 아
니하면 아니 될 것이니라.
7 나 여호와의 성령인 새로운 성경의
나의 뜻을 듣고 깨우친 백성들이 나
에게 올 수 있으며 천국 나라에 올 수
있음을 너희들이 가르치고 깨우쳐야
하는 것을, 나의 아들 예수에게 온다
그리 너희들이 가르침이니,
8 나의 아들 예수를 창조주 나 여호와보
다 더 높은 절대적인 신으로 만들어
놓았음이니, 이 또한 너희들의 크나큰
죄임을 알아야 할 것이니라.
9 어찌하여 너희들이 성서에 그리 감히
기록할 수 있는가?
10 선지자의 글에 저희가 나 여호와의 가
르침을 받으리라 기록되어 있으며, 나
에게 듣고 배운 자들이 나의 아들 예
수의 앞으로 가도록 되어 있다 그리
가르침이니,
11 나의 성령의 뜻을 가르친 백성만이 나
에게 오를 수 있는 것이며 천국의 나
라에 오를 수 있는 것이라 그리 가르
쳐야 하는 것을, 어찌하여 그를 예수
앞으로 가게 되며 예수 앞으로 오르는
그 영광을 얻게 된다 그리 말하는가?
12 나 여호와의 가르침을 받아 깨우친 자
들이 나 여호와의 천국의 나라에 오는
것이 아니요, 예수 앞으로 올라가는
그와 같은 백성의 영광을 얻는다 너희
들이 그리 가르침이 얼마나 망령된
것이며 잘못되게 가르치는 것인가?
13 나의 아들 예수의 보혈로써 구원을 받
았다 하며 재물과 금화를 거둬들이다
보니 나의 아들을 너희들이 높이 띄우
고 신격화하며, 창조주요, 절대자인
나보다도 더 높으며, 때로는 나와 동
등한 자요, 나보다 더 능력이 있는 것
처럼 그리 오도하고 가르치고자 하는
너희들의 그 사악한 너희들이 만든
계명이요, 방법에서 이와 같은 것이
나왔음이니,
14 이를 하나 제대로 깨우치지 못하는 것
이 지금 천국에 오른다는 백성들이요,
구원을 받겠다 하는 백성 너희들이니,
15 이 대목을 다시 읽고 깨우쳐 너희들이
바로잡으며 깨달음을 얻도록 그리하
라.
16 얼마나 어리석은 백성들의 가르침에
'아멘!'이요, '할렐루야!' 하며 광란적
인 믿음을 가고 있는 것인가 그를 돌
아다보도록 그리하라.

4,700 번째 하나님 말씀

2003년 1월 27일 06시 35분

1 사랑하는 나의 아들아!
2 "네, 아버님! 말씀하옵소서."
3 사람은 살아가면서 마음을 갖기에 달
렸으며, 마음먹기에 달렸다 하였음이
니라.
4 너희들이 마음을 어찌 먹느냐에 따라
서 천사가 되고 사탄이 되는 것이니,
5 너희들이 마음 한 자리를 잘 먹음으로
써 그리 원하고 바라던 천국의 길이
요, 나 여호와의 품에 올 수 있으며,
마음 한 자리를 잘못 먹음으로 너희들
이 말하여 지옥으로 가는 그와 같은
길을 가는 것이 너희들이라 하였음이
니라.
6 이 간단한 이치를 깨우치지 못하고 너
희들은 악이 악을 낳는 그 악한 행위
를 하기 시작함으로 인하여 너희 스스
로 악의 즐거움에 빠져 구원의 길을
오지 못하며, 나 여호와와 반대의 길
인 지옥 불로 들어가는 그와 같은 삶
을 살아가고 있음이니,
7 이 얼마나 억울하며 얼마나 어리석은
삶을 사는 것인가를 너희들이 스스로
깨우쳐야 할 것이니 그리 알라.
8 너희들이 가는 모든 믿음의 길이요,
구원을 받았다 하는 것이요, 너희들이
우상을 섬기며 모든 너희들의 믿음이
요, 너희들이 믿는 종파에 고개 숙여
기도하고 경배하며 무엇을 이루고자
몸부림치나, 그게 다 필요 없는 것임
을 알라.
9 너희들이 살아가는 그 마음이 얼마나
선하고 아름답게 살아가느냐에 따라
그를 행하면 되는 것이지, 너희들이
지은 이름의 그 모든 종파에 가서 머
리 숙이고 광란의 짓을 하고 기도하고
경배한다고 해서 구원을 받을 수 있는
것이 아님을 알라.
10 내가 너에게 말하지 아니하였더냐?
11 크나큰 바윗덩어리를 옮기는 것은 인
간 너희들의 노력과 땀으로써 그를 옮
길 수 있는 것이지, 말로써는 천년만
년이 가도 옮겨지지 아니하며 옮길 수
없는 것이 그것이니라.
12 그와 같이 너희들이 어떻게 선하고 아
름다운 마음을 먹고 사느냐 그것이 중
요한 것이지, 너희들이 행동을 하지
아니하며 말로써만 부르짖는 것으로
무슨 역사가 이루어지는 것처럼 착각
해서는 아니 되느니라.
13 그러니 너희들이 지금서부터 가장 소
중하고 중요한 것은 너희들의 마음먹
기에 달렸음이니라.
14 이를 깊이 그 뜻을 음미하도록 하라.
15 마음을 어찌 먹느냐에 따라서 너희들
이 하늘에 오르는 길이요, 지옥 불로
가는 그것이거늘, 마음 한 자리 바로
갖고 행하고 실천한다면 너희들은 전
혀 염려할 것이 없으며, 고통스러운
삶을 살 필요가 없느니라.
16 내가 너희들에게 일찍이 깨우쳤느니
라.
17 정도가 아닌 것은 오래갈 수 없으며
정도가 아닌 것은 무너진다 하였음이
니라.
18 오로지 정도의 길을 가는 것은 영구히
보존할 수 있으며 영원히 그는 존재하

며 영원히 어떠한 상태에서도 무너지
지 아니한다 하였음이니라.
19 너희들이 정도를 지키지 아니하고 위
법하며, 너희들 스스로 행하지 말아야
할 그와 같은 사악한 생각을 가지고
살며, 사악한 생각에서 무엇을 이루고
자 하기에 실패가 되는 것이며 그 결
과가 없다 하였음이니라.
20 그리고 너희들이 얻은 결과가 있다 하
여도 그는 영구히 보존할 수 있는 것
이 아니며, 지탱되는 것이 아님을 알
아야 할 것이니라.
21 모두 마음의 한 자리를 아름답게 곱게
가지고 살도록 그리하라.
22 그리하면 너희들이 모두를 다 이룰 수
있는 것이니라.
23 사랑하는 나의 아들아!
24 "네, 아버님! 말씀하옵소서."
25 세상사 그리 마음을 갖도록 하라.
26 그러니 마음도 너희들 것이 아니요,
마음도 너희들이 한 인격체를 가진 자
라 생각하며,
27 너희들이 생각하고 말하고 행동할 때
과연 이것이 정도이며, 이게 법도에
어긋난 일이 아닌가 하는 그것 하나
잠깐 생각하고 행하면 아무런 하자가
없으며 고통스러움이 없느니라.
28 어떠한 종파에 속해 너희들이 어떻게
매달리는 것, 그와 같이 해서 너희들
이 구원을 받을 수 있는 것이 아니요,
29 선하고 아름다우며, 내가 말하는 사랑
을 베풀고 살 수 있는 그와 같은 마음
하나를 갖고 산다면 그것이 곧 너희들
이 하늘에 오를 수 있는 그 길임을 알
라.

4,701 번째 하나님 말씀

2003년 1월 27일 06시 43분

1 사랑하는 나의 아들아!
2 성서에 기록되어 나의 아들이 전하기
를, '이는 아버지를 본 자가 있다는 것
이 아니라, 오직 하나님께 온 자만 아
버지를 보았느니라.' 그와 같은 내용
이 기록되어 있음이니라.
3 너희들은 그 뜻을 어찌 가르치는가?
4 그 의미는 내가 이와 같은 뜻에서 너
희들에게 세상에 내렸음이니라.
5 창조주 나를 볼 수 있는 백성은 오로
지 선택된 자들이요, 나 여호와의 계
명대로 사는 자는 나를 볼 수 있다 하
였음이니라.
6 그러니 너희들이 하얀 마음이요, 하얀
눈보다 더 곱고 아름다운 마음이요,
천사와 같은 마음을 가지고 살고자 그
리 변했을 때, 너희들은 나의 음성을
들을 수 있으며 나를 볼 수 있으며 나
의 메시지를 들을 수 있음을 알아야
할 것이니라.
7 그렇지 아니한 자, 너희들은 정녕 나
로부터 그 뜻을 들을 수가 없음이니,
8 이는 하늘에서 온 자가 나를 보는 것
이 아니요, 하늘에 오를 수 있는 자격
을 가진 백성이 나를 볼 수 있음을 알
아야 할 것이니라.
9 나 여호와로부터 내려온 사람이 나를
보는 것이 아니요,
10 나로부터 천국에 오를 수 있는 천사
요, 나 여호와의 성품이요, 심성을 닮
아 그리 변하는 백성, 그리고 나의 계
명을 지키는 백성, 나의 법전을 읽고

정독하여 그를 깨닫고 그대로 행하며
살아가고자 노력하는 백성, 그리하여
너희들의 마음이 아름다운 쪽으로 변
화되며 너희 자신이 가지고 있는 그
모든 죄를 다 씻어 내어 새로운 생명
으로 태어난 자가 곧 하늘에 오를 수
있음이니,
11 하늘에 오를 수 있는 그 자격을 갖춘
자, 나를 볼 수 있으며 나의 음성을 들
을 수 있으며 내가 내리는 그 빛을 볼
수 있음을, 너희들은 내가 내린 것을
그리 이와 같이 잘못 가르치고 잘못
전함을 알아야 할 것이니라.
12 하늘에서 내려온 자 아닌 백성이 이디
있는가?
13 모두 너희들이 나로부터 생명을 받아
세상에 나갔으며 존재함이니, 나로부
터 내려가지 아니한 자가 없음을 너희
들은 알아야 할 것이니라.
14 나를 너희들이 아버지라 부르며 창조
주라 부르며 전지전능한 아버지라 부
르며, 모두는 나를 아버지라 부르지
아니하는가?
15 너희들이 나의 아들딸이요, 나 여호와
로부터 성령을 받아 세상에 나간 그
뜻을 앎이니, 너희들이 하늘로부터 내
려간 자들이니라.
16 그러나 너희들이 어찌 사느냐에 따라
서 그 위에 다시 오느냐 못 오느냐 그
것이 너희들에게 중요함이니,
17 내가 내려 준 원래 천성의 아름다운
그 마음을 버리지 아니하고 사는 자,
천사와 같이 사는 자, 하늘나라에 올
수 있는 자격을 갖고 그 길을 위하여
노력하는 백성, 그 나에게 선택된 백
성은 나를 볼 수 있으며 나의 음성을
들을 수 있음이니, 너희들이 아름답고
곱게 살라 그리 가르치면 되는 것을,
18 너희들이 여기서 인간이기 때문에 십
계명을 지키며 살 수 없다 그리 가르
쳐 나의 피소물 만백성들을 죄짓도록
하는 것이요,
19 하늘에서 온 자만이 하늘에 오를 수
있으며 나 여호와를 볼 수 있다 그리
가르침이니, 너희들이 스스로 나로부
터 온 자가 아니라 생각하며 인자요,
의인이요, 그와 같은 특별한 예수요,
지금의 나의 아들 같은 백성만이 하늘
에 오를 수 있다 그리 가르쳐, 하늘에
서 내려온 자를 신격화하여 놓으며,
20 너희들은 인간이기 때문에 그 혜택이
없으며 그를 알 수 없으며, 그러하니
나를 볼 수 없다 함이니,
21 이는 종교 지도자 너희들이 사악한 자
들이요, 사악한 마음을 가짐으로 나
여호와를 볼 수 없으며 나의 음성을
들을 수 없기 때문에, 다른 선택된 백
성이요, 이방인이라 말하는 백성이 나
의 음성을 들으며 나의 빛을 보며 기
적을 이루는 그 모두를 다 사탄이요,
사악한 것으로 규정하기 위하여 너희
들이 그와 같은 잔수를 부렸으며, 너
희들의 머리로써 그와 같이 계획하여
놓았으니,
22 나의 성서가 얼마나 뒤죽박죽되어 있
으며, 성경이 얼마나 본뜻과는 관계없
이 지금 흘러가고 있는가?
23 그걸 가지고 공부하고 깨우치고자 하
는 너희들이기에 내가 그를 알 수 없
다 하였으며, 나와 관계없다 하였음이

니라.
24 너희들이 내가 불로 써 내린 그 지킬
수 있는 십계명을 인간이기에 지킬 수
없다 하여 지금같이 사악한 세상을 만
들었으며,
25 너희들이 죄를 짓고 눈물로 회개하고
기도하면 그 죄가 다 떨어지는 것처럼
그와 같이 잘못 가르치는 너희들로 하
여금 오늘의 이 험악한 세상이 되었듯
이,
26 여기에도 너희들이 나에게 오를 수 있
는 자격을 갖춘 자는 나를 보며 나의
음성을 들을 수 있으며 나의 빛을 볼
수 있다 하면, 나의 피조물 만백성이
그와 같은 사람이 되기 위해 얼마나
아름답고 깨끗하게 살아가고자 하겠
는가?
27 그러나 하늘에서 온 자만이 그를 볼
수 있다 하니, 나의 피조물 만백성들
이 나의 빛이요, 나의 음성이요, 나를
보려 하지 아니하며 나를 만지려 하지
아니함이니라.
28 종교 지도자가 그와 같은 자격이 없어
저희들이 그 역사를 이룰 수 없기에,
다른 백성이 그와 같은 역사를 이루는
것을 미연에 방지하며 그를 사탄이요,
사악한 자로 몰아붙이기 위하여 너희
들이 오늘과 같은 흉계를 썼음을 알아
야 할 것이니라.

4,702 번째 하나님 말씀

2003년 1월 27일 06시 55분

1 사랑하는 나의 아들아!
2 성서에 너희들을 깨우쳐 가르치기를
'진실로 진실로 너희에게 이르노니 믿
는 자는 영생을 가졌나니' 이와 같은
뜻의 구절을 너희들에게 전함이니라.
3 그것은 바로 무엇이던가?
4 너희들의 믿음은 무엇을 의미하는지
알고 있는가?
5 너희들이 믿는 자 구원의 길에 들어서
는 것이라는 그 뜻의 의미는 '나 여호
와가 존재함을 믿는 그 자체가 구원의
길에 들어서는 길이며, 나의 법전을
가슴에 안고 정독하는 자 반석 위에
서서 하늘에 오르는 찬란한 그 빛을
본다' 하였음이니, 곧 이는 나 여호와
가 존재함을 믿는 그것을 원함이니 너
희들은 알아야 할 것이니라.
6 너희들은 지금 믿음의 길을 가고 있는
그 자체의 믿음을 행하는 것이 영생을
얻는 것이라는 너희들의 믿음이 잘못
되어 있음을 알아야 할 것이니라.
7 너희들의 그 믿음은 과연 어떠한 믿음
이던가?
8 나 여호와가 존재하기에 너희들이 나
의 계명대로 지키며 그와 같이 살아
야 한다는 그와 같은 믿음의 길을 가
는 것이 아니요, 어렵고 힘든 내가 명
한 너희들의 그 삶을 바로 살아가고자
노력하며, 나 여호와가 존재함을 두려
워하며 무서워하는 그와 같은 것이 나
여호와가 존재함을 믿는 것이니라.
9 내가 새로운 성경으로써 만백성을 구
하고자 세상에 나의 뜻을 직접 전하
여 '하늘에 오르는 길'이요, '하나님!
말씀하옵소서'라는 이 책의 내용대로
지키고 사는 그와 같은 삶을 사는 것,
그것이 바로 너희들이 나를 믿는 믿음

이니라.
10 거기에는 너희들이 바로 살아야 하며
육의 향락 그 모두를 저버려야 하며
인간의 생각을 고쳐야 하며 이웃을
너희 몸처럼 사랑해야 하는 그 모두를
지키고 살아가는,
11 그리하여 나 여호와가 있는 것을 두려
워하며 나 여호와의 심판을 두려워하
며 내가 너희들에게 내려보낸 그 은혜
에 잘못 사는 것을 두려워하는 그와
같은 깨달음을 얻고 너희들이 천사와
같은 마음이요, 나 여호와의 심성을
닮는 그와 같은 아름다운 마음으로 살
아가는 너희들이 되었을 때 그것이
바로 무엇인 줄 알겠는가?
12 그게 바로 진정한 믿음이니라.
13 그러나 너희들의 믿음은 나 여호와의
존재함을 믿는 것이 아니라, 나의 아
들 예수의 보혈로써 구원을 받았으며
재물을 하늘에 많이 쌓아 놓으면 그
만큼 복이 커지며 은혜를 받는다 그리
말하느니라.
14 너희들은 성서에 내가 기록하여 가르
치기를, 너희 부모에게 효성을 다해야
할 그 덕목을 나 여호와에게 하며, 너
희 손으로 지은 그 성전에 와 모든 열
과 성의를 다하며 너희들이 눈물로써
기도하고 회개하면 모두를 다 부모에
게 효도한 것이나 똑같다 그리 가르쳐,
15 추워 죽어 가는 부모에게 따뜻한 불을
때 주는 것이 효도요, 부모를 공경하
는 것이라 했거늘, 너희들은 추워서
얼어 가는 부모는 그대로 놓아두며 너
희 손으로 지은 성전에 가 금화와 은
화를 바치며 나에게 기도를 하면 너희
들의 부모의 방이 따뜻해지며 그것이
효성을 다하는 것이라 하니,
16 그와 같이 가르치는 사악한 자들의 그
믿음은 믿음이 아니니라.
17 너희들이 나의 아들 예수의 보혈로써
구원을 받았으며, 너희들은 선택된 백
성이요, 그리고 천당이요, 천국이라는
곳에 올라와 영원히 산다는 그 영혼의
나라, 그 영혼이 존재하는 내 세상에
오고자 하는 마음을 가지고 그 욕심에
의하여 너희들이 믿음을 가지고 가는
것, 그리고 그와 같은 내용들을 믿는
것,
18 너희 부모에게 공경하라 하는 것도 나
여호와에게 공경하며 나 여호와에게
경배하며 그저 말로써 기도하고 말로
써 수다를 떪으로써 부모에게 공경하
는 것이 다 된다 그와 같이 가르치는
자들,
19 그와 같은 것을 믿는 그 믿음 자체는
사악한 자들의 거래며, 짐승을 팔고
사는 그런 거래 꾼만도 못한 믿음이
니, 너희들의 그 믿음 자체가 믿음이
아님을 알라.
20 지금 너희들이 손으로 지은 성전에 나
가 구원을 받고자, 영원한 나의 나라
에 오르고자 그와 같이 믿고 가는 그
믿음은 믿음이 아니니라.
21 내가 원하는 믿음은 그것이 아님을 너
희들이 알라.
22 너희들은 영생이요, 구원을 얻을 수
없으며 지옥 불로 달려가는 그와 같은
믿음을 믿음이니라.
23 너희들이 나 여호와를 믿는 것은 사랑
을 베풀며, 내가 있기에 두려우며 무

서움이 있으며, 내가 너희들이 살아갈
수 있도록 모두를 내려 준 그 은혜와
영광에 감사하는 마음으로써 감히 두
려운 마음을 버리지 못하며, 사랑을
베풀며 나의 계명대로 살아가는 그와
같은 어렵고 힘든 그 길을 인내하고
가는 것이 믿음이니,
24 십자가를 타고 하늘에 오르는 그와 같
은 허황된 꿈을 꾸고 믿음의 길을 가
는 그 백성의 믿음은 사악한 믿음이요,
25 어렵고 힘든 십자가의 고행을 짊어져
너희들이 매달릴 십자가를 짊어지고
가는 그와 같은 고통의 아픔을 가지고
살아가는 그 믿음, 그것이 믿음이니라.
26 너희들은 여기서 그 믿음의 의미를 깨
달아, 나의 아들을 따르는 많은 백성
너희들은 이와 같은 그 진실한 믿음의
의미가 무엇이며 성경이 너희들에게
가르치고자 전하는 것이 무엇인가 그
를 알아, 너희들이 구원의 길에 흔들
리는 백성이 되지 말도록 하라.
27 너희가 손으로 지은 성전에 나가기만
하면 구원을 받는다 하는 그 자체의
믿음, 그것은 너희들이 거래를 하는
것이요, 나 여호와가 존재함을 믿는
것이 아니니,
28 그와 같은 믿음의 행위가 지옥 불로
자처해서 달려가는 그와 같은 형국이
라는 것을 만백성에게 전해 주며, 이
내용을 읽는 백성 너희들은 깨우쳐 전
하도록 하라.
29 너희들이 부모에게 효성 하는 것을,
나 여호와에게 바치며, 그리고 종교
지도자를 즐겁게 하고 종교 지도자를
신처럼 믿고 따르면 구원을 받는다는
것,
30 종교 지도자는 어떠한 사악한 죄를 지
어도 나 여호와로부터 선택된 자니 너
희들이 단죄할 수 없으며, 간음하고
강간하는 것도 나 여호와의 뜻이며,
나의 재물을 갈취하는 것도 나 여호와
의 뜻이며, 나의 재산을 어려운 백성
으로부터 거둬들여 저희들의 육의 향
락을 위하여 쓰는 그와 같은 것도 다
하늘의 뜻이며,
31 종교 지도자는 노름이라는 걸 해도,
패가망신을 하는 짓을 해도, 남의 유
부녀를 겁탈해도 그것이 다 하늘의 뜻
이며 내가 명한 것이니 너희들이 단죄
할 수 없다는 그와 같은 믿음으로 가
는 그 믿음 자체는 믿음이 아니라 함
을 너희들이 알라.
32 종교 지도자는 더 엄히 살아야 하며,
한 점의 부끄럼이 없이 살아야 하며,
하늘을 향하여 한 점의 부끄럼이 없는
그와 같은 자세로 살아가는 자가 가르
치는 그 믿음이 믿음이요,
33 사악한 짓을 하는 사악한 자를 따르는
것은 믿음이 아니니라.
34 죄를 짓지 아니하는 나의 사랑하는 백
성들을, 사랑을 베풀며 나눌 줄 아는
나의 백성들을 가르친다면서, 하루에
하나의 죄밖에 짓지 않는 나의 사랑하
는 백성을 열 개 백 개 짓는 그 죄 속
에 있는 종교 지도자가 그들을 위하여
기도하며 그들을 하늘로 인도한다 하
는 그 자체를 믿는 것, 그와 같이 너희
들이 가고 있는 그 믿음이 지옥 불로
가는 것이요, 그건 진정한 믿음이 아
님이니,

35 내가 여기서 전하는 그 믿음을 믿는
자 영생을 얻는다는 것은, 나 여호와
가 존재함을 믿어 두렵고 무서워 제가
나의 계명을 지키기를 생명을 내놓고
지켜 가고자 하는 그와 같이 노력하는
백성, 그와 같이 믿는 백성이 믿음을
얻는 자며, 그가 믿음의 길을 가는 자
며 나로부터 영생을 얻을 수 있는 백
성임을 너희들이 알아야 할 것이니라.

4,703 번째 하나님 말씀

2003년 1월 27일 07시 05분

1 사랑하는 나의 아들아!
2 "네, 아버님! 말씀하옵소서."
3 너희들이 육의 세상에서 먹고사는 것
을 아무리 먹고산다 하여도 그 죽음의
길을 면할 수가 없는 것이 너희들이니
라.
4 그리하여 성서에 기록하여 전하기를,
'하늘에서 내려오는 떡이니, 이는 사
람으로 하여금 먹고 죽지 아니하며 영
원히 사는 것이라' 그리 기록하였음이
니,
5 이는 곧 너희들이 육에서 먹는 그와
같은 떡이 아니요, 지상에서 내리는
모든 이루어지는 것들이 아니라,
6 나 여호와의 성령이요, 나의 참진리의
뜻은 영원히 불변하며, 너희들이 죽지
아니하는 천국의 나라에 오를 수 있다
는 그와 같은 뜻임을 알고 있을 것이
니라.
7 이는 인간이 먹고사는 육에서 행하는
떡을 너희가 아무리 먹고 채운다 해도
너희들의 육은 죽으며 그를 벗어날 수
없음을 의미하는 것임을 너희들은 누
구보다 더 많이 잘 알 것이니라.
8 너희들은 나로부터 내린 성령의 나의
뜻이 너희가 영원히 살 수 있는 그것
이며 영혼의 생명수가 된다는 뜻이라
는 것 또한 잘 알고 있을 것이니라.
9 그러나 너희들은 여기서 하나의 깨우
치지 못함이 있느니라.
10 나의 영혼의 떡이요, 영혼의 생명수는
무엇이던가?
11 내가 불로 직접 써 내린 너희들에게
지키라는 계명이니라.
12 그러니 그 계명을 지키고 사는 것이
영원한 죽지 않는 떡이며, 하늘에 올
수 있는 길인 것이니라.
13 그러나 너희들은 그 떡을 거부함이니
라.
14 그게 바로 너희들이 지금 잘못 가고
있는 믿음이요,
15 너희들이 지금 나의 백성들을 천국으
로 인도하는 것이 아니요, 지옥으로
이끌어 가는 것이니라.
16 나의 성령을 내리는 것이 너희들이 죽
지 않는 영원히 살 수 있는 그 성령의
떡이라 말하면, 너희들은 그를 먹어야
하지 아니하던가, 그리고 너희들은 그
를 지켜야 하지 아니하는가?
17 아무리 영원히 사는 성령의 떡이 하늘
에서 내려간다 해도 너희들이 먹지 아
니하면 그것은 영원히 너희들이 살 수
있는 떡이 아님을 알라.
18 너희들은 하늘에서 내리는 그 떡을 그
저 말로만 부르짖으며, 그 떡을 먹기
위하여 그 고통이요, 힘든 길은 선택
하여 가지 아니하려 하며 그 역사를

하지 아니하려 함이니라.
19 내가 하늘에서 내리는 영원히 먹고 죽
지 않는 그 떡을 그저 말로써 받아먹
으며 말로써 먹으면 산다 그리하나,
20 너희들이 그 떡을 먹는 수고로움과 너
희들이 그 떡을 먹기 위한 인내요, 너
희들이 악과 선에서 싸워 선을 선택하
며 악을 버리는 그와 같은 사람만이
나의 떡을 먹을 수 있으며 영원히 죽
지 않는 나의 성령, 곧 하늘에서 내리
는 그를 먹을 수 있음이니라.
21 너희들에게 내가 그를 먹을 수 있는
길을 가르쳐 주었으며 방법을 가르쳐
주었음이니라.
22 그를 잡는 것까지 만드는 것까지 다
가르쳐 주었으니, 그게 바로 십계명이
니라.
23 그리하여 너희들이 나의 십계명을 지
키는 자 나의 영혼을 받을 수 있으며,
나의 생명수요, 너희들이 죽지 않는
영원한 하늘에서 내리는 그 떡을 먹을
수 있는 것이거늘, 너희들은 인간이기
에 그를 지킬 수 없으며 행할 수 없다
그리 말함이니,
24 내가 내리는 그 떡이라는 것을 알면서
도 그를 먹지 아니하며, 떡을 먹는 수
고로움보다는 떡을 먹지 않는 그와 같
은 방법으로써 살아가는 것이 너희들
이 지금 행하고 있는 믿음임을 알아야
할 것이니라.
25 너희들이 영원히 살 수 있는 영혼의
생명수를 먹기 위하여 그 수고로움이
요, 너희들이 인내하며 살아가야 할
길이 있으며, 만백성을 사랑하는 마음
을 가진 자, 그와 같은 자가 나의 생명
수요, 하늘에서 내리는 죽지 않는 그
떡을 먹을 수 있거늘,
26 너희들은 그를 먹는 수고로움을 하지
아니하며 그저 말로써만 소리를 지르
고 있음이니라.
27 나 여호와가 내리는 그 생명수의 떡을
너희들이 노력하여 얻어 취했을 때 너
희들이 성령으로써 충만됨이니, 너희
들이 하늘에서 내리는 떡의 그 배부름
을 알거늘, 너희들은 먹지 아니하며
말로만 하니 너희들이 스스로 죽어 가
는 것이니라.
28 이제 새로운 성경이 기록되어 세상에
내려감이니, 이 뜻대로 행하지 아니하
는 자는 구원을 받을 수 없으며 구원
의 역사의 길에 들어설 수 없음을 알
아야 할 것이니라.
29 그것이 너희들이 가야 하는 길이며 너
희들이 행하여 할 운명임을 알라.
30 말로써 그저 부르짖는다 하여 그 생명
수의 하늘에서 내리는 떡을 너희들이
먹을 수 없으며 죽지 않는 그 떡을 먹
을 수 없음이니라.
31 너희들이 악과 선의 그 선택의 길에서
악을 버리고 선을 선택하는 그 순간에
나의 성령의 떡을 받을 수 있음이니
그리 알라.
32 너희들이 지금 가고 있는 길이 말로써
만 그 떡을 먹는다 소리 지르며, 너희
들은 수고로움을 행함을 하지 아니하
는 어리석은 백성들이니라.

4,704 번째 하나님 말씀

2003년 1월 28일 08시 06분

1 사랑하는 나의 아들아!

2 "네, 아버님! 말씀하옵소서."

3 원수를 사랑할 수 있는 마음을 가지고 있으며 그를 행할 수 있다 하면 이 세상 어떠한 것도 용서 못 하고 이해 못 할 것이 없지 아니하던가?

4 여기서 너희들이 하나를 얻고 감이 있어야 할 것이니라.

5 너희들이 나 여호와로부터 나의 법전을 접하여 공부하며 나의 아들을 통하여 내리는 나의 성령의 가르침을 직접 들음이니, 이는 참진리요, 창조주의 가르침이니라.

6 너희들이 지금 나에게 선택된 백성이 되지 아니하였더라면 너희들은 정녕 죽어 내 앞에 와 심판을 받을 때 너희들이 고개를 들지 못할 것이며, 얼마나 고통스러운 그 길의 대가를 치를지 알겠는가?

7 그것 하나를 깨우치며 그 하나를 알아 너희들이 아름답게 삶을 산다면 나로부터 선택된 그 하나로 너희들에게 더 큰 영광이요, 은혜가 없을 것이거늘, 너희들은 어찌하여 인간의 그 마음을 버리지 못하고 사는가?

8 그것이 바로 무엇인 줄 알겠는가?

9 마음으로는 사랑을 베풀며 마음으로는 모두를 다 주며 산다 말하면서 원수를 사랑할 수 없는 너희들의 마음과 같음이니라.

10 너희들이 정녕 원수를 사랑할 수 있는 마음이 있으면 모두의 작고 큰 오해요, 섭섭함이요, 감정을 다 누르고 살 수 있듯이,

11 나로부터 선택되어 나의 법전을 접하며, 죄가 무엇이며 구원의 길이 무엇인가 하여 너희들이 구원의 길을 볼 수 있는 그 길에 들어선 것이 영광이요, 축복이거늘, 그보다 더 소중한 것이 없으며 그보다 더 위대한 것이 없으며 더 큰 것이 없거늘,

12 그 큰 것을 두고 너희들이 가슴에 안은 작은 것 때문에 그를 버리지 못하여 괴로워하고 마음에 불화가 있으며 서로 사랑하는 마음을 갖지 못한다면 너희들이 나를 기만하며 나를 속임이니라.

13 이제는 너의 제자들이 그를 알아야 할 것이니라, 얼마나 너희들이 나로부터 선택된 것이 영광이며 축복된 것인가를.

14 그것 하나를 아는 마음을 가지며 감사하는 마음을 갖는다 하면 너희들 자신이 살아가는 마음에 도움이 될 것이니,

15 그 마음부터 그들에게 심어 주도록 그리하라, 사랑하는 나의 아들아!

16 정녕 참진리요, 나 여호와의 가르침이요, 창조주의 참진리를 듣고 배우는 너희들은 선택됨이 얼마나 위대한 것인가, 얼마나 감사해야 하는 것인가 그것부터 너희 마음에 심을 때, 너희들이 원수를 사랑하는 마음에 도움이 될 것이며, 그 마음을 다스리는 데 힘이 될 것이니, 그리 전하도록 하라.

4,705 번째 하나님 말씀

2003년 1월 28일 08시 16분

1 사랑하는 나의 아들아!
2 "네, 아버님! 말씀하옵소서."
3 '너희들이 나 아버지를 본 자가 있다
는 것이 아니라, 오직 나 여호와로부
터 세상에 내려온 자만이 나를 볼 수
있다' 너희들의 성서에 그리 가르침이
니라.
4 그러나 선택된 나의 백성 너희들은 나
여호와를 볼 수 있음을 알아야 할 것
이니라.
5 너희들이 세상에 생명을 갖고 태어나
니 곧 나로부터 나간 너희이니, 나로
부터 세상에 나가지 아니한 자가 없다
내가 너희들에게 가르쳤음이니라.
6 그러니 너희들은 여기서 알아야 할 것
이니라.
7 너희들은 나로부터 생명을 받아 세상
에 나갔음이니 나로부터 보내진 자들
이니, 나 여호와 창조주요, 너희들이
아버지라 부르는 나를 볼 자격이 있음
이니라.
8 다만, 나 여호와가 내린 나의 계명대
로 살며 나의 율법대로 사는 자, 그와
같이 사는 자가 나를 볼 수 있음이니
라.
9 그러나 지금 많은 종교 지도자요, 믿
음의 길을 가고 있는 자들이 십계명대
로 살 수 없으며 그 계명대로 인간이
기에 살 수 없으며 지킬 수 없다 그리
말하며 죄를 짓고 삶이니,
10 그와 같이 하늘에서 온 자가 아니면
볼 수 없다 너희들이 이를 강조하고
가르치는 뜻이 무엇인 줄 알겠는가?
11 이는 곧 종교 지도자들이 나의 뜻에
의하여 나의 계명대로 살지 못하기에,
저희들이 자격 미달이요, 나를 볼 수
없으며 나의 뜻을 들을 수 없기에,
12 많은 나의 사랑하는 백성들이 계명을
지키며 나의 뜻대로 사는 자는, 너희
들이 모두 나로부터 보내진 백성이기
에, 나를 볼 수 있으며 나의 음성을 들
을 수 있음이니,
13 정녕 그를 들을 수 없는 종교 지도자
라 말하는 자들이 다른 백성이 그와
같은 역사를 이루며 그와 같은 기적을
이루는 것을 인정하지 아니하며, 저희
들이 백성을 끌고 가기 위하여 그와
같은 방법으로써 이를 강조하며 가르
친 대목임을 너희들은 알아야 할 것이
니라.
14 모든 나의 피조물 만백성은 나로부터
하늘에서 내려가지 아니한 자가 없거
늘, 어찌하여 너희들은 하늘에서 내려
온 자만이 나를 볼 수 있다 하며, 나의
아들 예수요, 나의 아들 예수와 같은
또 내가 명한 자만이, 그와 같은 특별
한 사람만이 볼 수 있다 그리 말하는
가?
15 예수를 제외한 누구도 나를 볼 수 없
으며 나의 음성을 들을 수 없기에 저
희들이 자격 미달인 종교 지도자들이
나의 음성을 들을 수 없으며 나의 메
시지를 들을 수 없다 하여, 저희들이
들을 수 없기에 그와 같은 말로써 너
희들을 우롱하며 이끌어 가고 있음을
알아야 할 것이니라.
16 여기서 내가 하늘의 뜻을 전함이니,

너희들은 나로부터 다 보내진 자들이
니라.
17 너희들이 나의 계명을 어찌 지키고 아
름답게 사느냐에 따라서 어떠한 백성
이라도 나를 볼 수 있으며 나의 음성
을 들을 수 있음이니라.
18 그러나 지금 종교 지도자들이 나의 뜻
과는 관계없이, 저희들이 죄를 지으며
사악한 짓을 하고 살며 육의 삶을 위
하여 살아감이니, 저희들이 자격 미달
이요, 나를 볼 수 없으며 나의 뜻을 들
을 수 없음이니, 저희들이 그와 같은
역사를 이룰 수 없으며 다른 백성이
그와 같은 역사를 이룰 것을 두려워하
고 겁먹어 저희들이 지금 그와 같이
하여,
19 나의 아들 예수요, 인자라 하여 하늘
에서 내려간 나의 아들 외에는 아무도
나를 볼 수 없으며 내 음성을 들을 수
없음이니 종교 지도자들도 나의 음성
을 듣지 못하며 나의 메시지를 듣지
못하며 나를 보지 못하는 것이 당연한
것처럼 저희들의 그와 같이 부족하고
미달된 자격을 숨기고 덮어 나가기 위
한 방법으로써 지금 활용하고 있음을
너희들은 알아야 할 것이니라.
20 너희들은 여기서 확실히 알아야 할 것
이니라.
21 너희들은 다 나로부터 보내진 자들이
니라.
22 나로부터 보내지지 아니한 자가 한 사
람도 없음이니, 다만 너희들이 계명을
지키고 살 때 나를 볼 수 있음이니, 그
누구라도 나에게 자격을 받을 수 있음
이니라.
23 지금 나의 아들을 60여 년 동안 인간
의 세속에서 삶을 살아오도록 하여,
내가 그 속에서 나의 아들에게 역사하
는 태초부터 준비되고 계획된 것이라
말하였듯이,
24 인간 세속에서 나의 아들을 살게 하여
그가 세상사의 너희들의 심성이요, 마
음을 알게 하여, 오늘의 그로 하여금
나의 법전을 받아 만백성을 구하는
160권의 법전을 세상에 내어 새로운
성경으로써 너희들을 깨우치고자 이
역사를 이룸이니,
25 그는 나의 음성을 들으며 나의 형체를
보며 그 모두를 역사함이니라.
26 그와 같이 사는 자, 그와 같이 선택된
자는 그 모두를 볼 수 있으나,
27 지금 만백성을 끌고 가고 있는 종교
지도자 너희들이 그를 볼 수 없으며
미래를 알 수 없으며 너희들은 만백성
을 다스릴 자격이 없다는 것을 스스로
알기에, 너희들이 나 여호와의 심성을
알 수도 없으며 나의 형체를 볼 수 없
으며 나의 음성을 들을 수 없기에, 너
희들의 부족한 점을 덮어 나가고 너희
들을 숨겨 나가기 위하여 그와 같은
방법으로써 '인자만이, 하늘에서 직접
보낸 자만이 볼 수 있는 것이며, 어떠
한 백성도 볼 수 없는 것이라' 그리 말
함이니,
28 너희들이 어찌하여 그리 어리석은 자
의 말에 속는가?
29 창조주 여호와 내가 명하고자 하여 내
가 그에게 명하면 그는 내 음성을 들
을 것이며, 나의 뜻을 알 것이며, 내가
그에게 보여 주면 볼 수 있는 것이거

늘,
30 인간 너희들이 무엇이기에 어찌하여
창조주 나 여호와가 아무나 보일 수
없으며 내가 듣게 할 수 없으며 음성
을 전할 수 없다 그리 말하며 너희들
이 나를 지배하는 자처럼 그와 같은
착각된 망발을 하고 있는가?
31 그와 같은 자들의 말에 현혹되지 말라.
32 정녕 나의 메시지요, 음성을 듣지 못
하는 종교 지도자, 그들은 자격 미달
이며 너희들만도 못한 자들이니라.
33 계명을 지키고 아름답게 살아가는 백
성은 나를 볼 수 있음을 잊지 말라.
34 그리고 너희들은 나로부터 보내진 백
성임을 알라.

4,706 번째 하나님 말씀

2003년 1월 28일 08시 24분

1 사랑하는 나의 아들아!
2 성경에 기록하여 너희들에게 전하였
으니, '나 여호와는 죽은 자의 하나님
이 아니요, 산 자의 하나님이라' 내가
그리 가르쳤음이니라.
3 내가 나의 법전을 통하여 너희들에게
깨우쳐 주기를 뭐라 전하였던가?
4 너희들이 죽어 나에게 와 심판을 받는
그 순간에 너희들은 나를 부를 수 없
으며 나를 아버지라 부를 수 없다 하
였음이니라.
5 너희들이 살아온 그 대가에 대한 심판
대에 서 있는 너희는 정녕 나에게 용
서를 빌 수 없으며 회개할 수 없으며,
그는 이미 나와 인연이 끝나 때가 늦
음이니,
6 너희들이 어찌 살았느냐의 그 무게에
따라서 나의 품으로 올라오는 자, 그
렇지 않으면 지옥 불로 떨어지는 자,
그와 같은 결론의 그 길밖에 없다 내
가 말하였음이니,
7 그때는 이미 나를 찾을 수 없으며 부
를 수 없다 하였음이니라.
8 너희들이 오로지 숨을 쉴 수 있으며
나 여호와를 찾을 수 있으며 용서를
빌 수 있는, 너희들의 영혼의 집인 육
이 존재할 때, 너희들이 육의 삶을 살
아갈 때, 그때만이 너희들이 나를 아
버지라 부를 수 있으며 나를 찾을 수
있으며 나에게 용서를 빌 수 있으며
회개를 할 수 있으며,
9 너희들이 지은 죄를 사면할 수 있는
그와 같은 선한 일을 행할 수 있는 육
이 존재하는 때만이 내가 너희들의 아
버지라 하였음이니,
10 내가 성서에도 이미 기록하여 전했느
니라.
11 나는 죽은 자의 아버지가 아니요, 산
자의 아버지라 말하였으니,
12 너희들이 지금 존재해 살아 있는 이
순간이 얼마나 소중하며, 이보다 더
귀하고 영광된 것은 없음을 알라.
13 너희들이 존재하는 이 삶을 잃었을
때, 그 삶으로부터 너희들이 멀어졌을
때, 너희들은 정녕 나에게 용서받을
수 있는 그 기회마저 잃음이니,
14 오늘의 너희들의 육이 존재하는 그 삶
속에서 나에게 용서를 빌며 회개하며
그 모두를 다 덮을 수 있는 것은 너희
들이 많은 선한 일을 행하며 아름답게
변하여 나의 성품이요, 나의 심성을

따라 천사와 같은 삶으로 무섭게 변해
가는 그와 같은 것만이 너희들이 용서
받을 수 있는 길임을 알라 내가 전하
였음이니라.
15 나의 법전에 하늘의 뜻을 열어 기록하
여 너희들에게 간곡히 전했으니, 너희
들이 성서에 기록된 그 내용이요, 내
가 나의 아들을 통하여 내려보낸 그
뜻의 의미를 깊이 깨우쳐,
16 나 여호와는 죽은 자의 아버지가 아니
요, 산 자의 아버지며, 산 자만이 나를
부를 수 있으며 나에게 모두를 다 원
할 수 있으며 용서를 빌 수 있으며,
17 너희들이 선한 삶을 보여 나의 마음을
너희들에게 사랑하는 마음으로 돌릴
수 있으며 너희들을 기억하게 할 수
있는 것은 오로지 너희들의 육이 존재
하는 동안 나를 찾고 용서를 빌며 구
원을 할 수 있다는 그 소중함과 그 애
절함과 그 귀함을 너희들은 알아야 할
것이니라.
18 이것이 곧 하늘의 뜻이니라.
19 이를 모르고 지금 살아가는 나의 피조
물 만백성, 그리고 이를 모르고 가르
치는 종교 지도자들의 그 가르침에 진
리가 무엇인 줄 알겠는가?
20 하늘의 뜻이 무엇인가를 알겠는가?
21 너희들이 단 1초, 단 1분에 단 한 가
지의 작은 죄라도 지어서는 아니 됨
을, 그 무서움을 알라.
22 얼마나 너희들이 아름답고 진실하게
살아가야 하는 것인가를 깨우치라.
23 너희들의 육이 지금 존재하는 동안에
너희들이 나의 계명을 지키기 어렵고
힘들다 감히 그 말을 할 수 있는가?
24 인간이기 때문에 십계명을 지킬 수 없
으며 인간이기 때문에 새로 내리는 이
성경이요, 내가 내리는 나의 법전의
그 내용을 읽고 이는 인간이라 지킬
수 없다며 뚜껑을 덮는 자, 너희들이
지옥 불의 고통이 얼마나 무서운가를
상상하지도 못하기 때문이니,
25 너희들이 지옥 불에 와 치르는 그 죄
의 무서움과 두려움을 안다면, 오늘의
너희들이 십계명을 지키고 사는 삶이
요, 나의 법전대로 사는 그 삶은 고통
이 아니며 영광이요, 축복의 길임을
알라.
26 너의 제자들이요, 나의 백성들에게 그
리 전하도록 하라, 사랑하는 나의 아
들아!

4,707 번째 하나님 말씀

2003년 1월 28일 08시 38분

1 사랑하는 나의 아들아!
2 "네, 아버님! 말씀하옵소서."
3 '네 마음을 다하고 네 목숨을 다하고
뜻을 다하여 여호와 창조주 나를 사랑
하라' 기록되어 너희들에게 가르쳤음
이니라.
4 이를 너희들이 읽으면서 나 여호와는
욕심쟁이요, 나밖에 모른다 너희들이
그리 말하나,
5 세상사 살아가는 그 부닥치는 속에서
너희들이 네 마음을 다하고 목숨을 다
하고 뜻을 다하는 그와 같은 열과 성
의를 가지고 나를 따르지 아니할 때,
너희들이 무너지고 쓰러짐이니라.
6 세상의 모든 사탄이요, 사악한 자들이

아름답게 변하고 깨우치는 자를 방해
하며 그를 바로 서지 못하도록 함이니,
7 너희들이 서고 견디기가 너무나 어렵
기에, 너희들의 마음가짐을 하나로 만
들어 단단한 믿음 속에서 너희들이 나
를 향하여 달려올 수 있도록 그리 깨
우쳐 주고자 함이니라.
8 너희들이 이를 행하기 위해서는 무엇
을 이루어야 하는가?
9 너희들은 첫째 나 여호와가 내린 그
계명대로 살려고 노력하며, 계명에 따
라 살아가고자 하는 그 삶을 살 때,
10 육신의 향락과 육신의 즐거움과 육신
의 안일과 육신의 부귀영화를 위해서
만 살아가는 나의 백성들 속에서, 너
희들은 질서를 지키며 나의 계명에 따
라 너희들이 죄라는 것을 행하지 아니
하며 아름다운 마음을 갖고 살아가고
자 노력하는 그와 같은 마음을 갖고
항상 그 마음을 가슴에서 지우지 아니
하고 살아갈 때, 악을 버리고 선을 선
택하며 살아가는 너희들 마음속에는
선의 꽃이요, 빛은 점점 더 커져 가며,
그는 눈덩이가 불어나듯이 수없이 늘
어나 너희들의 그 선한 마음의 행동을
너희들이 알게 될 것이니라.
11 그러니 첫째는 나 여호와의 계명대로
사는 것이 너희들이 마음을 다하며 뜻
을 다하며 목숨을 다하는 길이니라.
12 둘째는 너희들이 뭐라 말하였느냐?
13 너희들이 수없이 부르짖느니라.
14 '믿음과 소망과 사랑 그중에 가장 으
뜸은 사랑이라' 말함이니, 너희들이
사랑을 베풀고 사는 것이 또한 가장
중요함을 알라.
15 '네 이웃을 네 몸과 같이 사랑하라'는
나 여호와의 가르침을 너희들은 어찌
듣는가?
16 내가 너희들에게 명한 것을 행하고자
사는 자, 행하며 사는 그 마음을 갖고
사는 것이 너희들이 마음을 다하며 목
숨을 다하며 뜻을 다하는 그와 같은
길임을 알아야 할 것이니,
17 이 두 계명의 그 뜻을 지키며 율법을
지키며, 나의 선지자를 통하여 내려가
는 새로운 성경이요, 하늘에 오르는
나의 법전을 보고 너희들이 깨우쳐야
할 것이며,
18 선지자를 통하여 내리는 그 강론을 들
어 너희들이 바로 살아가는 삶을 살아
가야 함을 잊어서는 아니 될 것이니라.
19 그러니 너희들이 지금 그와 같이 살아
가는 것이 나에게 오르는 길이거늘,
지금 살아가는 너희들의 행위는 어찌
살아가며 믿음의 형태는 어찌 가는가?
20 너희들은 나의 계명을 인간이기에 지
킬 수 없다 공공연히 말하며, 이는 인
간으로서 행할 수 없다 함이니라.
21 그게 너무나 간단하고 지키기 쉬운 것
이거늘, 정도로 살아가는 자는 나의
율법이요, 나의 계명을 지키지 못할
것이 없으며, 나의 법전대로 살지 못
함이 없음을 알라.
22 너희들이 그리 행하지 아니하는 것은
다 너희들의 욕심이며, 노력하지 아니
함이며, 정녕 변하고자 함이 아니니라.
23 믿음으로써 너희들은 하늘에 오를 수
있으며 눈물로써 찬송을 부르며 광란
의 춤으로써 재물을 바쳐 하늘에 오를
수 있다는 그와 같은 착각 속에 있기

에, 어렵고 힘들고 행하는 그 길을 가
지 아니하려 함이니,
24 그리하여 하늘에 오르는 길이 아니요,
지옥의 불로 달려가고 있다 함을 내가
너희들에게 가르쳐 주었음이니라.
25 너희들은 나 여호와의 계명을 지킬 수
없다 하는 그것으로써 모두가 다 잃게
되는 그 원천이 됨을 알라.
26 그와 같이 가르치는 종교 지도자를 단
죄해야 할 것이며, 그의 가르침에 따
라서는 너희들이 구원을 받을 수 없음
을 알아야 할 것이니라.
27 이웃을 네 몸과 같이 사랑하며 그를
실천하고 살라 내가 너희들에게 그리
도 간곡히 가르치고 깨우쳤으며, 그것
이 너희들이 몸과 마음을 다하여 나를
따르는 길이라 하였거늘,
28 너희들은 육의 한 형제요, 또한 자식
과 부모 사이에도 같은 믿음을 가지
아니하며 뜻이 같지 아니하다 하여 그
를 그저 버릴 수 있으며 적대시하는
그와 같은 마음을 갖고 살아가는 자들
이니,
29 그것이 믿음의 길을 가는 자들이며,
하늘에 오르고자 하는 자들이며, 나의
뜻을 위해서 살아가는 자들이며, 내가
내린 계명대로 살아가고자 하는 자들
인가?
30 너희들은 나의 계명이라는 것은 접어
두며, 너희들의 몸을 다하여, 마음을
다하여, 뜻을 다하여 나의 뜻에 따라
내가 명하는 것을 지키고 살아가고자
하는 그와 같이 행하는 자들이 아니요,
31 말로써 수다를 떠는 것으로써 구원을
받으며, 너희들은 선택된 위대한 백성
들이며, 너희들만이 나에게 구원을 받
을 수 있는 기회를 가진 백성이라는
착각 속에서 헤매고 있기 때문에, 내
가 너희들에게 가르친 하늘에 오르는
그 기본의 가르침을 잊어버리고 사는
것이며,
32 그저 너희들의 손으로 지은 성전에 가
서 광란의 눈물의 기도를 드리며 재물
을 바치며 그와 같이 소리 질러 너희
들이 나를 부를 때 그것으로써 구원을
받는다 생각하고 있음이니,
33 너희들은 믿음을 위한 길을 가는 것이
아니요, 잘못된 믿음의 길을 위하여
그 믿음이 구원의 길이라 하여 가고
있는 믿음의 형태니, 너희들이 믿는
믿음이 지옥 불로 가는 믿음이라는 것
을 깨우쳐 전하도록 그리하며,
34 나의 법전을 읽는 백성은 이 대목의
뜻을 깊이 알아 깨우쳐야 함을 알아야
할 것이니라.
35 나의 아들이 나의 법전을 기록하며 나
의 뜻을 세상에 전하나, 나의 아들의
마음이 바로 서지 아니하며 곱지 않을
때 그 아들이 성경을 읽어도 그도 내
용을 모름이니,
36 너희들이 얼마나 천사와 같은 마음으
로 사는 자만이 성경의 그 내용을 알
수 있으며 나의 법전의 내용을 알 수
있는가를 알라.
37 직접 받아쓴 나의 아들도 마음이 곱지
않으며 그가 행동을 잘하지 못하며 행
동이 바르지 못하며 생각이 바르지 못
할 때, 그가 직접 받아쓴 나의 법전도
그가 생각하지 못하며 그 뜻을 알지
못하게 내가 그의 눈을 막고 가림이니

라.
38 또한 성경을 보는 나의 아들의 마음도
그러니라.
39 그가 천사와 같은 마음으로 됐을 때
성경의 그 구절의 모두를 다 내가 이
해시켜 주나, 그렇지 않을 때 내가 그
귀를 막으며 눈을 막음이니, 나의 아
들도 그 뜻을 잘 모를 때가 있음이니
라.
40 그러니 너희들이 천사같이 사는 그 길
만이 성경을 바로 볼 수 있으며, 성경
의 뜻을 알 수 있으며, 나의 법전의 뜻
을 알 수 있으며, 너희들이 십계명을
지키고 사는 것이 하늘에 오르는 길이
라는 걸 그때 알게 됨이니라.
41 마음을 다스리고 사는 그와 같은 백성
이 돼라.
42 너희들이 첫째, 나 여호와의 계명을
지킬 줄 알고 그 무서움을 알아야 할
것이며, 네 이웃을 네 몸과 같이 사랑
하는 그와 같은 삶으로 살라.
43 그를 지키고 사는 자가 바로 나에게
오를 수 있는 기초에 들어서는 백성임
을 잊어서는 아니 될 것이니라.

4,708 번째 하나님 말씀

2003년 1월 28일 08시 44분

1 사랑하는 나의 아들아!
2 "네, 아버님! 말씀하옵소서."
3 내가 성서에 기록되어 너희들에게 전
하기를, '나의 뜻을 전하며 가르치는
서기관들과 바리새인들이 모세의 자
리에 앉아 있으나, 그와 같은 능력이
있는 자리며 그와 같이 지도자라 말하
는 자, 그들이 그러므로 무엇이든지
저희들이 말하는 바를 행하고 그들이
가르치는 성경의 그 내용이요, 그들이
나의 뜻을 전하며 그와 같이 가르치는
그들의 행함은 너희들이 지키고 따르
되, 그들이 하는 행동이요, 그들이 살
아가는 모습이요, 그들이 만백성을 다
스리며 저희들이 이끌어 가는 그 형태
는 본받지 말라' 내가 너희들에게 가
르쳤음이니라.
4 그러니 그들이 말하고 행하는 것은,
나의 성령을 전할 때는 너희들이 분별
해서 듣되, 그들이 행하는 그 행위는
본받지 말라 내가 그리 말하였음이니,
이것은 무엇을 의미하는 뜻인 줄 알겠
는가?
5 그들이 바로 성경의 나의 뜻대로 그대
로 바로 가르치면 만백성을 구하는 것
이요, 그러나 그들이 그 행동을 그리
하지 못함이니 그는 잘못 가르치는 지
도자라는 것을 의미하여 내가 여기다
너희들에게 가르친 것이니라.
6 그리하여 그들이 성서를 바로 가르칠
때 그 가르침은 너희들이 듣되, 그들
이 행하고 행동하는 살아가는 모습은
배우지 말라 내가 그리 전함이니라.
7 너희들의 종교 지도자라 선택된 그 인
도하는 자들도 그들이 나의 성령의 뜻
을 전할 때는 너희들이 받아들이되,
그들도 행동은 그리하지 못함이니 그
들의 행동을 보고 듣고 배우지 말라
내가 그리 가르쳐 너희들을 조심스럽
게 타일렀음이니,
8 그러니 성경의 가르침을 구분하며, 성
경의 가르침이 아닐 때 너희들은 듣지

말며 그를 보고 따르지 말라 하는 것
이 나의 뜻이며 거기에 기록된 뜻이니
라.
9 지금 수천 년 동안 흘러오면서 모세와
같이 책임을 맡았다 착각 속에 살아가
는 지금의 종교 지도자들은 과연 어찌
하는가?
10 구약 시대의 서기관들과 바리새인들
은 나 여호와가 가르치고자 하는 그
뜻을 벗어나지 아니하여 그들은 말로
써 그리 전하였으니, 행동은 잘못해도
그들은 뜻을 감히 거역하지 아니하였
음이니라.
11 그러나 지금의 종교 지도자들은 성경
의 참뜻을 그대로 저희들이 이해도 못
하며 그리 행하고자 하는 것이 아니
라, 저희들이 이해를 못 하는 것을 깨
우쳐 노력하여 참진리를 가르치려 한
다면 나 여호와가 문을 열어줄 수 있
으나,
12 그들은 지금 변질된 성경으로써 저희
들의 육의 부귀와 영화를 위하여 사리
사욕에 빠져 저희들의 계명을 만들어
놓고 나의 피조물 만백성들을 변질된
길로 가르치며 그 만행을 자행하고 있
음이니,
13 이제는 그들의 입에서 나오는 그 성경
의 가르침도 들을 것이 하나도 없으며
들어서도 아니 되는 시대가 왔으며,
더욱이 그들의 행동함은 말할 것도 없
음이니라.
14 하늘을 향하여 한 점의 부끄럼이 없는
삶을 사는 것이 종교 지도자의 삶이
나, 그들의 삶이 얼마나 추하고 더러
운 모습으로 타락되어 있는가 너희들
은 그것을 알아야 할 것이니라.
15 그러면서 그들은 무어라 하는가?
16 저희들이 바로 살 수 없으며 행동을
바로 할 수 없기에 너희들은 저희들이
하는 행위를 보지 말며 성서의 가르침
만을 듣고 따르라, 저희들은 니 여호
와로부터 심판을 받는다 그리 말하나,
이것은 잘못된 지도자들이니라.
17 지금의 너희들은 말로 나의 성경을 가
르치는 것도 왜곡되게 잘못 가르치고
있으며, 그 뜻을 알지 못하는 이유는,
지도자들이 추하게 전락 되었으며 하
늘을 향하여 한 점 부끄럼이 없는 삶
을 살지 못하는 자들이 지도자이기 때
문이니,
18 지금은 그리하여 그것을 들을 수도 없
으며, 그들의 행동은 더 말할 것도 없
음이니 본받을 것이 하나도 없음이니
라.
19 그리하여 내가 새로운 성경이요, 법전
이라 하여 너희들을 다스리고 깨우치
는 일을 밤과 낮을 가리지 아니하며
지금 나의 아들을 몰고 또 몰아 이와
같이 세상에 내려보내니, 너희들은 나
의 이 뜻을 알아야 할 것이니라.
20 지금은 말도 되지 않는 것을 가지고
저희들이 자신들의 부귀와 영화요, 안
간의 향락을 위하여 만들어 놓은 그와
같은 저희들의 계명을 가지고 나의 피
조물 만백성들을 지옥 불로 인도함이
니,
21 내가 160권의 법전을 내보내는 것은
그들을 다스리고자 하며, 그들이 내가
무상으로 내리는 이 지상의 아름다운
공기요, 산소를 마실 만한 자격이 없

기에 그들이 숨을 쉬지 못하도록, 그
들의 그와 같은 모두를 다 단죄하고자
내가 법전을 내려보냄을 너희들은 알
아야 할 것이니 그리 알라.

4,709 번째 하나님 말씀

2003년 1월 28일 12시 13분

(강론을 마치며)

1 사랑하는 나의 아들아!
2 "네, 아버님! 말씀하옵소서."
3 네가 밤과 낮을 가리지 않고 나의 법
전을 기록하여 만백성에게 전하는 나
의 성령을 적어 기록하는 그 길도 어
렵고 힘들거늘, 내가 너에게 십계명을
암기하며 또 암송하게 하는 그 이유가
무엇이라 말하였던가?
4 너의 제자들이 바로 선 자가 한 사람
이 나왔을 때 내가 십계명을 너에게
암송하지 아니하게 한다 그리 너에게
깨우쳐 주었을 것이니라.
5 그리고 또한 그 십계명을 암송하는 뜻
이 어디에 있는지 알겠는가?
6 너희들은 정녕 깨우쳐 하늘에 오르는
것이, 십계명을 깨우치고 지키는 것만
이 하늘에 오르는 길이 아님을 알라.
7 십계명은 너희들의 외형적인 살아가
는 그 모습이니, 바로 십계명은 무엇
이냐?
8 내가 너희들에게 내리는 비밀의 금고
를 여는 열쇠이니라.
9 그 금고의 문을 열었을 때, 그 속에 들
어 있는 소중한 것이요, 너희들이 귀
하게 관리하는 것을 볼 수 있고 만질
수 있지 아니하더냐?
10 내가 너에게 십계명을 그리 암송하게
하는 것이며 너의 제자들에게 암송하
게 하는 것은 바로 무엇이더냐?
11 그게 금고의 열쇠이기 때문이니라.
12 너희들이 십계명을 암송하고 또 암송
함으로 인하여 금고를 열 수 있는 것
이 바로 십계명이니, 그 십계명 또한
너희들에게 기초임이니라.
13 너희들이 십계명을 지키고 살 수 없다
는 그 백성들 앞에 십계명이 나의 비
밀이요, 나의 뜻을 아는 금고를 여는
그 열쇠라 말하며 기초라 하면, 너희
들은 삶을 잃을 것이니라.
14 그러나 이제 경지에 오른 너희 제자들
은 들어야 할 것이며 하늘의 이치를
바로 알아야 할 것이니라.
15 십계명을 여는 것이 너희들의 영혼의
양식이요, 구원하는 길이나,
16 그는 그 문을 여는 열쇠로서 금고의
문을 여는 것이니라.
17 그를 열었을 때 그 속에 있는 그 소중
한 보배를 너희들이 볼 수 있듯이, 나
여호와가 정녕 원하는 것이 무엇이며
가르치고자 하는 것이 무엇이며 깨우
치고자 하는 것이 무엇인가를 그때
알게 됨이니라.
18 그리하여 내가 그를 암송하도록 함이
니, 그 뜻을 너희들은 알아야 할 것이
니라.
19 십계명이 너희들의 가장 소중한 것이
며, 너희들이 그 모두를 알아 하늘에
오르는 그 의인이 되는 길이며, 의인
이 가야 하는 길이며, 의인이 되는 그
행사를 이루어 주는 열쇠이니라.
20 그리하여 내가 이를 암송하게 함이니,

너희들은 더 열심히 암송하며 더 열심
히 이를 외워 그 금고의 문을 열 수 있
도록 그리하라.
21 십계명은 흘러가는 건수와 같으니라.
22 이제는 내가 너희들에게 그만큼 경지
에 올랐으며 너희들이 깨달음이 있기
에 말함이니, 십계명은 생수로서가 아
니라 건수로서의 일이니라.
23 그 건수를 거치고 걷어 냈을 때 생수
를 얻을 수 있듯이, 너희들이 정녕 지
키고 가르쳐야 할 길은 따로 있음이
니, 십계명은 기초임을 너희들만이 가
슴에 안고 알라.
24 그리하여 십계명을 암송하고 또 암송
할 때, 십계명이 원하며 가르치고자
하는 그 뜻을 너희들이 들여다볼 수
있는 것이니,
25 그리하여 금고의 열쇠라는 것을 잊지
말라, 사랑하는 나의 선택된 아들과
딸들아!

4,710 번째 하나님 말씀

2003년 1월 28일 17시 31분

1 사랑하는 나의 아들아!
2 "네, 아버님! 말씀하옵소서."
3 내가 너의 제자들에게 일러 깨우치기
를, 나의 아들 예수가 만백성을 구하
기 위하여 그 고통의 길을 왔으나, 그
뜻을 받아 깨우친 백성이 없으며 그
뜻을 이어받아 만백성을 깨우치는 길
을 가는 제자요, 백성이 한 사람도 없
었음이니,
4 나의 아들 예수가 세상에 나가 목숨을
바쳐 피 흘리며 그와 같이 역경을 겪
고 또 견딘 보람이 과연 무엇이 있는
가?
5 그리하여 나의 아들 예수가 고통스러
워하며 마음 아파함을 내가 볼 수 없
다 그리 말하였음이니라.
6 그러한 나의 아들의 이름을 부르며
그의 보혈로써 구원을 받았다 그리 말
하며 나의 아들을 찾으며, 내가 모두
를 다 인내하여 깨우치는 것이 나의
아들 앞으로 보내기 위한 길이라는
그와 같이 허황된 말로써 나의 백성
들을 우롱하고 있음이니,
7 나의 아들 예수의 그 아픈 마음을 너
희들이 그리 울려서는 아니 된다 내가
그리 말하였으며,
8 예수가 이루지 못한 지금에 그 뜻을
따라 예수와 같은 삶을 살 수 있는 사
람이 너의 제자 중에서 단 한 사람이
라도 나오도록 하라 그리 네가 말을
함이니,
9 너의 그 말이 나 여호와의 눈시울을
적시며, 네 마음이 아픔을 알겠느니라.
10 너는 그리하도록 하라.
11 너의 제자요, 또 나의 법전을 읽어 깨
우친 백성이 나의 아들 예수의 보혈로
써 구원을 받으며 저희들이 구원을 받
았다 망령되이 일컫는 그들의 행위가
아니라,
12 나의 아들 예수가 그와 같이 죽음으로
써 모두를 다 바쳐 한 사람의 의인을
세상에 이루어 놓고자 하였으나, 그
제자 또한 그 시대에 많은 기적과 은
혜를 입은 자들, 그리고 병든 자 고친
자, 그 모두가 다 그와 같은 의인으로
서의 자세가 된 사람이 하나도 없음이

니, 나의 아들 예수가 과연 심어 놓은
것이 무엇이 있겠는가?
13 이제 너희들이 그 뜻을 알아 그 역사
를 이루는 의인이 한 사람이 태어난다
면 나의 아들의 그 고통의 시련을 오
늘 너희들이 덜어 주는 것이며, 그가
역사했던 것이 2천 년의 세월에 흐른
지금에 와 그 빛을 보게 됨이니,
14 나 여호와의 기쁜 마음이 형용할 수
없으며, 나의 아들 예수 또한 그 보람
을 얻을 것이니, 그가 내 옆에 앉아 있
기에 그 마음의 고통이 없을 것이니라.
15 네가 그와 같은 이치를 깨달아 너의
제자에게 그 길부터 먼저 가라 함이
니, 그게 사랑이 아니고 무엇이더냐?
16 너희들 제자 중에서 예수가 이루지 못
한 그 역사를 이룰 수 있는 백성을 네
가 만들고 다스려 그 길을 만들도록
그리하라.
17 너를 따르는 제자들이 수없이 있을 것
이며, 네가 이룬 그 역사 또한 수없이
있을 것이니,
18 나의 아들 예수가 피 흘려 그와 같이
고통스럽게 죽어 온 그 죽음이 영원히
헛되어서는 아니 될 것이니라.
19 그와 같은 깨달음 속에서 너의 제자들
이 그 마음을 알도록 하여, 예수의 그
아픔을 알도록 하며 그 고통을 이해하
며 너희들이 바로 서고 바로잡아 가
는 백성이 되어, 항상 그를 감사하게
생각하며 그 아픔을 느끼는 그와 같은
백성들이 나올 수 있도록 그를 가르쳐
깨우치도록 하라, 사랑하는 나의 아들
아!

4,711 번째 하나님 말씀

2003년 1월 28일 17시 42분

1 사랑하는 나의 아들아!
2 내가 성서에 기록하여 너희들에게 깨
우치기를, 모세와 같은 자요, 선지자
요, 만백성을 깨우치는 종교 지도자들
이라 하여 나올 것이니,
3 오늘의 너희들의 종교 집단이요, 지금
의 종교 지도자라 하여 수없이 뿌려져
너희 손으로 지은 그 성전에서 나의
백성을 가르친 너희들이 나의 성령을
바로 가르칠 수 없다는 것을 나 여호
와가 알았기에, 너희들이 전하는 나의
성경의 뜻은 나의 백성이 듣되 그렇지
아니한 너희들의 행동은 본받지 말라
내가 그리 가르쳤음이니,
4 오늘의 너희들의 본보기의 삶의 그 형
태임을 내가 미리 예언하여 가르쳐 주
었느니라.
5 또한, 오늘의 종교 지도자 너희들이
가는 길이 무엇이던가?
6 나로부터 선택된 백성은 가장 낮은 자
요, 가장 종과 같은 자세로 살아가는
것이 나의 백성이요, 나의 뜻을 전하
는 백성이라 내가 너희들에게 그리 가
르쳤음이니,
7 그와 같이 살지 아니하는 자 나의 지
도자가 아님을 너희들은 알아야 할 것
이니라.
8 내가 성서에 기록되어 너희들에게 깨
우쳐 주기를 오늘의 실태를 미리 전하
여 주었음이니, 내가 뭐라 전하였더냐?
9 '너희들은 무거운 짐을 묶고 사람의
어깨 위에 지우되, 저희 종교 지도자

들은 스스로 이것을 한 손가락도 움직
이지 않으려 하며, 그나마 그와 같은
행위를 바라보지도 않으려 하는 것이
종교 지도자 너희들이라' 내가 말하였
음이니,
10 오늘의 사악한 종교 지도자들이 하고
있는 그 형태를 내가 미리 2천 년 전
에 깨우쳐 주었음이니, 오늘의 너희들
의 그 작태를 내가 미리 전함이니라.
11 너희들은 여기서 나의 성서를 정녕
보고 깨우치며 나의 성서대로 하늘에
오르는 길을 가고자 하는 백성이라면,
내가 오늘의 너희들의 작태를 대비하
여 너희들의 행동은 보지 말며 너희
들이 가르치는 성경의 그 내용만을 골
라서 나의 백성에게 들으라 그리 내가
미리 예언한 것을, 너희들이 이를 깨
우치고 아는 백성이라면,
12 너희들은 행동을 얼마나 바르게 하여,
나 여호와가 너희들의 행동을 따르지
말라 가르친 것이 너희들이 얼마나
부끄러우며 얼마나 잘못된 백성들인
가를 스스로 반성하고 깨우쳐,
13 나 여호와가 종교 지도자들의 행동을
본받지 말라 하였음이니, 그 행동을
본받을 수 있도록 바로 서고 바로 가
르치며 바로 행동하는 것이 너희들이
해야 하는 길이거늘,
14 너희들은 그리하여 성서의 뜻을 알지
못하며 성서에서 원하는 것을 모르며
내가 전하고자 하는 그 비유의 뜻을
알지 못하는 것이라 내가 말하였음이
니라.
15 너희들이 나의 성경을 바로 읽는 백성
이 있으며 나 여호와의 뜻을 아는 백
성이 있다면, 일찍이 지금 나의 아들
같이 부르짖었을 것이니라.
16 너희들은 말로써 믿음을 행하는 것이
아니요, 행동으로써 하는 것이 얼마나
소중하며, 행동으로써 이루는 그 결과
에 의해 너희들이 심판을 받는다 그리
부르짖었으며 너희들이 그리 가르쳤
더라면, 너희들은 내가 비유로 전한
너희들의 행동을 본받지 말라 하였으
니, 만백성들이 너희 행동을 보고 본
받아 구원의 길을 올 수 있는 그와 같
은 시대가 되었을 것이니라.
17 이 뜻을 너희들은 정녕 이제 알겠는가?
18 내가 너희들이 전하는 그 성령의 뜻은
듣되 너희들 종교 지도자들이 하는 행
위를 본받지 말라 기록하였음이니, 이
게 얼마나 너희들이 사악한 자들로서
가르칠 자격이 없는 것인가?
19 지도자로 설 자격이 없는 너희들로 타
락한 오늘의 그 형태를 미리 2천 년
전에 전해 주었음이니,
20 너희들이 깨우치고 아는 백성이라면
이걸 역으로 받아, 행동으로써 모범이
되며 행동으로써 부끄러움 없는 삶을
사는 것이 나 여호와에게 올 수 있는
길이라는 그 이치를 알아 너희들이 행
동을 중요시했을 것이니라.
21 그러나 나의 뜻을 알 수 없으며, 나의
추구하는 그 의미를 모르기에, 너희들
은 역시 행동은 인간이라 할 수 없으
며, 행동으로써는 그와 같이 살 수 없
으며, 행동으로써는 나 여호와를 따를
수 없으며,
22 내가 너희들의 행동을 본받지 말라 하
였으니, 종교 지도자들도 바로 살 수

없으니, 나의 피조물 만백성, 저희들
에게서 배우고 가르침을 원하는 그 신
도들은 더욱이 인간의 행동으로써는
하늘에 오를 수 있는 길이 없음이니,
23 아예 너희들은 행동으로써는 선하고
착하게 아름답게 살 생각을 하지 말
며, 말로써 수다 떨며 재물을 바치며
말로써 부르짖으며 손으로 지은 성전
에 오기만 하면 구원을 받는다 그리
가르쳤으니, 이게 얼마나 뒤죽박죽이
된 상태이던가?
24 여기서 너희들이 또 하나 깨우쳐야 할
것이니라.
25 내가 너희들에게 종교 지도자가 저희
들의 무거운 짐을 묶어 모든 종교의
신도요, 저희들에게 깨우침을 얻고 하
늘에 오르고자 하는 그 백성들의 어깨
에 무거운 짐을 지워 주며 그들이 그
걸 이끌고 가도록 하되, 저희들은 손
가락 하나를 움직이려 하지 아니하는
것이 종교 지도자들이며 지금 너희들
이 가는 길이라 내가 성서에 그리 가
르쳐 전했음이니, 너희들이 어찌 가면
되겠는가?
26 너희들이 이미 오늘과 같은 그 시대가
올 것을 내가 알고 있었음이니, 이 뜻
을 깨우친 백성이 있다면, 2천 년 전
에 무거운 짐은 저희가 지고 가는 것
이며, 저희 신도들에게는 가벼운 짐을
주며, 짐을 주어서는 아니 되며, 부담
을 줘서 안 되며, 어려움을 줘서는 안
되고, 오로지 하나님 아버지를 찾으며
창조주를 찾는 그 마음만을 갖도록 하
며, 나에게 경배하고 기도하는 마음만
을 가르치며,
27 경제적이요, 물질적인 모든 면에서 부
담을 주고 시간의 노동력까지도 뺏어
서는 아니 되는 길로 가는 것이 정녕
하늘에 오르는 믿음이라 그리 역으로
돌아다보며 생각할 수 있는 그와 같은
깨달음을 얻지 못한 백성들이니,
28 그리하여 지금에 내가 나의 아들을 통
하여 이를 너희들에게 강조하여 깨우
쳐 너희들을 바로 세우고자 하거늘,
이게 사탄이요, 이단이요, 사악한 자
라 너희들이 그리 말하고 있음이니,
29 얼마나 너희들이 사악한 자들이며 잘
못 가고 있는지 너희들은 알고 있는가?
30 너희 스스로 어려운 일을 회피하며 손
가락 하나 움직이지 아니하는 그와 같
은 사악한 너희들이 그나마 처세를 하
며 남들 앞에 바로 서는 체하며 깨끗
한 체하며 그리고 경건한 체하며 그와
같은 위선적인 행동을 함이니,
31 지금 나의 피조물 만백성들을 우롱하
여 위장되어 그와 같은 행위를 하고
있는 것임을 나 여호와는 알고 있음이
니라.
32 그나마 너희들이 처신을 잘하며 바로
서고자 하며 단정히 하고자 하는 그와
같은 말로 너희들의 화술을 갖다 붙이
는 그와 같은 노력을 하는 것까지도
너희들은 너희 자신을 위장하기 위한
그와 같은 수법으로써 하고 있음을 알
아야 할 것이며,
33 지금의 종교 지도자요, 종교 집단이
가고 있는 형태임을 너희들은 알아야
할 것이니라.
34 너희들이 하나의 땅을 본다면, 너희들
이 보고자 하는 그 땅의 그 자리에 서

서는 그 땅의 형태나 모양을 알 수가 없는 것이니라.
35 너희들이 그 지형을 보기 위해서 그 지형 속에 들어가서 그 지형을 밟으며 보면 그 지형을 가장 잘 알 수 있으며 그 형태를 잘 알 수 있으며 물의 흐름을 잘 알 수 있으며 산의 모형을 잘 알 수 있을 것 같으나, 그게 어리석은 자들이니라.
36 너희들이 물이 흐르는 것을 보며 그 산의 모형의 생긴 것을 보기 위해서는 앞의 높은 산에서 멀리서 바라봤을 때 그 형태를 많이 볼 수 있으며 넓게 볼 수 있으며, 진정한 그 속에 이루어진 그 계곡의 물줄기며 산 흐름을 다 볼 수 있는 것이니라.
37 그러나 너희들은 그를 할 줄 몰랐느니라.
38 그와 같은 역사를 할 줄 모르는 것이 지금 2천 년 동안 흘러온 백성 너희들이 간 길이니라.
39 그리하여 내가 성서를 가르치는 것을 너희들이 반대편에서 바라보라 하였거늘, 그와 같은 깨달음이요, 그와 같은 역사를 하지 아니하며 그저 그대로 봤음이니라.
40 너희들이 하나의 계곡이요, 하나의 산을 분석하고자 하면 반대편의 높은 산에서 내려다보며 멀리서 바라보면 다 알 수 있는 그 이치를 모르듯이,
41 내가 너희들에게 말하였느니라. 모세와 같은 자리에 앉았다 말하는 자, 종교 지도자라 말하는 자, 그들이 전하는 나의 성경의 내용은 너희들이 들어서 네 것으로 만들되, 그들이 행동하는 것은 본받지 말라 하였으니, 너희들이 얼마나 추한 자들인가?
42 너희들이 먼 산에서, 반대쪽에서 앞산을 바라보면 그 형태를 알 수 있는 이치를 깨달았더라면 너희들은 행동을 바르게 했을 것이니라.
43 너희들이 먼 산에서 바라볼 수 있는 그와 같은 깨달음이 있는 백성이었더라면 무거운 짐을 너희들이 지고 가는 것이요, 신도들은 손 하나 까딱하지 아니하며 편안한 마음으로 나에게 올 수 있는 그 길을 가르치는 것이 너희들이 할 대명이거늘, 너희들은 역으로 가고 있으며 그대로 따라가고 있음이니,
44 너희들이 산속에 서서 그 산의 형태요, 지형이요, 그 지리를 연구하고 배운다 말하는 그와 같은 어리석은 백성이니,
45 반대편의 높은 산에서 내려다보는 지혜를 갖지 못하여 너희들이 2천 년 동안 지금 암흑의 세계에서 나 여호와와는 관계없이 우물 안 개구리와 같은 믿음으로써 살아왔음을 알라.
46 이제 내가 너희들에게 전하노라.
47 이 뜻을 깊이 깨우쳐 행하도록 그리하라.

부 록

【하나님께서 가르쳐 주신 운동】

천재지변이 일어날 때, 동물이나 미물들은 미리 알고 대피하지만, 인간은 알지 못하고 큰 화를 당합니다. 하나님께서 인간에게 가장 높은 지혜를 주시고 완벽하게 창조해 주셨기에 동물들보다 더 잘 알 수 있지만, 욕심으로 마음이 혼탁해져서 한 치 앞을 보지 못하는 것입니다.

마찬가지로, 인간은 누구나 스스로 필요한 운동을 해서 건강을 지킬 수 있도록 하나님께서 만들어 주셨습니다. 우리의 머리에서 우리 몸에 필요한 동작을 해 달라고 끊임없이 신호를 보내지만, 인간이 혼탁하게 살아서 그 신호를 알아채지 못합니다. 그러니 자연스럽게 자기 몸이 원하는 그 신호를 따라서 운동하는 것이 하나님께서 가르쳐 주신 운동 방법입니다. 바로, 우리의 영이 육을 이끄는 운동입니다.

▶ 하나님 운동법

1. 눈을 감고, 발을 어깨너비로 벌리고 바르게 선다.
2. 몸에 힘을 풀고, 허리를 숙이면서 손과 머리를 아래로 내린다.
3. 허리를 펴고 싶을 때, 천천히 펴면서 하고 싶은 동작을 하면 운동이 시작된다. (사람마다 다르다.)
4. 멈추지 말고, 어떤 동작이든지 자기 몸의 느낌대로 계속 이어서 한다.

▶ 참고 사항

① 눈을 감은 상태로 아무 생각 하지 않고, 자기 몸의 느낌대로 움직입니다.

② 마음을 비우고, 욕심을 버리고, 지난날의 잘못을 반성하면서 몇 차례 시도하다 보면, 자기도 모르게 하고 싶은 동작이 끊임없이 생깁니다.

③ 운동 장소는 방 안이든 운동장이든 관계없으며, 걷거나 달리고 싶을 때는 눈을 떠도 됩니다.

④ 매일 40분 이상, 주 4회 이상, 3개월 이상 하면 음식 조절에 들어갑니다.
- 음식으로 생긴 병은 음식으로 치료하게 되며, 어떤 음식을 먹어야 하는지 스스로 알게 됩니다.
(자기 몸에 필요한 음식만 먹고 싶어집니다.)

⑤ 사랑하는 사람과 함께 운동하면 서로 치료해 주기도 합니다.

⑥ 운동을 하다가 몸의 어느 한 부분을 계속 손으로 자극한다면 그쪽에 이상이 있는 것이니, 의사에게 상담을 받고 적절한 치료를 받으면 됩니다.

⑦ 다이어트 및 기타 건강관리에 효과적입니다.

⑧ 꾸준히 운동하여 영이 맑아지면, 자신의 과거와 미래를 스스로 보게 됩니다.

누구나 스스로 하실 수 있습니다.

간행사

《새로운 성경》은:

· 새로운 성경은, 하나님께서 선량하고 선한 자를 선택하여 십계명을 암송하도록 하시고, 십계명을 암송한 다음에 음성으로써 들려주시는 말씀을 듣고 그대로 카세트테이프에 녹음해서 받아쓴 책입니다.

· 90분짜리 녹음테이프 700여 개에 달하는 말씀으로, 1999년 8월부터 2004년 7월까지 총160권(권당 288쪽)을 완성하였으며, 그 이후에도 현재까지 계속 말씀을 내려 주고 계십니다.

· 새로운 성경은 "하늘을 두루마리 삼고 바닷물을 먹물삼아 쓰고 써도 다 못 쓴다"는, 끝없이 방대한 하나님의 말씀이 두루마리로 직접 내려오는 것입니다. 이러한 새로운 성경은 구약과 신약을 폐하려는 것이 아니라 "인봉된 성서의 비유의 뜻"을 상세히 설명하여 완성하고자 하나님께서 직접 내려 주신 말씀입니다.

《새로운 성경》의 구성:

· 제 목: 2013년, 160권 모음집을 발간하면서, 본 도서의 제목을 "하나님! 말씀하옵소서"에서 《새로운 성경》 으로 명해 주셨습니다.

· 단행본: 각 권당 288쪽(신국판) 책이 160권까지 시리즈로 출판됩니다.
(모음집은 단행본을 16권씩 묶어서, 총 10부로 구성됩니다.)

《새로운 성경》의 성경적 근거:

· 신약 성경 [요한복음] 16장 13절에 "진리의 성령이 오시면 그가 너희를 모든 진리 가운데로 인도하시리니 그가 자의로 말하지 않고, 오직 듣는 것만을 말하며" 하신 말씀처럼 하나님의 음성을 들은 것만 기록하였으며,

· "장래 일을 너희에게 알리시리라" 하신 말씀과 같이 개인, 나라, 인류의 "장래"일을 하나님께서 알려 주시는 것만 기록하여 책으로 만들었습니다.

《새로운 성경》의 기록 방법:

· 1999년 8월부터 하나님께서 저에게 들려주시는 음성을 기록하였습니다. 처음에는 제가 들은 말씀을 불러 주면 저의 아내가 기록하여, 2000년 1월 29일에 1권 초판이 세상에 나왔습니다. 2000년 4월부터는 주시는 말씀을 받아 녹음기에 기록하여 시리즈로 출간하기 시작하였습니다.

· 녹음을 시작하면서 하나님의 말씀을 받는 데 가속도가 붙었고, 2001년 5월 3일에 1부(1~16권까지)를 인쇄하여 출판하였으며, 2004년 7월까지 총160권 분량의 말씀을 받아 기록하였습니다.

하나님께서 저에게 주신 것은:

· 첫째, 만백성을 상대로 내려 주시는 "기도", 둘째, 수시로 내려 주시는 "묵상", 셋째, 개인의 과거, 현재, 미래를 알려 주시는 "개인 기도", 넷째, 개인의 건강을 위해서 내려 주시는 "음식 처방", 다섯째, 하나님께서 가르쳐 주신 "운동"등이 있습니다. 이 중에 첫 번째, "기도"를 책으로 편찬하였습니다. 사람의 생사, 개인의 미래에 관한 천기는 수록하지 말라 하셨습니다.

강론 안내:

· 하나님께서는 지금도 매일 저에게 새로운 하늘의 비밀의 말씀을 내려 주고 계십니다. 수시로 내려 주시는 말씀을 정리해서 제자를 육성하라는 말씀에 따라 매주 강론을 하고 있습니다. 누구나 무료로 들으실 수 있습니다. (book160.com)

《새로운 성경》을 읽는 분들에게 드리는 선물:

· 개인 기도: 개인의 과거, 현재, 미래에 관하여 말씀을 내려 주십니다.

· 음식 처방: 사람은 음식을 먹고살다가 건강을 잃으니, 음식과 운동으로 건강을 되찾는 방법을 알려 드립니다. 단, 하나님이 계심을 믿고, 십계명을 지키겠다고 진실로 서약하는 분들께 알려드립니다.

《새로운 성경》의 은혜와 기적:

· 새로운 성경 전160권은 16권씩 묶어서 총 10부의 모음집으로 구성됩니다. 모음집 한 부를 읽고 깨우치는 자에게 하나님께서 다음과 같은 기적이 있다고 하셨습니다.

· "첫째, 그가 죽어 하늘에 갔을 때 그의 죄를 묻지 아니하며, 구원을 받는 위대한 은혜가 있으며, 둘째, 그의 소원과 소망이 이루어지고, 셋째, 죽은 자(부모, 형제, 자식, 사랑하고 은혜 입은 분)의 이름으로 구입한 책을 읽고 누군가 한 사람이 깨우칠 때, 그 죽은 자가 지옥에서 천국으로 구원을 받게 되며, 넷째, 유산, 중절 수술 등으로 태어나지 못한 아이를 위하여 구입한 책을 보고 한 명이 깨우쳤을 때, 그 아이가 사람으로 다시 한 번 태어나는 은혜를 받는다."

· "새로운 성경"을 3회 이상 정성을 다해 정독하는 자, 성서의 비밀을 알게 되고, 세상의 이치를 알게 되며, 세상을 지배하고 통제할 수 있는 지혜를 다 얻게 된다고 하셨습니다. 이 책은 만백성이 정독하고 이웃에게 전하여, 평생 가슴에 묻은 슬픔과 고통의 짐을 벗고 미래를 위한 힘찬 삶을 살아가도록 하는 책입니다.

끝으로

· 하나님께서는 흰 눈이 세상을 덮듯이 새로운 성경을 온 세상에 전하라고 하셨습니다. 《새로운 성경》을 각국어로 번역해서 온 인류에게 구원의 길을 깨우쳐 주고, 그 수익으로 가난하고 어려운 백성을 구제하여, 만백성의 영과 육을 함께 구원하는 선지자의 임무를 수행하라고 저에게 명하셨습니다.

· 하늘에서 내려 주신 말씀의 보화를 만백성에게 나누어 주는 것이 선지자의 임무라고 하셨습니다. 새로운 성경을 통해서 얻는 재물을 사용할 곳도 하나님께서 일일이 명해 주십니다. 모든 재물은 저의 자의로 쓸 수 없고, 하나님께서 명하시는 대로만 쓰여집니다.

· 어떤 명분으로든 십일조나 각종 헌금을 거두어들이지 말라 하셨으며, 국내뿐 아니라 각국에 성전과 단독 서점을 운영하며, 한국의 많은 젊은이들을 전 세계에 지도자로 내보내라고 하셨습니다.

· 우리는 세계적으로 새로운 성경을 보급하며 어려운 이들을 돕는 역사를 해 나갈 것입니다. 지금까지 비록 몇 명 안 되는 제자들과 함께 이러한 일을 역사했지만, 앞으로도 계속 하나님께서 기뻐하시는 일들을 해 나갈 것입니다. 부족한 저희에게 여러분들의 지혜와 성원을 보내 주시기를 바랍니다. 많은 분들의 참여와 도움을 간절히 기다립니다. 감사합니다.

한국어로 내려온 《새로운 성경》 단행본을 출간하며
2016년 4월 10일

발행인 **김 용 철**

한국어로 내려온

새로운 **성 경** · 4부 · 제63권

지은이 하나님 말씀
대역자 김용철

ⓒ 김용철, 2017. Printed in Korea
저자와의 협약으로 인지는 붙이지 않습니다.

초판인쇄 1쇄 2017년 4월 3일

펴낸 곳 도서출판 하야마음
등록번호 제 10-2107호 (2001년 2월 14일)
주소 서울시 노원구 덕릉로86길5, 2층
전화번호 02) 313-1114
팩스 02) 393-5554
전자우편 book160@hanmail.net
편집위원 조나영 김미향 이석교
제작지원 김서영 이상빈 김정기 이병우 이순남 서성자 이규숙

도서상담 1600-7527
ISBN 978-89-5875-163-2 (04230)
978-89-5875-100-7 (세 트)

값 10,000원
잘못된 책은 구입하신 곳에서 바꾸어 드립니다.

※이 책은 10부로 제작되며, 각 부 16권씩 총160권으로 구성됩니다.※

1부	2부	3부	**4부**	5부	6부	7부	8부	9부	10부
1권	17권	33권	49권	65권	81권	97권	113권	129권	145권
2권	18권	34권	50권	66권	82권	98권	114권	130권	146권
3권	19권	35권	51권	67권	83권	99권	115권	131권	147권
4권	20권	36권	52권	68권	84권	100권	116권	132권	148권
5권	21권	37권	53권	69권	85권	101권	117권	133권	149권
6권	22권	38권	54권	70권	86권	102권	118권	134권	150권
7권	23권	39권	55권	71권	87권	103권	119권	135권	151권
8권	24권	40권	56권	72권	88권	104권	120권	136권	152권
9권	25권	41권	57권	73권	89권	105권	121권	137권	153권
10권	26권	42권	58권	74권	90권	106권	122권	138권	154권
11권	27권	43권	59권	75권	91권	107권	123권	139권	155권
12권	28권	44권	60권	76권	92권	108권	124권	140권	156권
13권	29권	45권	61권	77권	93권	109권	125권	141권	157권
14권	30권	46권	62권	78권	94권	110권	126권	142권	158권
15권	31권	47권	63권	79권	95권	111권	127권	143권	159권
16권	32권	48권	64권	80권	96권	112권	128권	144권	160권